논어

개인윤리와 사회윤리의 조화

e시대의 절대사상

논어

개인윤리와 사회윤리의 조화

| 이강재 | 공자 |

살림

e시대의 절대사상을 펴내며

　고전을 읽고, 고전을 이해한다는 것은 비로소 교양인이 되었다는 뜻일 것입니다. 또한 수십 세기를 거쳐 형성되어온 인류의 지적 유산을 제대로 이해하고, 그 바탕 위에서 새로운 자기만의 일을 개척할 때, 그 사람은 그 방면의 전문가가 될 수 있을 것입니다. 프랑스의 대입 제도 바칼로레아에서 고전을 중요하게 취급하는 까닭도 그와 같은 이유 때문이겠지요.

　그러나 예전에도, 현재에도 고전은 유령처럼 우리 주위를 떠돌기만 했습니다. 막상 고전이라는 텍스트를 펼치면 방대한 분량과 난해한 용어들로 인해 그 내용을 향유하지 못하고 항상 마음의 부담만 갖게 됩니다. 게다가 지금 우리는 고전을 읽기에 더 악화된 시대를 살고 있습니다. 변하지 않고 있는 교육제도와 새 미디어의 홍수가 우리를 그렇게 만들고 있는 것입니다.

　고전을 읽어야 하지만 읽기 힘든 것이 현실이라면, 고전에 친근하게 다가갈 수 있는 새로운 방법을 응당 고민해야 하지 않을까요? 살림출판사의 e시대의 절대사상은 이러한 문제의식을 가지고 기획되었습니다. 고전에 대한 지나친 경외심을 버리고, '아무도 읽지 않는 게 고전'이라는 자조를 함께 버리면서 지금 이 시대에 맞는 현대적 감각의 고전을 만들고자 했습니다.

고전의 내용이 지나치게 주관적으로 해석되어 전달되는 위험을 피할 수 있도록 그 분야에 대해 가장 정통하면서도 오랜 연구 업적을 쌓은 학자들이 자신의 경험을 응축시켜 새로운 고전으로의 길을 열고자 했습니다. 마치 한 편의 잘 짜인 다큐멘터리 프로그램을 보듯 고전이 탄생할 수 있었던 시대적 배경과 작가의 주변 환경, 그리고 고전에 담긴 지혜를 재미있게 습득할 수 있도록 내용을 구성했고, 난해한 전문 용어나 개념어들은 최대한 알기 쉽게 설명했습니다.

이전에 경험하지 못했던 새로운 감각의 고전 *e* 시대의 절대사상은 지적 욕구로 가득 찬 대학생·대학원생들과 교사들, 학창 시절 깊이 있고 폭넓은 교양을 착실하게 쌓고자 하는 청소년들, 그리고 이 시대의 리더를 꿈꾸는 모든 사람들에게 생생하게 살아 숨쉬는 인류 최고의 지혜를 전달할 것이라고 확신합니다.

기획위원
서강대학교 철학과 교수 강영안
이화여자대학교 중문과 교수 정재서

들어가는 글

공자의 제자인 자로가 노나라 성문 밖에서 하룻밤을 묵은 적이
있었다. 다음 날 아침 성문을 지키는 문지기가 자로에게 어디에
서 왔는지 물었다. 자로가 공자의 문중에서 왔다고 대답하자,
문지기가 이렇게 말하였다. "바로 그 안 되는 줄 알면서도 그것
을 하고 있는 분 말이군요!"

—「헌문(憲問)」

동양의 고전을 이야기할 때 가장 먼저 언급되는 것이 『논
어』라는 점을 부정하기는 어렵다. 사실 대부분 『논어』를 읽어
본 적이 있고, 비록 전체 내용을 상세하게 기억하지 못한다고
해도 단 몇 구절이라도 암송하거나 기억하면서 자신의 생활신

조 내지 좌우명으로 삼고 있는 사람도 적지 않다. 이처럼 『논어』는 우리에게 아주 가깝고도 친숙한 고전임이 분명하다.

그러나 현대사회에서 우리는 이 『논어』를 통해 공자의 사상을 어떻게 받아들여야 하는지, 『논어』에서 말하고자 하는 이상적인 삶의 길에 대해 어떻게 접근해야 하는지를 명확하게 설명하는 데는 여전히 어려움이 많다. 그럼에도 국내에서만 이미 200여 종이 출판된 것으로 알려진 『논어』에 대해 아직도 더 연구하고 더 할 말이 남아 있는 것인가? 또 이를 설명하기 위해 고전이란 박제된 상태로 박물관이나 고문헌 자료실에 있는 것이 아니라 현대사회와의 대화를 통해 끊임없이 재해석되고 되살아나는 것이라는 상투적인 표현을 다시금 빌려와야 하는 것인가? 이렇듯 『논어』라는 책은 여전히 우리에게 많은 생각을 하게 만든다.

하루가 다르게 달라지고 있는 세상, '디지털'이니 '사이버'니 그런 말들에 익숙해질 즈음 어느새 '유비쿼터스'라는 말이 풍미하고 있다. 그럼에도 몇 년 전 공자를 죽여야 하느니 살려야 하느니 하며 논쟁이 한바탕 광풍처럼 지나간 적이 있었고, 『논어』라는 죽어 있는 것처럼 보이는 고전이 TV 매체를 통해 전국을 강타한 적도 있었다. 과연 공자와 그 공자의 어록을 모아놓았다고 하는 『논어』가 우리 세상에서 여전히 그토록 의미가 있는 것인가? 정말 『논어』는 그만큼 우리 주변을 맴돌 가치가 있는 것인가?

공자로 대표되는 유가 사상은 중국은 물론 우리나라나 일본에서는 사상의 단계를 넘어서 종교의 경지로까지 전개된 바 있다. 그러나 근대 시기에 서구 열강의 침략에 중국이 속수무책으로 당했을 때 지식인들은 오랜 기간 학습과 숭배의 대상이 되어 온 유가 사상에 대해 심각한 회의에 빠진 적도 있었다. 그뿐 아니라 거의 모든 면에서 서구 중심적 사고가 주류를 이루고 있는 우리의 현대사회에서 과연 동양적 사유의 대표적 형태라 할 수 있는 『논어』가 여전히 그 가치를 지닌다고 말할 수 있을지 의심스러울 때도 많다. 어쩌면 전통 시대처럼 『논어』나 유가 사상이 지식인의 삶 전면에 대해 영향력을 행사하는 것을 바라는 것은 이미 잘못된 것인지도 모른다. 이 때문에 『논어』는 일부 사람들에게만 여전히 가치 있는 고전이거나 우리 삶의 일정 부분에 대해서만 영향력을 갖고 있는 고전이라고 말하는 편이 나을 것이다.

필자는 앞서 인용한 자로와 문지기의 대화를 읽을 때면 언제나 가슴 아픔과 통쾌함을 동시에 느끼곤 한다. 그것은 한편으로는 공자가 살았던 시대에 이미 공자의 이상과 행동은 다른 사람이 보아도 별 가능성이 없는 것인데도 공자가 그것을 해보겠다고 발버둥 치는 무모한 시도를 행했다는 점 때문이요, 또 한편으로는 그럼에도 불구하고 공자가 오랫동안 많은 사람으로부터 성인으로 존경을 받아왔다는 사실 때문이다.

근래 들어 인문학의 위기에 대한 많은 논의가 있었다. 인문학의 다양한 정의에도 불구하고 필자는 인문학이란 인간의 무한한 가치에 대한 믿음을 전제로 하며, 이상과 현실의 갈림길에서는 언제나 이상에 대한 꿈을 버리지 않는 것에서 시작된다고 믿고 있다. 이러한 측면에서 위 글에 나오는 공자에 대한 문지기의 평가를 필자는 잊을 수 없는 것이다. 세상이 모두 무력의 확충을 통한 국력 신장에 힘을 쏟을 때 지식인의 사명을 사랑과 조화로움, 즉 '인(仁)'과 '예(禮)'를 통해 실현하고자 노력했던 공자를 떠올리면, 세상 사람들이 온통 물질 만능의 사유에 경도되어 있는 것처럼 여겨지는 현대사회에서 인문학을 한다는 것과 비슷한 처지라는 생각이 들기 때문이다. 그래서 우리는 공자가 그 당대에 이미 안 되는 줄 알면서도 무언가를 해보겠다고 발버둥 쳤다는 평가에서 동병상련의 포근함을 느끼는 것이다.

이러한 이유로 우리는 『논어』라는 책을 통해, 세상과 다른 방식으로 살아가기만을 고집한 것이 아니라 세상을 올바른 방향으로 인도하기 위하여 한평생을 살아간 공자의 모습을 발견하게 된다. 그리고 그러한 공자의 모습 속에서 우리는 각박해지는 현실 앞에서 상처받고 무기력해지는 모습을 되돌아보며 그래도 세상은 여전히 살 만한 사회라는 믿음을 가질 수 있게 된다. 바로 이 점이 우리 시대에도 여전히 『논어』를 읽어야만 하는 이유가 되는 것이다.

본서는 현대사회에서 어떻게 고전에 친근하게 다가설 수 있을까에 대한 모색으로 시작된 *e시대의 절대사상*의 기본 취지에 따라 이루어졌다. 다만 집필 과정에서 『논어』라는 책에 대해 일반 독자가 갖고 있는 친숙함을 고려하여 너무 일반적인 내용에 관한 자세한 설명은 되도록 줄인 반면에 『논어』의 모든 구절을 제공할 필요가 있다는 점을 고려하였다.

각박해져만 가는 현실 속에서 고전을 다시 읽어본다는 것이 좀 더 나은 삶을 살아가기 위한 모색이라고 할 때, 그 선두에 서서 중요한 역할을 수행하고자 하는 *e시대의 절대사상*과 살림출판사에 고마움을 표하고자 한다.

이강재

개인윤리와 사회윤리의 조화
논어

論語

개인윤리와 사회윤리의 조화

논어

3부 관련서 및 연보

1부

시대 · 작가 · 사상 論語

『논어』에서 만나는 공자의 모습은 사람마다 제각기 다르다. 역사 속의 인물로서 공자, 공구(孔丘)는 오직 한 사람이지만 역대로 수없이 많은 공자의 모습이 설명되어 왔다. 그리고 그 공자를 어떻게 이해할 것인지가 결국 중국과 동양 사상의 한 축을 형성해왔다고 해도 과언이 아니다. 공자는 자신의 정치적 이상을 실현하기 위해 평생을 바친 정치가일 수도 있고, 우리에게 전해진 많은 전적을 연구·정리한 문헌 편찬자일 수도 있다. 그런데 내게는 『논어』 속에 비친 공자를 생각하면 제일 먼저 떠오르는 것이 바로 스승의 모습이다. 제자들과의 대화 속에 나타난 공자는, 진정한 스승을 갈구하는 현대의 우리 사회에서 스승이 어떤 모습이어야 하는지에 대해 많은 생각을 하게 만든다.

1장

우리 시대의 공자를
읽기 위하여

공자_영원한 스승의 본보기

우러러볼수록 더욱 높은 곳에 계시고, 뚫어볼수록 더욱 굳세며, 바라보면 앞에 계시다가 어느덧 뒤에 계신다. 선생님께서는 자연스럽게 사람을 잘 인도해주시고 학문으로 나를 넓혀주시고 예로 우리를 단속해주셨다. 도중에 배움을 그만두려 해도 그만둘 수 없어 이미 내 재주를 다했는데도, 우리에게 보여주신 길이 앞에 우뚝 서 있기에 비록 그것을 따르고자 하지만 따라갈 방법이 없다. ─「자한」

위 구절은 공자가 여러 차례 배우기를 좋아한다고 칭찬했던 제자 안연이 스승으로서의 공자를 찬탄하여 한 말이다. 공자는 가까이에서 잡힐 듯한 정도의 경지에 계시는 줄 알았는데 다가서려고 하면 더욱 높은 곳에 계신다. 자세히 알고자 하여 뚫어지게 보면 그럴수록 그 깊이가 느껴지고, 말씀하시는 것을 들어보면 매우 친근하게 앞에 계시는 것 같았는데 어느 순간 내가 알 수 없는 곳에 계신다고 느껴지기도 한다. 학생들에게는 편안하고 자연스럽게 가르침을 주시면서, 학문을 통해 나의 사고를 넓혀주시기도 하고

당(唐) 오도자(吳道子)가 그린 공자행교상(孔子行敎像) 탁본.

예법을 통해 내 자신을 잘 지켜나가도록 만들어주신다. 가끔 공부를 한다는 것이 너무 힘들어 그만두려는 생각을 할 때도 있지만 선생님의 모습에서 힘을 얻어 그만둘 수 없어 내가 할 수 있는 최선을 다해보게 된다. 선생님께서 보여주신 삶의 방법이 더 높이 있기에 그 방법에 따라 살고자 하지만 도저히 따라갈 방법이 없는 것처럼 보인다. 이러한 안연의 탄식은 안연이 어느 누구보다도 공자의 모습을 닮고자 하였고 공자를 따라잡고자 하는 강한 의욕을 보였기 때문에 가능한 것이리라. 『논어』 속에서 제자들이 스승 공자에 대해 설명한 말이 곳곳에서 발견되지만, 아마도 이 구절이 스승으로서의 공자

모습을 가장 잘 설명한 구절일 것이다.

사실 『논어』라는 책을 통해 공자를 만날 때, 사람마다 만나게 되는 공자의 모습은 모두 다르다. 역사 속의 인물로서 공자, 공구(孔丘)는 오직 한 사람이지만 역대로 수없이 많은 공자의 모습이 설명되어왔다. 그리고 그 공자를 어떻게 이해할 것인지가 결국 중국과 동양 사상의 한 축을 형성해왔다고 해도 과언이 아니다. 공자는 자신의 정치적 이상을 실현하기 위해 한생을 다 바친 정치가일 수도 있고, 우리에게 전해진 많은 전적을 연구 정리한 문헌 편찬자일 수도 있다. 그러나 『논어』 속에 비친 공자를 생각해보건대 필자에게 제일 먼저 떠오르는 것은 바로 스승의 모습이다. 특히 학생을 가르치는 일을 직업으로 하고 있는 교사의 입장에서, 그리고 진정한 스승을 갈구하는 현대의 우리 사회에서 제자들과의 대화 속에 비친 공자의 모습은 스승의 모습이 어떠해야 하는지에 대해 많은 생각을 하게 만든다.

믿음을 전제로 이루어지는 스승 공자와 제자의 대화는 다음에서도 발견할 수 있다.

> 자공이 "저는 어느 정도의 인물입니까?" 하고 묻자, 공자는 "너는 그릇이다."라고 말하였다. 자공이 다시 "어떤 그릇입니까?" 하고 묻자, 공자는 "종묘의 제사에 쓰이는 옥으로 장식한 중요

한 기물인 호련과 같은 인물이다."라고 말하였다.　—「공야장」

　　어느 날 공자가 여러 제자에 대한 자신의 생각을 피력하였다. 이때 옆에서 듣고 있던 자공이 자신은 도대체 어느 정도의 인물일지 궁금하였고, 그래서 위와 같은 대화가 이루어진 것이다. 사람은 누구나 자신이 어느 정도의 인물인지 궁금해한다. 특히 자신의 진로에 대해 고민할 때면 더욱 그러하다. 누구나 이러한 상황에서 자신의 인물됨이나 도량에 대해 말해주는 사람이 있으면 얼마나 좋을까 하고 생각하게 된다. 자신의 일을 남에게 의지해서 판단한다는 것이 잘못되었다는 지적은 여기서 통하지 않는다. 내가 무엇을 어떻게 해야 할지 고민하고 있을 때 그것을 인도해줄 수 있는 사람이 바로 스승이며, 이를 우리는 자공에 대한 공자의 대답에서 발견할 수 있다.

　　타인에 대한 평가를 있는 그대로 말해줄 수 있는 사람은 그리 많지 않다. 이는 무엇보다 타인의 사람됨을 정확히 안다는 것이 어렵기도 하지만, 또 한편으로는 그것을 말했을 때 상대방의 반응에 대해 자신이 없기 때문이기도 할 것이다. 「위정」에 "군자란 그릇이 아니다."라는 말이 있다. 군자는 폭넓은 사유를 통해 다방면에 조예가 깊은 전인적인 교양인이어야 하며, 어느 한 용도로만 쓰이는 그릇과 같은 존재일 수는 없다는 뜻이다. 그릇이란 그 쓰임이 정해져 있는 것이기 때문에 수많은 변화를 느끼면서도 그에 맞게 임기응변할 수 없다. 그러한 측면에서 "너는 그릇"이라는 공자의 말은 곧바로 너는 군자가 아니라는 말이 될 수도 있다. 그러나 자공은 더 자세한 평가를 듣고자 한다. 그래서 무슨 그릇인지를 또 묻고 있다. 이러한 대화는 스승과 제자 사이의 믿음이 형성되어 있지 않다면 불가능할 것이다.

물론 현대의 많은 사람은 공자가 살았던 시대처럼 '전인(全人)'을 만드는 것이 교육의 목적이 아니라고 생각할지도 모르지만, 필자는 우리가 이상적으로 추구해야 할 교육의 목적은 여전히 단순한 기술자가 아닌 온전한 인간으로서의 '전인'을 만드는 것이어야 한다고 믿고 있다. 따라서 교육 과정에서 공자가 제자들을 정확하게 파악하고 그대로 말해준 것처럼, 교사들은 학생들을 잘 알고 각자에게 가장 적합한 길을 가도록 인도해주어야 할 의무가 있다고 생각한다. 물론 앞의 구절에서 자공이 자신에 대한 공자의 평가를 어떻게 받아들였는지 정확하게 알 길은 없다. 다만 스승과 제자의 믿음을 전제로 이루어지는 대화 속에서 우리는 훌륭한 스승을 모시고 있는 자공이 한없이 부러워지는 것만은 사실이다.

공자는 학생들을 가르치는 데 신분이나 귀천의 차별을 두지 않은 것으로 유명하다. "가르치는 데 있어서 신분상의 차별을 두지 않는다."(「위령공」)라는 말이나 "육포 묶음 열 가닥 이상의 작은 예물을 가지고 오는 사람에 대하여 나는 가르침을 주지 않은 적이 없다."(「술이」)라는 구절은 이와 같은 공자의 원칙을 천명한 구절이라고 할 수 있다. 공자가 사람을 대함에 있어서 선입견이나 차별을 갖지 않았다는 것은 다음 이야기에서도 찾아볼 수 있다.

> 호향 사람들은 함께 이야기하기 어려운 사람들인데, 그곳의 한 어린이가 공자를 알현하자 공자의 문인들이 그를 만나준 것에 대해 이상하게 생각하였다. 그러자 공자가 이렇게 말하였다. "그가 진보하는 것을 인정하고 그가 퇴보하는 것을 인정하지 않는 것이다. 어찌 거절하여 심하게 대할 수 있는가? 누구나 자신을 깨끗이 하여 앞으로 나아가면 그의 깨끗함을 인정하고 그의 과거 잘못을 따지지 않는다. ─「술이」

당시 호향 지방 사람들은 궤변을 많이 늘어놓는 것으로 유명하여, 공자의 제자들은 그 지방 사람들이 함께 이야기할 만한 상대가 아니라고 생각한 듯하다. 그러나 공자는 그 지방 사람들에 대한 보편적인 평가와 관계없이 무엇인가 배우기 위해 찾아온 사람을 상대하고 그의 장점을 인정해주는 태도를 보인 것이다.

"타고난 본성은 서로 비슷하지만 살면서 터득한 습성은 서로 차이가 많이 난다."(「양화」)라는 구절이 있다. 이 역시 사람마다 본래 타고난 신분이 다르다고 여기는 사회에서, 사람은 누구나 본래 동등하나 다만 그들이 후천적으로 어떤 식으로 살아가고 어떤 식으로 학습하는지에 따라 달라진다는 말은 학생들에게 차별을 두지 않는 공자의 모습을 잘 보여준다고 할 수 있다. 또한 이 말은 학문의 세계에서 후천적인 노력이 중요할 뿐 선천적으로 타고난 것이 전부가 아니라는 말이기도 하다. 공자 역시 "나는 태어나면서부터 모든 것을 알았던 사람이 아니며 옛것을 좋아하고 열심히 그것을 추구한 사람이다."(「술이」)라고 말하고 있다. 아마도 공자의 뛰어난 모습을 보면서 제자를 포함한 주위 사람들 중에 공자는 본래부터 성인으로 타고났을 것으로 생각한 사람이 많았기 때문에 자신은 열심히 노력하는 자세를 통해 현재에 이르게 되었

곡부(曲阜)에 있는 청(淸) 강희제(康熙帝)가 쓴 "만세사표(萬世師表)".

음을 밝힌 것이라 할 수 있다.

흔히 공자를 평가하면서 "만세사표(萬世師表)"라는 말을 한다. 영원한 스승의 본보기라는 말이다. 『논어』를 읽다 보면 이 말이 공자에게 가장 적합한 표현이 아닐까 생각하게 된다.

실천가_ 말이나 글보다 행동을

공부하는 사람들은 집에 들어가면 부모님께 효도하고 집 밖에
나가면 웃어른께 공손히 행동하며, 행동을 신중하게 해서 믿음
을 주어야 하며, 널리 대중을 두루 사랑하며 어진 사람과 가까
이 지내야 한다. 이런 일에 대해 스스로 실천하고서도 남은 여
력이 있을 때에야 글을 배우는 것이다.　　　　　　　ー「학이」

위 구절에서 공자는 부모님께 효도하고 어른을 공경하며
행동은 신중하게 하는 등 가장 기본적인 실천을 할 수 있어야
하며, 그런 후에 글을 배우라고 말한다. 말이나 글 혹은 논리
보다 실천을 중요하게 여긴 실천가로서의 공자의 면모를 여
실히 보여주는 구절이라고 할 수 있다. 행동이 중요할 뿐 말

은 그 다음이라는 생각에서도 실천을 중시하는 공자의 모습이 잘 나타난다. "군자는 말은 신중하게 하여 더듬거리지만 도리를 실천하는 행동은 민첩하게 한다."(「이인」)라는 구절이나, "옛날 사람들이 말을 함부로 하지 않았던 것은 자신의 행동이 그 말을 제대로 실천하지 못하는 것을 부끄러워했기 때문이다."(「이인」)라는 구절은 모두 올바른 도리를 실천하는 것이 가장 중요하다는 점을 강조하고 있다. 실천에 대한 강조는 제자 안회에 대한 다음의 언급에서도 알 수 있다.

> 내가 제자인 안회와 함께 하루 종일 이야기하여도 그저 듣기만 할 뿐 되묻거나 이의를 제기하지 않아 어리석은 사람 같았다. 그런데 그가 물러난 뒤 그의 사생활을 살펴보니 내가 말하는 삶의 올바른 도리를 밝혀내고 있었다. 안회는 전혀 어리석은 사람이 아니었다.　　　　　　　　　　　　　　　　　　　　　—「위정」

이 구절은 공자가 안회를 아끼게 된 과정을 설명하는 것으로 보인다. 처음 공자가 안회를 보았을 때 별다른 말도 없고 어떤 가르침을 주어도 별 반응을 보이지 않았다. 이 때문에 공자는 안회라는 제자는 무엇인가 모자라는 어리석은 사람이라고 생각했다. 그러나 공자가 안회의 사적인 생활은 어떠한지에 대해 살펴보았더니 자신이 가르친 내용을 실천하

제자 안회의 초상화.

려고 노력하는 모습이 역력하게 보였다. 그래서 공자는 말보다는 행동이 먼저 앞서는 안회의 실천하는 자세를 높이 평가하고서, 안회가 어리석은 사람이 아니었음을 말하고 있는 것이다.

다음의 구절에서 보듯이, 공자는 안회와 반대의 경우를 제자 재여를 통해 경험하게 된다.

제자인 재여가 낮잠을 자자 공자가 이렇게 말하였다. "썩은 나무로는 조각을 할 수 없고 더러운 흙으로 만든 담은 흙손질을 할 수 없다. 내가 재여에 대해 무엇을 꾸짖겠는가?" 그리고 공자가 또 이렇게 말하였다. "내가 처음 사람을 대할 때는 그 사람의 말을 듣고 그의 행동을 믿었지만 지금 내가 사람을 대할 때는 그의 말을 듣고 그의 행동을 살펴보게 되었다. 사람을 판단하는 데 있어서의 이러한 변화는 재여로 인하여 바뀐 것이다."

—「공야장」

공자가 재여에 대해 처음에 어떤 평가를 내렸는지는 명확하지 않다. 다만 공자는 재여의 행동을 보고 크게 실망하여 말만으로 사람을 평가해서는 안 되고 반드시 그의 행동을 살펴보아야 함을 확인하게 된다. 이는 공자가 행동과 실천이 중요하다는 점을 확인해가는 과정인 동시에 실천이 가장 중요하다는 점을 천명하는 것이기도 하다. 올바른 도리의 실천을 학문의 이상으로 여기는 것은 제자인 자하의 다음 글에서도 엿볼 수 있다.

> 가령 어떤 사람이 다른 사람의 내면에 담긴 현명함을 제대로 평가하여 현명하다고 여기기를 마치 외면적인 여인의 아름다움을 좋아하는 것처럼 하며, 부모를 섬기되 자신의 힘을 다할 수 있고, 군주를 섬기되 자기 몸을 바칠 수 있고, 친구를 사귀며 말을 하되 신뢰할 수 있도록 실천한다면, 아무리 그가 배운 것이 없다 할지라도 배움의 목표가 되는 올바른 도리를 실천하고 있으므로 나는 그에 대해 배운 사람이라고 확신할 것이다.
>
> ―「학이」

이와 같은 실천에 대한 중시는 현실에서 증명이 불가능한 추상적인 논의보다 구체적으로 실현 가능한 논의를 중시한 것에서도 알 수 있다. "공자는 괴상한 일, 무력을 사용하는 일, 덕을 어지럽히는 일, 알 수 없는 귀신에 대한 일, 이 네 가지에 대해서는 말하지 않았다."(「술이」)라는 구절이 있다. 이 중 알수 없는 귀신에 대한 일에 관한 언급을 하지 않은 것은, 그것이 어차피 증명하기 불가능한 것이기 때문에 이야기의 결론이 나올 수 없다는 점에 근거한 것이라고 할 수 있다. 이는 자로가 귀신과 죽음을 묻고 있는 다음 구절에서도 알 수 있다.

> 자로가 귀신을 섬기는 것에 대해 묻자 공자가 "사람도 제대로 섬기지 못하는데 어찌 귀신을 섬길 수 있겠는가?"라고 답하였다. 다시 "감히 죽음에 대해 묻고자 합니다."라고 말하자, "살아 있다는 것도 잘 알지 못하는데 어찌 죽음을 알 수 있겠는가?"라고 답하였다. ─「선진」

공자가 생각하기에 귀신이나 죽음이란 명확하게 설명하기 어려운 것이다. 사람의 삶에서 중요한 것이기는 하지만, 현실에서 실천해나갈 수 있는 것을 위주로 생각한다면 귀신보다는 사람이 우선이고 죽음보다는 삶이 우선이다. 따라서 공자는 그러한 질문을 던진 자로의 심정을 이해할 수는 있지만, 그에 대한 직접적인 대답을 통해 자로가 얻을 수 있는 것이 아무것도 없으리라는 판단을 하고 있는 것으로 보인다. 이구절에서 우리는 구체적인 현실에서 실천할 수 있는 일을 우선적으로 고려하는 공자의 자세를 알 수 있다.

또한 공자가 중시하는 실천은 자기 자신의 수양을 고려한 것일 뿐 남의 평가를 위한 것이 아니다. "옛날 배우는 사람들은 자신의 인격 수양을 위하는데, 지금 배우는 사람들은 남의 평가를 위한다."(「헌문」)라는 구절은 옛사람들과 지금 사람의 비교를 통해 남의 눈치나 살피고 남으로부터 좋은 평가를 얻기 위해 행동하는 사람들을 비판한 구절이다. 현실에서의 평가를 고려할 때 공자가 중시한 것은 올바른 평가를 받을 만한 자격을 갖추고 있는지에 대한 것이다. 이 때문에 공자는 "자신에게 벼슬이 없다는 점을 근심하지 말고 그 벼슬에 설 만한 자격이 있는지를 걱정하라. 다른 사람이 자신을 알아주지 않은 것에 대해 근심하지 말고 다른 사람이 알아줄 만한 자격을 갖추도록 노력해야 한다."(「이인」)고 주장한다.

이상에서 알 수 있듯이 공자의 가르침은 실천을 중시하는 행위 중심이지 지식 중심이 아니다. 즉, 배움의 목적이 그것을 실천하는 데 있기 때문에 배움과 행동의 일치를 꿈꾸는 '학행합일(學行合一)' 혹은 '지행합일(知行合一)'을 이상으로 하는 것이다. 물론 여기서 말하는 실천에는 자기 자신의 인격적 완성이라는 주관적 측면과 국가와 백성을 구하는 사회적이고 객관적인 측면이 있을 것이다. 이에 대해서는 나중에 다시 언급하기로 한다.

예(禮)_개인과 사회의 조화에 대한 중시

예의 외부적인 모습은 조화로움을 귀하게 여긴다. 이러한 이유로 옛날 뛰어난 왕들이 나라를 통치하는 데도 항상 이 조화의 정신을 아름다운 것으로 간주하였고, 크고 작은 일이 모두 이 정신에 따라 이루어졌다. 그러나 이 원칙만을 가지고는 할 수 없는 경우가 있는데, 그것은 조화로움만을 중시하여 조화만을 생각할 뿐 예를 행하는 근본 취지에 따라 조절할 수 없는 경우이니, 이 또한 안 되는 것이다.　　　　　　　　―「학이」

『논어』를 통해 공자가 가장 강조한 실천 덕목을 꼽는다면 '예(禮)'와 '인(仁)'을 들 수 있다. 이 중에 '예'란 인간관계의 가장 이상적인 조화를 말하는 것인데, 사회적으로 실현되는 모습에는 때로 관직 제도나 법률과 같은 현실적인 대안 등이 포함될 수 있다. 그러나 인간관계의 조화를 이루기 위한 방법이 일률적으로 확정될 수 있는 것은 아니고, 시대와 상황에 따라 달라질 수 있는 것이다. 이는 예라는 것이 형식적으로 나타나는 외면적인 모습에도 드러나지만 내면적으로 간직하는 정신에도 포함된다는 점을 고려해야 하기 때문이다.

위 구절은 공자의 제자인 유약의 말로 기록되어 있다. 예가 궁극적으로 추구하는 이상은 사람 사이의 조화이다. 이 때문에 과거의 뛰어난 왕들이 국가의 대소사를 처리하는 데 있어서 사람 사이의 조화를 우선적으로 고려했다. 그러나 조화를 이룬다는 것이 중요하다고 해서 맹목적인 조화의 추구는 오히려 장기적으로 볼 때 조화를 해치는 일이 된다. 단기적으로는 조화를 추구하는 듯하다가 그것이 오히려 장기적으로 인간관계를 해치는 경우가 있을 수 있고, 그로 인해 예의 근본 취지인 인간의 조화를 그르칠 수도 있기 때문이다. 그리하여 공자는 곳곳에서 예의 정신을 중시하고 있는 것이다.

> 노나라 사람 임방이 예의 근본이 무엇인지를 묻자, 공자는 이렇게 말하였다. "참으로 중요한 물음이다. 예는 사치스럽게 하기보다는 차라리 검소한 편이 낫고, 상례는 형식적으로 잘 갖추기보다는 차라리 슬픔을 잘 나타내는 것이 낫다."　　─「팔일」

위 구절에서 예의 근본을 묻는 임방의 물음에 대해 공자는 형식을 잘 갖추어 때로는 사치스럽기까지 한 것이 예라고 생각하기 쉽지만 사실은 그보다 검소한 것이 좋다고 말한다. 또한 상례를 실례로 든다면 외면적 형식에 치중하기보다는 차라리 내면의 슬픔을 제대로 표출하는 것이 더 중요하다고 말한다. 여기서도 상례에서 내면의 슬픔이란 결국 마음으로부터 우러나는 것이라고 할 수 있는데, 예라는 것이 외면적인 것과 내면적인 것이라는 이중적인 성격을 갖추고 있음을 말하는 것이기도 하다. 공자는 「팔일」에서 "사람으로서 가장 중요한 인덕을 갖추지 않은 상태에서라면 예절은 따져 무엇할 것이며, 사람으로서 가장 중요한 인덕을 갖추지 않은 상태에서라면 음악은 있어 봐야 무엇 하겠는가?"라고 언급하고 있는데, 이는 내면적 정신이 따르지 못하는 형식적인 예악을 부정하고 있는 것이라 할 수 있다. 현대사회에서도 그렇지만 공자 당대에도 이미 예라는 이름으로 이루어지는 관혼상제 등의 통과의례가 본래의 정신은 사라진 채 형식화되어 있었던 것은 아닌가 하는 생각을 하게 만드는 대목이다.

공자가 예의 기본 정신을 중시한 점은 아래의 구절처럼 시대 변화에 따른 형식의 변화를 수용하는 면에서도 알 수 있다.

삼베로 만든 관을 쓰는 것이 예의이지만 지금은 명주로 짠 간단한 것을 쓰는데, 그것이 검소하므로 나는 요즘 대중을 따르겠다. 신하가 임금을 뵐 때 당 아래에서 절하는 것이 예의이지만 지금은 당 위에서 절하는데, 그것은 교만한 태도이므로 나는 당 아래에서 절하는 것을 따르겠다.　　　　　　　　　　 ―「자한」

무조건 과거의 형식을 지키는 것만이 예가 아니며, 때로는 일반 사람들을 따라 변화하기도 하고 때로는 모두가 변해도 자신만은 고수할 수 있는 것이 필요하다는 것이다. 그리고 이 모든 바탕에는 시대의 변화를 인정하면서 예가 갖고 있는 본래의 정신을 손상하지 않는다면 구체적인 형식의 변화를 수용할 수 있는 자세가 엿보인다.

또한 공자에게서 사회적 조화 혹은 문화적 실체, 때로는 역사로서의 예가 갖는 중요성은 그를 통해 세상의 변화를 알 수 있다는 것으로까지 확대된다.

자장이 열 왕조 이후의 일을 알 수 있는지에 대해 묻자, 공자는 이렇게 대답하였다. "은나라는 하나라의 예법을 따랐기에 그중 더해진 것이나 감해진 부분을 알 수 있으며, 주나라는 은나라의 예법을 따랐기에 그중 더해진 것이나 감해진 부분을 알 수 있다. 이와 마찬가지로 주나라에 이어 나타나는 왕조가 있다면 백 왕조 이후의 일도 미루어 알 수 있다.　　　　　　　 ―「위정」

위 구절은 열 왕조 이후의 일을 미리 알 수 있는가를 묻는 자장에게 공자는 하·은·주 삼대 왕조의 예법을 기준으로 판단해보면 열 왕조 이후의 일뿐만 아니라 백 왕조 이후의 일도 알 수 있다고 단언한다. 이러한 점에서 공자는 당시에 이미 무너질 대로 무너져 버린 예에 대해 단순히 탄식의 차원을 넘어서 자신의 모국인 노나라는 물론 주나라 전체가 앞으로 어떤 운명에 처해질 것인지에 대해 큰 우려를 나타낸 것이다.

『논어』를 통해 우리는 공자 당시에 노나라의 국정을 전횡하고 있던 맹손씨, 숙손씨, 계손씨 세 대부가 얼마나 심각하게 예법을 무시하고 있었는지, 그에 대해 공자가 얼마나 우려를 나타내고 있었는지를 발견하게 된다. 「팔일」에는 공자가 노나라 대부인 계씨를 다음과 같이 평가하고 있다.

> 계씨는 예법에 의하면 천자의 제사에서만 추도록 되어 있는 팔일무(8열 8행의 64명이 추는 춤)를 자신의 뜰에서 추게 하였으니, 이러한 일조차 감히 할 수 있다면 무엇인들 차마 하지 않겠는가?

천자만이 행할 수 있는 팔일무를 천자도 아니고 그 아래의 제후도 아닌 대부가 자신의 집 안에서 하고 있다는 것은, 공자로서는 상상할 수 없는 예에 어긋나는 행동이고 이러한 일이 이루어질 수 있다면 더 나아가 국가를 전복시키는 일도 가능할 것이라 우려하고 있는 것이다. 「팔일」에 공자는 노나라의 세 대부가 천자의 종묘 제사에서만 부를 수 있는 노래를 하면서 제기를 치우는 모습을 보고 탄식하는 내용이 나오는데, 이 역시 당시 심하게 훼손된 예법을 우려하고 있는 모습이다.

사회적인 조화로서의 예를 실현하기 위해 공자가 제창한 것으로 '이름을 바로잡다'라는 의미인 '정명(正名)'을 들 수 있다. 「안연」에는 정치에 대한 제나라 경공의 물음에 공자가 "군주가 군주답고, 신하가 신하다우며, 아버지가 아버지답고 아들이 아들다워야 합니다."라고 답하는 구절이 있다. 이는 한 사회에서 구성원이 각자 자신에게 주어진 역할을 충실히 하는 것이 가장 중요하다는 것을 말한다. 즉, 조화로운 사회란 자신의 역할을 충실히 하는 것이고 그것을 통해 국가의 정치가 이루어질 수 있다는 말이다. 이 말을 들은 제나라 경공이 공자를 크게 등용하지는 않았지만, "좋은 말이다. 진실로 군주가 군주답지 못하고 신하가 신하답지 못하며 아버지가 아버지답지 못하고 아들이 아들답지 못하다면, 비록 곡식이 있다고 한들 내가 먹을 수 있겠는가?"라고 공자의 말을 인정한 것에서도 알 수 있듯이, 당시 상하의 관계가 혼란스럽고 명분이 사라진 세상에서 공자의 주장은 상당한 설득력을 가졌다고 할 수 있다. '정명'은 춘추전국시대 명분과 실질의 문제라는 중요한 담론으로, 그 선두에 공자가 있었다. 「자로」에서 위나라에서 정치를 한다면 어떻게 할 것인가를 묻는 자로에게 공자가 한 대답은 정명에 대한 대표적인 언급으로 유명하다. 공자는 "반드시 이름을 바로잡을 것이다."라고 말한 후 다음과 같은 설명을 덧붙이고 있다.

> 이름이 바르지 않으면 말이 자연스럽지 못하며, 말이 자연스럽지 못하면 어떤 일도 제대로 이루어질 수 없다. 일이 제대로 이루어지지 못하면 예악이 일어나지 못하며, 예악이 일어나지 못하면 형벌을 적절하게 쓸 수 없게 되며, 형벌을 적절하게 쓸 수 없게 되면 백성들은 어떻게 해야 할지 몰라 손발을 둘 곳이 없게 된다. 그러므로 군자는 어떤 것에 대해 이름을 정하면 반드시 말로 할 만해야 하며, 말을 한다면 반드시 실천할 수 있어야 한다. —「자로」

위 구절을 보면 '이름'의 문제는 '말→일→예악→형벌'의 과정을 통해 백성들이 어떻게 살아갈지의 문제로 귀결된다. 즉, 이름을 바로잡는 '정명'을 통해, 역으로 이름이 바르지 않으면 사회의 조화로운 통치가 불가능하다는 결론으로 유도된다. 결과적으로 이름이 바르지 않다면, 예의 실현, 즉 인간관계의 조화를 통해 사회의 조화를 이루고자 하는 데 장애가 된다. 이 때문에 공자는 부자 사이에 왕위를 둘러싼 권력 다툼이 일어나고 있던 위나라를 위해 필요한 정치는 정명을 통한 예의 실현에서 시작되어야 함이라고 밝힌 것이다.

술이부작(述而不作)_고대 문물의 전수자

나는 옛것을 배워 전하기만 할 뿐 창작하지 않으며, 옛것을 믿
고 좋아하면서 나 자신을 은연중에 은나라 현인 노팽과 비교해
본다.   —「술이」

공자는 자신이 옛것을 전하기만 할 뿐 창작하지 않았다는
'술이부작(述而不作)'을 강조한다. 위 구절에서 알 수 있듯
이, 새로운 것을 창작하기보다는 옛것을 믿고 좋아했을 뿐이
라며, "무엇인가에 대해 잘 알지도 못하면서 창작하는 사람
이 있겠지만 나는 이런 일이 없다."(「술이」)라고 공자 자신의
입장을 밝히고 있다. 더 나아가 그는 "많이 듣고 그중에 좋은
것을 골라 추종하며 많이 보고 그것을 기억해두는 것은 진실

로 잘 아는 것에 버금가는 경지이다."(「술이」)라고 판단한다. 이는 자신의 역할을 고대 문물의 전수자로 자임한 것과 관련된 것이다.

공자가 전국을 떠돌아다닐 때 광 지방에서 곤란을 겪은 적이 있다. 공자의 외모가 이전에 광 지방에 와서 그곳 사람들을 못살게 굴었던 양호와 닮은 데다 마침 공자의 말을 몰던 제자도 양호와 함께 광 지방에 간 적이 있어, 광 지방 사람들이 공자를 양호로 오인한 것이다. 이때 공자는 다음과 같이 문물의 전수자로서의 자부심을 밝히고 있다.

> 문왕이 이미 돌아가시고 예악과 제도가 여기 나에게 있지 않은가? 하늘이 장차 이 예악과 제도를 없애고자 한다면 뒤에 태어난 내가 이 예악과 제도에 관여할 수 없었을 것이다. 지금 하늘이 이 예악과 제도를 없애고자 하지 않는데 광 지방 사람들이 나를 어떻게 할 수 있겠는가?　　　　　　　　　　　—「자한」

문왕은 주나라 초기 통일 국가의 기틀을 완비한 성군이다. 그러한 문왕이 이미 세상에 없다면 그 역할은 자신에게 주어져 있다는 것이다. 따라서 하늘이 자신에게 그러한 예악과 제도를 정비할 책임을 부여했기 때문에 광 지방 사람들이 자신을 어떻게 할 수 없을 것이라는 말이다. 이는 이전 시기의 문물제도에 대해 자신이 가장 잘 알고 있으며, 이후의 제도 정비에도 큰 역할을 할 것이라는 뜻이기도 하다. 공자는 또한 "내가 많이도 노쇠하였구나. 내가 꿈속에서 주공을 보지 못한 지도 오래되었구나."(「술이」)라고 말하여 예악을 완성시킨 주공에게 자신을 견주고 있는데, 이 역시 같은 맥락에서 이해될 수 있다. 공자는 하·은·주 삼대의 예법에 대해서도 잘 알고 있다는 자부심을 갖고 있다.

> 하나라의 예에 대해서 내가 말할 수는 있지만 하나라의 후예인
> 기나라의 자료만으로는 그것을 증명할 수 없으며, 은나라의 예
> 에 대해서 내가 말할 수는 있지만 은나라의 후예인 송나라의 자
> 료만으로는 그것을 증명할 수 없다. 이는 문헌 자료가 부족하기
> 때문이며, 만약 자료가 충분하다면 내가 그것을 증명할 수 있을
> 것이다.   —「팔일」

공자 자신이 이미 하·은·주의 예법에 대해 잘 알고 있기는 하지만 그것을 증명할 자료가 부족할 뿐이라는 것은, 현재 전해지고 있는 자료보다 자신이 알고 있는 내용이 더 많다는 의미이기도 하다. 사실 공자의 전기에 대한 이야기를 종합해 보면, 그가 하·은·주의 제도나 역사적 사실에 대해서도 매우 많이 알고 있었던 것이 분명하다. 또 공자는 하·은·주의

문물제도 중 어느 것에 어떤 장단점이 있는지를 파악하여 취사선택하고 있다. 안연이 나라를 다스리는 방법을 묻자 공자는 이렇게 말한다. "하나라의 역법을 쓰고, 은나라의 수레를 타고, 주나라의 관을 쓰며, 음악은 순임금 때의 소 음악을 중시하고 정나라의 음탕한 소리를 내치며, 말만 잘하는 사람을 멀리한다. 정나라의 소리는 음탕하고 말만 잘하는 사람은 위태롭기 때문이다."(「위령공」) 물론 그가 "주나라는 하나라와 은나라 두 왕조를 본떴으되, 문물제도는 더욱 찬란하다. 나는 주나라를 따르겠다."(「팔일」)라고 말한 것처럼, 자신이 속한 주나라의 초기 문물제도를 따르고자 하는 것이지만, 동시에 시대에 따른 제도의 장단점을 파악하고 이를 나라의 통치에 응용하려고 했던 것이다. 이는 문물제도의 전수자로서 자임한 것이 과거의 문물제도를 현실 정치의 개혁에 반영하려는 의지와 무관하지 않음을 보여준다.

덕치 _도덕을 통한 감화와 인정의 실현

> 도덕의 실현을 근본으로 정치를 행하는 것은 마치 북극성이 제
> 자리에 있지만 모든 별이 그 주위를 둘러싸고 돌아가는 것과 같
> 이 그 감화력은 절대적이다.　　　　　　　　　　—「위정」

공자의 학문을 흔히 내성외왕지학(內聖外王之學)이라고 한
다. '내성'이란 실천을 통해 자신을 완성하여 성인의 경지에
이르는 것을 목표로 한다는 것이며, '외왕'이란 백성을 사랑
하는 이상적인 정치인 어진 정치 즉 인정(仁政)을 베푼다는
말이 된다. 다시 말해 내면적으로는 성인이 되고 외면적으로
는 군주(왕)가 되고자 하는 것이다.

이는 앞서 말한 바 있는 실천을 중시하는 유가의 주관적

실천과 객관적 실천이라는 실천의 두 가지 측면과도 연관되어 있다. 자신의 인격적 완성을 목표로 하는 주관적 실천은 자기 내부의 합리성과 조화로움을 추구하는 것이다. 이와 관련하여 「안연」에 다음의 구절이 있다.

> 사마우가 군자에 대해 묻자, 공자가 "군자는 근심하지 않고 두려워하지 않는다."라고 답하였다. 다시 "근심하지 않고 두려워하지 않기만 하면 군자라고 말할 수 있습니까?" 하고 묻자, 공자가 이렇게 말하였다. "자기 안으로 돌아보아 거리낌이 없는데 무엇을 근심하고 무엇을 두려워하겠는가?"

자신의 내면적 성찰을 중시하는 입장에서 출발하여 스스로 돌아보아 거리낌이 없는 상태가 바로 내면적인 완성을 이룬 군자의 경지이다. 내면적인 완성의 경지에 이르게 되면 하늘과 인간의 뜻이 일치되고 인간의 욕망 또한 도덕적인 이상형과 일치하게 된다. 공자가 표현한 "일흔에는 마음속에서 하고자 하는 것을 그대로 따르더라도 사람이 따라야 할 일정한 법도를 넘어서지 않게 되었다."(「위정」)라는 말은 이러한 이상적인 경지에 이른 군자의 마음을 나타내는 것이라 할 수 있다.

실천의 객관적 측면에 해당되는 것은 내면적 완성을 사회적으로 실현하는 것을 의미한다. 자신으로부터 출발하여 만물과의 조화로움을 만들어내는 것은 국가와 백성을 구하고 온전한 사회의 모습을 실현하는 것이다. 이때 사회적 실현의 구체적인 모습은 덕치 즉 도덕의 실현을 근본으로 하여 정치를 행하는 것이며, 그렇게 행함으로써 백성들은 감화되어 저절로 통치자를 따르게 된다. 북극성과 그 주위를 맴도는 모든 별에 대한 비유가 덕치와 그에 따른 감화력을 잘 설명하고 있다. 도덕 정치에 의한 백성의 감화력은 「위정」의 다음 구절에서도 잘 설명되고 있다.

> 백성들을 정치적 역량으로 인도하고 형벌을 이용하여 바로잡으려고 한다면, 백성들은 적발되어 벌을 받지만 않는다면 부끄러워하지 않는다. 반면에 백성들을 도덕적 감화력으로 인도하고 예절을 이용하여 바로잡으려고 한다면, 백성들이 설령 적발을 피하여 벌을 받지 않더라도 스스로 부끄러워하면서 자신의 잘못을 바로잡게 된다.

인간에 대한 무한한 믿음을 전제로 한 이 구절은, 도덕적인 감화력이 형벌보다 우위라는 점을 통치 방식에 대한 백성들의 반응을 통해 잘 설명하고 있다. 물론 덕을 근거로 한 삶이 꼭 통치에만 적용되는 것은 아니다. 「이인」에 나오는 "훌륭한 도덕을 갖춘 사람은 결코 외롭지 않은데, 이는 반드시 그와 뜻을 함께하는 이웃 같은 사람이 있기 때문이다."라는 구절은, 훌륭한 도덕이란 많은 사람이 항상 가까이하고자 하는 것임을 밝히고 있다.

한편, 도덕 정치와 함께 공자가 사회적으로 중시한 것이 어짊 즉 인(仁)에 대한 강조이다. 공자가 직접 '인'에 대한 구체적인 정의를 내리지 않았기 때문에 인의 실체를 설명하기란 쉽지 않다. 인을 간단하게 표현하자면 '사랑'과 '인간다움'일 수 있으며, 이는 원만한 인간관계를 위한 기본 전제이다. 따라서 인간관계에서의 사회적 조화를 말하는 '예'와는 떼려야 뗄 수 없는 관계를 이루는 것이다. 우리는 공자와 그의 뛰어난 제자 안연의 대화를 통해 인과 예의 관계 및 인이란 무엇인지에 대한 일면을 엿볼 수 있다.

> 안연이 인에 대해 묻자, 공자가 말하였다. "자신의 사욕을 이겨내어 사람 사이의 조화를 이루는 예로 돌아가는 것이 인이다. 하루라도 자신의 사욕을 이겨내어 예로 돌아가면 천하가 인으로 귀의할 것이다. 인을 행하는 것이 자신에 달린 것이지 남에게 달린 것이겠는가?" 안연이 다시 "자세한 항목에 대해 듣고자 합니다."라고 하자, 공자가 말하였다. "예가 아니면 보지 말고, 예가 아니면 듣지 말고, 예가 아니면 말하지 말고, 예가 아니면 움직이지 마라." —「안연」

인이 무엇인지에 대해 직접적인 설명은 피한 채 어떤 방식은 인일 수 없다는 정도만 말하거나, "인은 멀리 있는 것인가? 내가 인하기를 바라면 인은 바로 찾아오게 된다."(「술이」)라는 정도로만 말하던 공자도, 자신이 가장 아끼던 제자 안연이 인에 대해 질문하자 비교적 자세히 설명하고 있다. 사사로운 욕심을 이기고 예에 맞게 행동할 수 있는 것이 인이라는 설명도 그 자체로는 매우 추상적이기는 하지만, 인과 예가 밀접한 관련이 있음을 알 수 있는 구절이기는 하다. 공자가 인에 대해 직접적인 언급을 하지 않았던 연유에서인지, "공자는 의리를 해치는 이익에 대한 것, 은미하여 잘 알 수 없는 천명에 대한 것, 크나큰 도여서 말보다 실천이 더 중요한 인에 대한 것은 적게 말하였다."(「자한」)라고 공자가 인을 거의 말하지 않았다는 구절이 『논어』에 남아 있다. 물론 『논어』 전편에 걸쳐 100회 이상 인을 언급하고 있기 때문에 인을 적게 말했다는 것은 논란의 여지가 많지만, 인을 구체적으로 정의 내린 적도 없고 또 정의 내리기도 어려운 측면 때문에 이러한 언급이 전해지고 있다고 할 수 있다.

대체로 『논어』 속에 보이는 인에 대한 구절들을 종합해볼 때, 인이란 인간에 대한 절실한 사랑에서 시작하여 자신과 남을 일치시킬 수 있는 마음과 행동이라고 할 수 있을 것이다. 그리고 인이란 절대적인 것이기에 "인을 실천하는 것에 대해서는 스승에게도 양보하지 않는다."(「위령공」)고 하면서 스승에게조차 양보할 수 없는 실천 덕목임을 강조한다. 또한 인이란 지혜로움을 판단하는 기준으로도 작용한다. "살고 있는 마을에 어질고 후덕한 풍속이 있는 것이 아름답다. 따라서 거주할 곳을 선택한다면 그처럼 어질고 후덕한 풍속이 있는 곳을 택해야 당연한데, 그렇지 않다면 지혜롭다고 말할 수 없다."(「이인」)라는 구절에서 알 수 있듯이, 거주지를 선택할 때는 인한 사람이 있는 곳을 택해야 비로소 지혜로운 사람으로 평가될 수 있다.

이러한 이유로 인이란 정의 내리기가 쉽지는 않지만 그렇다고 멀리 있는 것도 아니다. "인은 멀리 있는 것인가? 내가 인하기를 바라면 인이 바로 찾아오게 된다."(「술이」)라는 언급은 인의 실천이 그다지 어려운 것이 아님을 말하고 있다. 또한 「이인」에 나오는 다음의 구절에서 인을 실천하는 사람을 찾아보기 어려운 이유를 밝히고 있다.

나는 아직까지 진정으로 인을 좋아하고 불인한 일을 싫어하는 사람을 보지 못하였다. 인을 좋아하는 사람은 더할 나위 없는 것이고, 불인을 미워하는 사람은 자신이 인을 실천하는 데 있어서 불인한 언행이 자신에게서 일어나지 못하도록 한다. 단 하루라도 자신의 힘을 인에 다 쓸 수 있는 사람이 있을 수 있을까? 나는 아직까지 인을 실천하기에 힘이 부족한 사람을 보지 못하였다.
아마도 그런 사람이 있겠지만 나는 아직까지 보지 못하였다.

즉, 인이란 그것을 실천하기에 힘이 부족할 수도 있는 그런 어려운 일이 아니다. 따라서 인을 실천하는 데 힘을 쏟으려는 사람이 없거나, 아니면 그런 사람이 있었지만 공자가 미처 보지 못했을 것이라고 말하고 있다. 이는 제자인 염구가 "저는 공자 선생님께서 말씀하신 삶의 도리를 좋아하지 않는 것은 아니지만 제 힘이 그것을 다 실천하기에 부족합니다." 라고 하자, 공자가 "힘이 부족한 사람은 그것을 실천해보다가 도중에 그만두는 것인데, 지금 너는 미리부터 한계를 설정하고 있구나."(「옹야」)라고 꾸짖는 장면에서도 발견할 수 있다. 누구나 끝까지 실천한 이후에야 자신의 힘이 부족하여 그것을 실천하기 어렵다는 것을 아는 것인데, 대부분의 사람들은 미처 그것을 시도도 하기 전에 미리 자신의 한계를 설정하고 포기하고 만다는 것이 공자의 생각이다. 이처럼 공자는 끝까지 실천하려는 의지만 있다면 인에 충분히 도달할 수 있다는 생각을 갖고 있었던 것이다. 또한 이 점이 바로 공자가 끝내 인간에 대한 믿음과 사랑을 버리지 못했음을 말해주는 동시에, 우리에게 세상이란 계속 나아질 것이라는 무한한 가능성을 믿게 만드는 부분이기도 하다.

2장

공자의 시대와 그 생애

공자의 시대

공자는 춘추시대 노(魯)나라 사람이다. 노나라는 형식상 주(周)나라 천자의 통치를 받는 제후국 중의 하나이며, 주나라 무왕(武王)이 동생인 주공단(周公旦)에게 봉해준 나라이다. 즉, 노나라는 주나라와는 가장 가까운 친족 왕국이라고 할 수 있다. 지리적으로도 노나라 수도인 지금의 곡부(曲阜) 땅은 주나라 천자가 사는 낙읍(洛邑)에서 멀지 않은 곳에 위치해 있었을 뿐 아니라 당시의 문화적 중심지이기도 했다. 이 때문에 주나라 문왕(文王)과 무왕 시대를 이상적인 통치 시대로 설정한 공자로서는 자국의 문화에 대한 자부심이 클 수밖에 없었다.

"패도를 따르던 제나라의 풍속이 한 번 변하면 주공(周公)

의 법제를 따랐던 노나라의 문화에 도달하게 되며, 노나라가 한 번 변하면 이상적인 정치를 펼쳤던 선왕의 도에 도달할 것이다."(「옹야」)라는 공자의 언급은 노나라가 문화적으로 어떤 위치에 있었는지에 대한 선언적인 의미를 담고 있다.

그러나 공자 당시 중국은 매우 혼란한 상황이었다. 주나라 평왕(平王, 기원전 770~720년 재위) 때 서쪽에 있던 견융(犬戎) 오랑캐의 침입을 받아 수도를 동쪽의 낙읍으로 옮겨 동주 시대가 시작되었다. 이후 중국은 천자의 실질적인 지배가 불가능하게 되었고 제후국 사이에 가장 세력이 강한 패자를 중심으로 형식상 천자를 받드는 춘추시대가 시작되었다. 공자 시대는 천자의 권위가 이미 땅에 떨어진 지 오래였고, 노나라 역시 정치적으로 매우 혼란한 상황에 처해 있었다.

노나라 15대 군주 환공(桓公)의 후손으로 대부(大夫)였던 맹손씨(孟孫氏), 숙손씨(叔孫氏), 계손씨(季孫氏), 즉 삼환씨(三桓氏) 세력이 커지면서 국정을 농단하고 있었다. 이들 중에서 특히 계손씨는 가장 강한 세력을 갖고 있었는데, "계씨는 예법에 의하면 천자의 제사에서만 추도록 되어 있는 팔일무를 자신의 뜰에서 추게 하였으니, 이러한 일조차 감히 할 수 있다면 무엇인들 차마 하지 않겠는가?"(「팔일」)라는 공자의 탄식에서 엿볼 수 있듯이, 천자만이 가능한 일들을 서슴없이 저지르고 있었고, 심지어는 노나라 군주를 외국으로 내몰

기까지 했다.

　이러한 혼란은 사회적으로도 종손 중심으로 국가가 운영되는 종법제도가 무너지고 전쟁으로 이어지면서, 일반 백성들의 삶은 고통 속에서 신음하는 날들의 연속이었다. 공자가 올바른 예법의 재정립 및 명분과 실질의 일치를 주장한 것은 이러한 사회적 혼란을 해결하고자 하는 희망과 의지의 소산이라고 할 수 있다.

공자의 생애[1]

탄생에서 약관의 나이에 이르기까지

공자는 기원전 551년인 노(魯)나라 양공(襄公) 22년에 지금의 산동성(山東省) 곡부시 동남쪽에 위치한 창평향(昌平鄕) 추읍(陬邑)에서 태어났다. 아버지 숙량흘(叔粱紇)은 무인으로 힘이 장사였으며 60세가 넘은 나이에 젊은 부인 안징재(顏徵在)를 얻어 공자를 낳았다고 한다. 이 때문에 공자의 부모가 정상적인 혼인 관계가 아닌 야합을 통해 공자를 얻었다는 이야기들이 전해지는데 명확하지는 않다. 공자의 선조는 원래 송(宋)나라 귀족이었지만 정치적인 핍박에 의해 사(士)의 지위로 강등되고 후에 노나라로 도망 왔다. 다시 말해 공자는 몰락한 귀족 가문 출신이라고 할 수 있다.

서주(西周) 때 송나라 민공(潛公)에게는 두 아들이 있었는데 큰아들은 불보하(弗父何)이고, 둘째 아들은 시사(鮒祀)이다. 송나라 민공의 동생인 양공(煬公)을 죽이고 군주의 지위에 오른 여공(厲公)이 바로 시사이다. 이때 여공의 형제 불보하도 송나라 경(卿)의 지위에 올랐다. 공자는 이 불보하로부터 나온 방계 가족이다. 『사기(史記)·공자세가(孔子世家)』에 의하면, 불보하가 송보(宋父)를 낳고, 송보는 정고보(正考父)를 낳고, 정고보가 공보가(孔父嘉)를 낳았다고 한다. 이 공보가가 송나라의 사마(司馬) 벼슬을 할 때 화독(華督)이 그를 살해하고 경(卿)의 지위가 세습되지 못하도록 했다. 이 때문에 그의 아들인 목금보(木金父)는 사(士)의 지위로 강등되었다. 목금보가 기보(祁父)를 낳았고 기보가 방숙(防叔)을 낳았는데, 방숙이 화씨(華氏)의 핍박을 피해 노나라로 도망가서 방대부(防大夫)가 되어 이때부터 노나라에 살게 되었다. 방숙이 백하(伯夏)를 낳고, 백하가 공자의 부친인 숙량흘(叔梁紇)을 낳았다. 이를 표로 나타내면 아래와 같다.

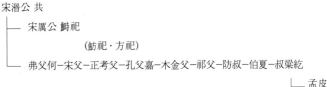

宋潛公 共
├── 宋厲公 鮒祀
│   (魴祀 · 方祀)
└── 弗父何—宋父—正考父—孔父嘉—木金父—祁父—防叔—伯夏—叔梁紇
                                                        ├── 孟皮
                                                        └── 丘

공자가 태어난 곳으로 알려져 있는
니산(尼山) 부자동(夫子洞).

또한 공자에게는 이복형이 있었는데 이름은 맹피(孟皮)이
고 자는 백니(伯尼)라고 전해진다. 『공자가어(孔子家語)』에 의
하면, 공자의 어머니가 니구산(尼丘山)에서 기도를 하고 공자
를 낳았기 때문에 공자의 이름은 구(丘)이고 자는 중니(仲尼)
가 되었다고 한다.

공자가 세 살 되던 해 아버지 숙량흘이 죽어 곡부의 동쪽
방(防) 땅에 장사 지냈다. 『공자세가』에 공자가 어려서 항상
제기를 펼쳐놓고 예를 갖추면서 놀이를 했다는 기록이 있는
것으로 보아, 공자는 어려서부터 예법에 관심이 있었음을 알
수 있다. 하지만 홀어머니 밑에서 자라면서 많은 고생을 했으
리라는 점은 쉽게 짐작할 수 있다. 이는 공자 스스로도 "내가
젊었을 때 미천하였기에 비천한 일을 할 줄 아는 것이 많다."
(「자한」)라고 말한 것에서도 알 수 있다. 그럼에도 "나는 15세

에 학문에 뜻을 두었다."(「위정」)고 밝히고 있듯이, 일찍부터 학문의 길을 가겠다는 의지가 분명했던 것으로 보인다.

그러던 공자가 19세에 계관씨(亓官氏)에게 장가들었다. 계관씨는 송나라 출신으로, 공자 집안이 본래 송나라 출신인 것과 관련이 있는 것으로 생각된다. 결혼한 이듬해인 20세 때 아들 공리(孔鯉)가 태어나는데, 자는 백어(伯魚)이다. 공자는 20세에 노나라에서 하급 관리인 위리(委吏: 창고를 주관하는 벼슬)를 지냈다. 공자의 아들 이름과 관련하여 아들 공리가 태어났을 때 마침 노나라 소공(昭公)이 공자에게 잉어를 하사했기에 잉어를 뜻하는 '리(鯉)' 자로 이름을 지었다는 이야기가 전해진다. 그러나 당시 군주가 말단 관리에 불과한 공자에게 득남 선물을 내렸다는 것은 믿기 어려워 보인다.

노나라에서의 청년기와 장년기

공자는 21세가 되어 승전(乘田: 소와 양 등 희생으로 쓰이는 가축을 관리하는 말단 벼슬)을 지냈다. 『맹자(孟子)·만장하(萬章下)』에는 "공자가 창고 관리자를 지낼 때 '회계를 마땅하게 할 뿐이다.'라고 하였고, 가축 관리자가 되었을 때 '소와 양을 잘 키울 뿐이다.'라고 하였다."[2]는 기록이 있는데, 말단 관리를 지내면서도 자신의 직분에 충실했음을 알 수 있다. 공자 24세에 어머니 안징재가 돌아가시자 아버지와 합장했다고 한다. 세 살 어린 나이에 아버지 숙량흘이 돌아가신 데다 또 본부인이 따로 있어, 공자는 아버지의 무덤 위치조차 알 수 없었다. 그래서 어머니가 돌아가시자 주변 사람들에게 물어 아버지의 무덤을 확인한 후 어머니와 합장했다고 한다.

이 시기에 공자는 처음 학생들을 가르치기 시작한 것으로 보인다. 역대로 공자가 처음 학생을 가르친 시기에 대해 17세, 23세, 30세, 35세 등 여러 견해가 있는데, 대체로 20대 초반부터 사숙을 열었을 것으로 추측된다. 초기의 학생으로는 안회의 부친인 안유(顔由), 증자의 부친인 증점(曾點), 그리고 염경(冉耕) 등이 있다.

27세가 되던 해 공자가 담자(郯子)에게서 고대의 관직 제도에 대해 배웠다. 당시 담나라는 노나라에 부속된 작은 나라로, 담자가 노나라에 조회하러 왔다가 고대의 관직 제도에 관해 강의를 했다. 공자는 이를 듣고 담자를 직접 찾아가 고대 관직 제도에 대해 배웠다고 한다. 또한 『공자세가』에 의하면, 30세에 공자는 제나라 경공(景公)을 처음 만났는데 마침 노나라를 방문한 제나라 경공과 안영(晏嬰)이 공자의 명성을 듣고 찾아왔다고 한다. 물론 이 기록의 진위를 의심하고 이 사실을 부정하는 경우도 적지 않다.

공자가 34세 되던 해 맹의자(孟懿子)와 남궁경숙(南宮敬叔)이 공자에게서 예를 배웠다. 『좌전(左傳)·소공(昭公)』 7년에 의하면, 맹희자(孟僖子)가 죽음에 임박하여 두 아들인 맹의자와 남궁경숙에게 자신이 죽으면 공자에게 가서 예의를 배우라는 유언을 했다고 한다. 그해 맹희자가 죽었으므로 두 사람이 공자에게서 예를 배웠다면 아마도 그 무렵이었을 것이다. 그러나 소공 7년이면 공자가 17살이므로 맹희자가 그 당시에 이미 공자의 명성을 알았다는 것은 신뢰하기 어렵다. 하지만 『좌전』에 소공 7년 맹희자가 병들었을 때의 이야기를 기록하며 소공 24년에 죽은 그의 유언을 함께 기록한 것으로 보아, 두 사람이 공자에게서 예를 배운 것은 사실로 인정할 수 있다.

또한 이때 공자와 남궁경숙이 주나라 수도 낙읍으로 가서 노담(老聃) 즉 노자에게 예에 대해, 장홍(萇弘)에게 음악에 대해 물었다고 전해진다. 공자가 노자에게 예를 배웠다는 내용은 『사기·공자세가』 『공자가어』 등에 보이며, 『예기(禮記)·악기(樂記)』에 공자가 장홍에게 음악에 대해 들었다는 기록이 있다. 그러나 노자의 연대에 대해 여전히 의문점이 많고 『논어』 속에 노장 사상과 유사한 부분이 있기는 하지만 그것이 꼭 노자의 영향이라고 보기 어려운 점을 들어 공자와 노자의 만남에 대해 의문을 제기하는 사람들도 많다.

35세 때 노나라에 내란이 발생하여 공자는 노나라를 떠나 제나라로 갔다. 『공자세가』에 의하면, 공자가 35세 되었을 때 소공이 군사들을 거느리고 계평자(季平子)를 공격했으나 오

공자가 노자에게 예를 묻고 있는 그림인 공자문례도(孔子問禮圖) 화상석(畫像石).

히려 맹손씨, 숙손씨 등이 함께 소공을 공격하여 소공의 군대가 패배했고 이로 인하여 노나라가 혼란스러워지자 공자가 제나라로 갔다고 한다. 또한 당시 제나라에 간 공자에게 경공이 정치에 대해 묻자, 공자가 군주가 군주답고 신하가 신하다우며 아버지가 아버지답고 아들이 아들다워야 한다고 대답했다(「안연」). 「술이」에는 공자가 제나라에서 순임금의 음악인 소(韶) 음악을 듣고서 3개월 동안 고기 맛을 몰랐다는 기록이 있는데, 이 역시 이 시기로 보인다. 37세 때 공자는 다시 노나라로 돌아왔다. 『사기』에 의하면, 당시 공자는 제나라 대부가 자신을 해치려 한다는 것을 들은 데다 경공이 공자의 말을 실행할 수 없다고 하자 노나라로 돌아왔다고 한다. 이후 공자는 한동안 노나라에서 제자들을 가르치면서 지냈는데, 이때가 공자의 학문이 더욱 깊어진 시기라고 할 수 있다.

『공자세가』에 의하면, 공자 47세(기원전 505년)이던 노나라 정공(定公) 5년에 계평자가 죽고 환자(桓子)가 그 자리를 계승했다. 계환자가 우물을 파다가 흙으로 만든 양과 비슷한 그릇을 얻고서 그 물건이 무엇인지 공자에게 물으니, 공자는 그 물건을 보지 않은 상태에서 자신이 알고 있는 과거의 기록에 근거하여 흙의 정령인 분양(墳羊)이라고 대답했다고 한다. 공자 48세 때, 권세가 날로 커진 계씨의 가신인 양호(陽虎)가 공자를 만나고 싶어 했으나 공자가 만나주지 않았다고 한다. 이는 「양화」에 기록되어 있다.

공자 50세 때 공산불뉴(公山不狃)가 비(費) 지방을 점거하고 계씨에게 반란을 일으켜 공자를 불렀는데, 공자는 처음에는 가고자 했으나 결국 가지는 않았다. 물론 역사적으로 이런 일이 없었다고 부정하는 학자도 있지만, 「양화」에 이와 관련하여 "나를 부르는 사람이 어찌 괜히 불렀겠는가? 만약 나를 써주는 사람이 있다면 나는 그 나라를 동방에서 이상적인 정치가 이루어지는 주나라로 만들 것이다."라는 공자의 언급이 기록되어 있다.

공자 51세 때 양호가 쫓겨났다. 공자는 중도(中都)의 관리가 되었다. 『공자세가』에 의하면, 노나라 정공이 공자를 중도의 책임자인 재(宰)로 삼았는데, 일 년이 지나자 사방이 모두 잘 다스려졌다고 한다. 공자 52세이던 노나라 정공 10년(기원전 500년), 공자는 노나라의 사구(司寇)가 되었고, 제나라와 협곡(夾谷)에서 회담을 가질 때 공자가 참석하여 제나라의 의도를 좌절시켰다고 한다. 한편 『공자세가』에는 그 당시 공자가 "중도 지방의 가신이면서 사공(司空)의 일을 맡아보았고, 사공으로서 대사구(大司寇)의 일을 맡아보았다."고 나와 있다. 그러나 사도와 사마(司馬)와 사공은 노나라의 제일 중요한 벼슬로서 당시 권력을 잡고 있던 삼환씨가 직접 담당했으며 그 지위가 사구보다 높았다. 또 후(侯)가 군주인 노나라의 경우 사구에다 '대(大)' 자를 더해 대사구라고 부르지 않았다는 견해로 볼 때 공자가 사공(司空)의 직책을 맡았다는 것은 사실이 아닐 가능성이 크다.

공자가 노나라 사구였을 때 소정묘(少正卯)를 처단했다고 전해지는데, 이 또한 그 진위 여부에 대해 많은 논란이 되고 있다. 『순자(荀子)·유좌(宥坐)』에 의하면, 공자가 노나라 재상이 되어 조정에 나간 지 7일 만에 소정묘를 처단했다고 한다. 그러나 공자가 노나라의 사구가 되었을 당시에 그 지위는 여전히 계손씨보다 낮았으므로 대부인 소정묘를 처단할 권력은 없었다. 그뿐만 아니라 공자가 "그대는 정치를 하는데, 어찌 사람 죽이는 방법을 쓰려고 하는가?"(「안연」)라고 말한 것에서 알 수 있듯이, 공자는 사람을 죽이는 정치에 대해 부정적인 입장이었다. 따라서 사상적 측면에서도 공자가 관직에 나가 정권을 잡자마자 대부를 죽였다는 것은 믿기 어려운 일이다. 공자는 이때부터 55세 노나라를 떠날 때까지 계속 사구 벼슬을 했던 것으로 보인다.

천하를 돌아다니던 시기

공자 55세이던 노나라 정공 13년 봄에 공자는 노나라를 떠나 위(衛)나라로 갔다. 이는 공자에 의해 노나라 정치가 잘되자 이웃 제나라에서 이를 경계하려고 꾸민 계책에 노나라 실권자들이 넘어간 결과였다. 「미자」에는 "제나라 사람들이 노나라에 여인 악단을 보내주자 계환자가 이를 받고 삼일 동안이나 조회를 하지 않았다. 그러자 공자가 노나라를 떠났다."고 기록되어 있다.[3] 공자는 그 당시 위나라에 10여 개월 동안 거주하다가 다시 진(晉)나라로 떠났다. 이때 광(匡) 지방을 지나다가 공자는 그 지역 사람들에게 포위되어 위협을 당했다고 한다. 이는 과거에 공자와 외모가 비슷한 양호가 이 지역 사람들에게 난폭한 행동을 한 것에서 비롯된 일이었다. 이때 공자는 "문왕이 이미 돌아가시고 예악과 제도가 여기 나에게 있지 않은가? 하늘이 장차 이 예악과 제도를 없애고자 한다면 뒤에 태어난 내가 이 예악과 제도에 관여할 수 없었을 것이다. 지금 하늘이 이 예악과 제도를 없애고자 하지 않는데 광 지방 사람들이 나를 어떻게 할 수 있겠는가?"(「자한」)라고 말하면서 고대 문물의 전수자로서의 자부심을 피력했다고 전해진다.

이듬해인 56세 때 공자는 위나라로 다시 돌아와 위나라 군주인 영공(靈公)의 부인 남자(南子)를 만났으며, 이 때문에 제자인 자로가 좋아하지 않았다고 한다.[4] 공자 57세 때 노나라 정공이 죽고 애공(哀公)이 즉위했다. 그 당시 공자는 노나라로 돌아와 잠시 머물렀다. 59세(기원전 493년) 때 공자는 다시 노나라를 떠나 위나라로 갔다. 이때 위나라 영공이 공자에게 군대의 편성 방법에 대해 묻자, 공자가 "제사에 관한 일은 일찍부터 들어 알고 있지만, 군사에 관한 일은 아직 배워본 적이 없습니다."라고 대답했다고 한다(「위령공」). 공자는 다시 위나라를 떠나 조나라를 거쳐 송나라로 갔으며, 그해 위나라 영공이 죽었다.

송나라로 가던 도중에 공자는 다시 위험한 상황을 경험했는데, 송나라의 사마환퇴(司馬桓魋)가 공자를 죽이려고 한 것이다. 이때 공자 나이 60세였다. 사마환퇴가 공자를 죽이려는 이유는 명확하지 않지만, 당시 무도한 환퇴가 송나라의 근심거리였던 점을 생각하면 공자가 환퇴·자신에게 방해가 된다고 생각했던 것으로 보인다. 이 위급한 상황에서도 공자는 "하늘이 나에게 덕을 주었는데, 환퇴와 같은 자가 나를 어떻게 할 수 있겠는가?"(「술이」)라고 제자들을 안심시켰다고 한다. 다시 공자는 정(鄭)나라를 지나 진(陳)나라로 갔는데, 정나라에서 제자들과 엇갈려 길을 잃은 적이 있다. 『공자세가』에 다음과 같은 기록이 있다. 공자가 정나라로 가다가 제자들과 서로 길이 엇갈려, 공자 혼자서 정나라의 동문 앞에 서 있었는데, 어떤 사람이 자공에게 "동문 앞에 어떤 사람이 있는데 풀죽은 모습이 마치 집 잃은 개와 같았습니다."라고 했다고 전해진다. 이후 자공이 공자에게 이 말을 전하자, 공자는 웃으면서 "내가 집 잃은 개와 같다는 말은 틀림없구나! 틀림없구나!"라고 하였다.[5]

공자 나이 61세이던 노나라 애공 4년(기원전 491년), 당시 공자는 진(陳)나라에 있었는데 진나라의 민공(湣公)이 돌화살의 유래에 관해 묻자 공자가 이에 대답했다고 한다. 이는 『공자세가』에 설명되어 있다. 또한 노나라 대부인 계강자가 공자를 불러 노나라를 배반하고자 했다. 애공 3년 가을 계환자가 죽고, 대를 이어 즉위한 계강자가 장사를 지낸 후 공자를 부르고자 했다. 이때 공자가 진나라에 있으면서, "돌아가자, 돌아가자. 내 고향의 젊은이들은 뜻은 크지만 구체적인 일에는 세련미가 없고, 외견상의 아름다운 모습을 갖추고는 있지만 그것을 어떻게 조절하여 일을 이루어야 할지 모른다."(「공야장」)라고 말하는 구절이 있는데, 이 시기의 일이다. 또 그해 공자는 진나라를 떠나 채(蔡)나라로 갔다.

62세 때 공자가 다시 채나라를 떠나 섭(葉) 지방으로 갔으며, 여기서 섭공과의 문답이 이루어졌다. 「자로」에 섭공과의 문답 두 가지가 소개되어 있다. 그 하나는 섭공이 정치에 대해 묻자, 공자가 "가까이 있는 사람들을 기쁘게 만들고 멀리 있는 사람들로 하여금 찾아오게 만드는 것이다."라고 대답한 것이다. 그리고 다른 하나는 정직한 사람에 대한 관점의 차이를 논한 것으로, 섭공이 "우리 마을의 정직한 사람은, 그 아버지가 양을 훔치자 아들이 이에 대해 증언하였다."라고 말하자, 공자는 "우리 마을의 정직한 사람은 이와 다릅니다. 그런 일이 있으면 아버지는 아들을 위해 감추고 아들은 아버지를 위해 감추는데, 정직함은 그 사이에 있는 것입니다."라고 답한 것이다. 이 문답으로 미루어 아마도 섭공이 법가적 관점의 소유자가 아니었나 생각된다.

이후 공자는 섭 지방을 떠나 채나라로 다시 돌아오게 되는데, 그 과정에서 장저(長沮), 걸닉(桀溺), 하조장인(荷蓧丈人) 등 은자들과 만났다. 「미자」에 실린 내용을 살펴보면, 당시 걸닉이 자로에게 "도도하게 물이 흘러가듯 천하가 모두 그러하거늘 누가 물의 흐름을 바꾸겠는가? 그리고 특정한 군주가 옳지 않다고 그러한 사람을 피해 다니는 사람을 따라다니기보다는 차라리 세상 자체를 피해 다니는 사람을 따르는 편이 낫지 않겠는가?"라고 말했는데, 이 말을 듣고 공자는 "새나 짐승과 함께 무리 지어 살 수 없으니, 내가 이 세상 사람들과 함께하지 않는다면 누구와 함께하겠는가? 천하에 올바른 도리가 행해지고 있다면 나는 사람들과 함께 세상을 바꾸려고 하지 않을 것이다."라고 말했다. 이를 통해 당시 은자들은 이미 공자가 꿈꾸는 이상적인 세상에 대해 부정적으로 바라보는 사람들이 적지 않았고, 공자 역시 그것을 감지하고 있었음을 알 수 있다.

또 같은 해 필힐(佛肸)이 중모 지방을 거점으로 반란을 일으키고 공자를 부르니, 공자가 가고자 했다고 전해진다. 「양화」에는 공자가 필힐에게 가려고 하자 자로가 "예전에 제가 선생님께 '자기 자신에게 좋지 못한 일을 자신이 직접 하는 사람에게 군자는 가까이 가지 않는다.'고 들었습니다. 필힐이 중모 지방을 거점으로 반란을 일으켰는데, 선생님께서 가려고 하시는 것은 무엇 때문입니까?"라고 말하는 구절이 보인다. 또한 청대의 유보남(劉寶楠)은 『논어정의(論語正義)』에서 "필힐이 공자를 부른 일은 마땅히 애공(哀公) 5년에 있었던 것으로 의심할 것이 없다."라고 했다. 그러나 『한시외전(漢詩外傳)』 등에서는 필힐이 중모(中牟) 땅을 거점으로 배반한 일이 다른 때라고 했고, 또 청대 고증학자 최술(崔述)은 애공 20년의 일이었기 때문에 공자가 죽은 지 5년 뒤였다고 주장했다. 아마도 공자가 자신의 뜻을 이루기 위해 명분 없는 반란에는 나서지 않았을 것이라는 점에 근거한 주장인 듯하다. 그러나 당시에 공자가 천하를 돌아다니면서 어려운 상황을 많이 겪었고 또 그 과정에서 다양한 방식으로 자신의 이상을 실현하려는 욕구가 표출되었을 것으로 생각된다.

이듬해인 63세 때 공자가 초나라로 가는 도중 진(陳)나라와 채나라 사이에서 식량이 떨어져 고생했다. 『순자·유좌(宥坐)』에 "공자가 남쪽으로 초나라에 갈 때 진나라와 채나라 사이에서 곤궁했다. 7일 동안 식량이 없어서 보잘것없는 음식에 쌀도 없었고, 제자들은 모두 굶주린 기색이었다."고 나와 있다. 「위령공」에도 "진나라에서 양식이 떨어지고 수행하던 제자들이 병들어 일어나지 못하였다."고 기록되어 있다. 당시 오나라가 진나라를 공격했고 초나라는 진나라를 돕기 위해 출병한 일이 있었는데, 이 전쟁의 와중에서 양식이 떨어져 공자가 고생한 것이다. 그리고 그해 공자가 초나라에서 위나라로 돌아왔으며, 도중에 초나라의 은자인 미치광이 접여(接輿)를 만났다.

공자 64세이던 애공 7년, 당시 공자는 위나라에 있었는데 자로에게 '정명(正名)'에 대해 대답해주었다. 이는 「자로」에 자세히 나와 있다. 「술이」에는 자공이 "백이와 숙제는 어떤 사람입니까?"라는 질문을 통해 공자가 위나라에서 벼슬할 뜻이 있는지를 묻는 장면이 있는데, 이 또한 이 시기에 있었던 일이다. 역시 공자가 위나라에 머물던 애공 8년, 오나라가 노나라를 공격했다가 패하여 노나라와 맹약을 맺었다. 이때 제자인 유약(有若)이 이 전투에 참가했다고 전해진다. 이후 67세 때까지 공자는 계속 위나라에 머물렀다. 외국에 나가 있는 동안 공자는 위나라에서 가장 오래 머물렀다. 이는 노나라와 지리적으로 가까운 데다 자하와 자공이 모두 위나라 출신이고 안수유도 위나라에서 높은 지위에 있는 등, 위나라 출신 제자들이 적지 않았기 때문으로 보인다.

귀국하여 지낸 만년의 생활

공자가 68세이던 애공 11년(기원전 484년), 계씨의 가신이 된 공자의 제자 염유(冉有)가 제나라와의 전쟁에 참여해 승리하는 데 공을 세웠다. 염유가 군사에 관한 일을 공자에게서 배웠다고 대답하자, 계강자가 염유의 소망을 들어주어 공자가 위나라에서 노나라로 돌아오게 되었다. 공자가 노나라를 떠난 지 14년 만의 귀국이었다. 그해 계씨가 토지 세금에 대한 제도를 고쳐 백성들로부터 세금을 많이 거두고자 염유를 통해 공자에게 의견을 구했는데, 공자는 반대 입장을 표명했다.

이듬해 69세 때 공자는 음악을 바로잡았다. 「팔일」에는 공자가 노나라의 음악을 관장하는 악사에게 음악에 대해 "음악에 대해서는 알 만하다. 음악을 시작할 때는 여러 소리가 합하여 나오지만, 연주가 진행됨에 따라 조화로운 소리가 나오면서 동시에 각 소리가 분명해지고 이렇게 계속 이어져서 한 곡이 완성된다."고 말한 구절이 있다. 또 「자한」에 "내가 위(衛)나라에서 노나라로 돌아온 후 음악이 바로잡혔고, 조정이나 종묘에 쓰이는 음악인 아(雅)와 송(頌)의 악곡이 제자리를 찾았다."라는 기록이 있는데, 이도 이 시기의 일인 듯하다. 그해 공자의 아들인 공리(孔鯉)가 50세의 나이로 죽었다.

공자가 70세 되던 해 제자 안회가 당시 32세로 죽었다. 안연(안회)이 죽자 공자는 "하늘이 나를 버렸구나, 하늘이 나를 버렸구나!"(「선진」) 하고 그의 죽음을 탄식했다고 한다. 당시 공자가 비통하게 우는 것에 대해 지나친 것이 아닌지 제자들이 의문을 제기했을 때도 "내가 그렇게 슬퍼했는가? 내가 안연 같은 제자를 위하여 슬퍼하지 않으면 누구를 위하여 슬퍼하겠는가?"(「술이」)라고 하면서, 안연의 죽음에 대해 진정한 슬픔을 표출했다. 가장 사랑한 제자인 안연을 공자는 배움을 가장 좋아했다고 평가했다. 「옹야」에 애공이 "제자 중 누가 배우기를 좋아합니까?" 하고 묻자 공자가 "안회라는 제자가 배우기를 좋아하고 자기 노여움을 남에게 화풀이하지 않으며 같은 잘못을 반복하지 않았는데, 불행스럽게도 명이 짧아 죽어버렸습니다. 지금은 그런 사람이 없으니, 배우기를 좋아하는 사람에 대해 들어보지 못하였습니다."라고 답하는 구절이 보인다. 스승보다 먼저 죽은 제자에 대해 얼마나 큰 좌절 감을 맛보았는지를 엿볼 수 있는 대목이다.

당시에 공자는 노나라에서 끝내 자신을 등용하지 않으리 라는 것을 알고 정치하겠다는 생각을 그만두고 교육과 문헌 정리에 몰두하게 된다. 『공자세가』에 의하면, 그 당시 공자는 하·은·주 삼대의 예를 탐구하고 『서경』의 차례를 잡고, 위로 는 요순시대부터 아래로는 진(秦)나라 목공(穆公) 때까지의 일 을 순서대로 정리했다고 한다. 또한 공자는 시(詩)·서(書)·예 (禮)·악(樂)을 가르쳤는데, 제자들이 대략 3천 명에 달했고, 그중 육예(六藝)에 통달한 제자만도 72명이었다고 한다.

공자 71세이던 애공 14년 봄, 서쪽에서 기린을 잡았다. 그 러자 공자는 상서로움의 상징인 기린이 나올 때가 아닌데 나 타나고 또 그것을 사람들이 알지 못하고 잡은 것에 대해 세상 이 더 이상 가능성이 없을 것이라는 두려운 마음이 들어 노나 라의 역사책인 『춘추(春秋)』를 지었다. 또 그해 제나라 대부 인 진성자가 군주인 간공을 시해했는데, 공자는 목욕재계하 고 노나라 군주인 애공에게 가서 진성자를 토벌할 것을 청했 다(「헌문」).

공자 72세 때 사랑하던 제자 자로가 위나라에서 벼슬을 하 다가 내란에 휘말려 죽었다. 『좌전(左傳)』의 애공 15년 조목 을 보면, "공자가 위나라에 난리가 일어난 것을 듣고 '제자

자고는 돌아오겠지만, 자로는 죽을 것이다.'라고 말씀하셨다."는 기록이 있다. 또『예기(禮記)·단궁상(檀弓上)』에는 "공자가 자로의 죽음을 슬퍼하여 뜰에서 곡을 하고 있는데 조문하는 사람이 있었다. 공자는 그에게 절하였다. 곡을 마치고 사신을 안으로 들어오게 하여 자로의 죽은 까닭을 물으니, 사자는 위나라의 군주가 자로의 유해

제자 자로의 초상화.

로 젓을 담갔다고 말하였다. 이에 공자는 즉시 명하여 집에 있는 젓을 모두 엎어버리게 하였다."[6]라고 기록되어 있다. 공자는 자로가 비록 성격이 급하고 과격하기는 하지만, "내가 뜻하는 도가 이 세상에 행해지지 않아 뗏목을 띄워 바다로 떠나간다면 나를 뒤따를 사람은 아마도 자로일 것이다."(「공야장」)라고 말하여 자로의 의기를 높이 평가한 바 있다. 또 노나라 대부 계강자가 자로에게 정치를 맡길 만한지의 여부를 공자에게 물었을 때도, "자로는 과감하게 결단하는 능력이 있으니 정치를 하는 데 무슨 어려움이 있겠습니까?"(「옹야」) 하고 칭찬한 바 있다. 물론 자로가 급한 성격 때문에 "자로와

같은 사람은 제명에 죽지 못할 것이다."(「선진」)라는 공자의 언급도 전해진다. 하지만 공자가 제자에 대해 교육을 목적으로 하지 않는 단순한 악담에 가까운 말을 했을 가능성은 없기 때문에 이 구절이 정말 공자가 한 말이라고 믿기 어려운 면이 있다. 「공야장」에 나오는 "자로는 가르침을 듣고서 아직 그것을 실천하지 못했을 때는 오직 또 다른 가르침을 들을까 두려워하였다."라는 말처럼 공자의 가르침에 대한 절대적 신봉자인 자로의 죽음은 노년의 공자에게 큰 충격을 주었음이 분명하다.

애공 16년(기원전 479년) 여름, 공자는 73세 나이로 세상을 떠났다. 『좌전』 애공 16년 조목에는 "여름 4월 기축(己丑)에 공자가 죽었다. 애공이 조사를 내렸는데, '하늘이 나를 불쌍히 여기지 않는구나. 이 노인 한 사람마저 나에게 남겨주지 않다니. 나를 도와 군주 자리에 있게 하지 않았도다. 외로운 나는 병중에 있는 듯하다. 아아! 슬프구나! 공자여! 나는 어찌할 줄을 모르겠구나!' 라고 하였다."는 구절이 있다. 『공자세가』에 "공자는 노나라 수도 북쪽 사수(泗水) 언덕에 묻혔다." 고 했는데, 공자의 무덤은 지금 산동성 곡부(曲阜)시의 공림(孔林) 안에 있다.

3장

『논어』의 명칭과 전래⁷⁾

『논어』의 내용과 명칭

『논어』의 내용

　『논어』는 오랫동안 『효경(孝經)』과 더불어 동아시아에서 초학자들이 공부해야 할 가장 기본적인 책으로 존중되어왔다. 우리나라에 『논어』가 처음 들어온 시기는 3세기 중엽 이전으로 추측된다. 삼국시대와 고려시대를 거치면서 점차 유교가 자리를 잡게 되고 조선시대 이후 유교가 중요한 국가적 이념으로 부상하면서 『논어』는 지식인들이 필수적으로 공부해야 할 대상이 되었다.

　『논어』는 보통 공자의 말과 행동을 기록해놓은 책이라고 말하지만, 더 세밀하게 분석해보면 매우 다양한 내용을 담고 있음을 알 수 있다. 원(元)나라 때 하이손(何異孫)은 다음의 6가지로 『논어』의 내용을 분류하고 있다.

① 제자들이 공자의 말을 기록한 것, ② 공자가 제자들의 물음에 답한 것, ③ 제자들끼리 서로 묻고 대답한 것, ④ 당시 사람들이 서로 주고받은 이야기, ⑤ 군주의 물음에 대해 신하의 입장에서 대답한 것, ⑥ 대부의 물음에 대해 스승과 제자가 대답한 것 등이 그것이다. 이는 모두 『논어』의 내용이 이루어진 과정을 중심으로 분류한 것인데, 이 가운데 ①과 ②의 내용이 가장 많은 부분을 차지한다.

한편 청(淸)나라 말 양계초(梁啓超)는 『논어』에 담긴 가르침을 기준으로 그 내용을 다음의 8가지로 분류하고 있다.

① 개인의 인격 수양에 관한 가르침, ② 사회의 윤리에 관한 가르침, ③ 정치에 관한 이야기, ④ 철학적 이치에 관한 이야기, ⑤ 제자나 당시 사람들에게 그들의 상황에 따라 가르침을 베푼 문답, ⑥ 제자나 옛사람 혹은 당시 사람들에 대한 평가, ⑦ 스스로에게 한 이야기, ⑧ 공자의 일상생활에 대한 이야기나 제자들의 눈에 비친 공자의 인격 등이 그것이다. 공자 사상의 중점은 개인적으로 인격을 수양하고 완성된 인격을 사회적 윤리로 실현하는 것이므로, 이들 가운데 ①과 ②의 내용이 3분의 2가량을 차지한다. 올바른 정치에 대한 이야기는 개인 윤리와 사회 윤리가 어떻게 국가적으로 구현되어야 하는지에 대한 공자의 생각을 엿볼 수 있게 한다. 본성이나 하

늘의 도리와 같은 철학적 이치는 공자가 말이나 생각보다 실천을 중시했기 때문에 『논어』에서 크게 중시되지 않는다. 제자나 당시 사람들에 대해 그들의 상황을 고려한 문답은 공자 교학의 특징을 엿볼 수 있을 뿐만 아니라, 명확하게 설명하기 어려운 개념을 유추할 수 있는 단서를 제공한다. 제자나 옛사람 혹은 당시 사람들에 대한 평가는 직접적으로 공자의 사상을 언급한 것은 아니지만, 이를 통해 공자의 살아가고자 하는 방법이나 인격을 아는 데 매우 중요한 역할을 한다. 이러한 내용 중에는 제(齊)나라 환공(桓公)과 관중(管仲)에 대한 긍정적인 평가를 담고 있는 구절처럼 정말 공자가 그런 말을 했는지 의심스런 구절도 있다. 제자들의 눈에 비친 공자의 인격은 주로 제자들이 공자를 높이고 찬양한 말들이지만 공자에 대한 당시의 평가를 엿볼 수 있는 내용이기도 하다.

『논어』의 다른 이름

『논어』가 이처럼 주로 공자의 언행을 기록하고 있기는 하지만 공자 스스로 편찬한 책도 아니고, 『논어』라는 책 이름 역시 처음부터 있었던 것이 아니다. 여러 차례 『논어』 구절을 인용하고 있는 『맹자(孟子)』에서는 언제나 "공자왈(孔子曰)"이라는 말로 인용하고 있고, 『순자(荀子)』에서도 역시 "논어"라는 이름을 전혀 사용하지 않고 있다. "논어"라는 말이 처음 고전에 등장하는 책은 『예기(禮記)·방기(坊記)』이다. 이 책은 서한(西漢) 문제(文帝, 기원전 179~157년 재위) 때 만들어진 것으로 논의되지만, 여기서 말하는 "논어"가 책 이름인지에 대해서는 여전히 학자들 사이에서 견해가 일치되지 않는다. 따라서 한(漢)나라 경제(景帝, 기원전 156~141년 재위), 무제(武帝, 기원전 140~87년 재위) 때의 저작이나 이보다 조금 늦은 시기에 간행된 『사기』에서 "논어"라는 명칭이 본격적으로 사용된 점으로 미루어볼 때, 『논어』라는 책명이 경제, 무제 이후에 완전하게 자리를 잡았다고 볼 수 있다.

"논어"라는 명칭으로 부르기 전까지 사람들은 『논어』를 "전(傳)" "기(記)" "공자왈(孔子曰)" "어(語)" "논(論)" 등 다양한 이름으로 불렀다. 이에 대해 자세히 알아보도록 한다.

"전(傳)"이라 부른 경우: 『한서(漢書)·동방삭전(東方朔傳)』에서 "적절한 때여야 말하니 다른 사람이 그가 말하는 것을 싫어하지 않았다."(「헌문」)라는 구절을 인용할 때, 그리고 『사기·이장군열전(李將軍列傳)』에서 "군주 자신이 올바르면 명령을 내리지 않아도 모든 일이 군주의 뜻에 따라 행해지며, 군주 자신이 올바르지 않으면 비록 명령을 내려도 백성들이 군주의 뜻을 따르지 않는다."(「자로」)라는 구절을 인용할 때, "전에서 말하길(傳曰)"이라고 했다.

"기(記)"라고 부른 경우: 『후한서(後漢書)·조자전(趙咨傳)』에서 "기(記)에서 '상례에 예의가 있다고 해도 슬픔을 위주로 해야 한다.'고 하였고, 또 '상례는 형식적으로 잘 갖추기보다는 차라리 슬픔을 잘 나타내는 것이 낫다.'고 하였다."라고 했는데, 여기서 뒤 구절은 「팔일」에 있는 말을 인용한 것이다. 또 조기(趙岐)의 『맹자장구제사(孟子章句題辭)』에서 "효문제(孝文帝)가 학문의 길을 넓히고자 『논어』『효경』『맹자』『이아』에 박사를 두었다가, 후에 전기박사(傳記博士)를 폐하고 오경(五經)에만 박사를 세웠다."고 말하고 있는데, 『논어』에 두었던 박사의 명칭이 '전기박사'인 점으로 보아 당시 『논어』를 "전"이나 "기"로 불렀음을 알 수 있다. 그런데 이처럼 "전"이나 "기"로 부른 것은, 일반적으로 성인이 지은 것은 "경(經)"이라 하고, 현인이 지은 것은 "전"이라고 부르는 관례에 따른 것으로 보인다. 다시 말해 『논어』가 공자의 언행을 기록한 것이기는 하지만 공자에 의해 직접 작성된 것이 아니라는 점에 기인한 것이다.

"공자왈(孔子曰)"이라 부른 경우: 『한서·동평사왕전(東平思王傳)』에서 "잘못을 하고서도 이를 고치지 않는 것, 이것이 바로 잘못이라 할 수 있다."(「위령공」)라는 구절을 인용하면서 "공자왈"이라고 했다. 물론 이 구절이 공자가 말한 것이기 때문에 그렇게 인용한 것일 뿐 『논어』라는 책을 가리키는 것은 아니라고 말할 수도 있다. 그러나 『한서·예문지(藝文志)』에서

"비록 하찮은 도리라도 반드시 볼 만한 것이 있지만, 원대한 일을 행하고자 한다면 자잘한 일에 얽매이게 될까 두려워 군자는 그러한 일을 배우려 하지 않는다."(「자장」)라는 구절이 공자의 제자인 자하(子夏)가 한 말인데도 "공자왈"이라고 한 것은 『논어』를 인용할 때 "공자왈"이라는 말을 썼다는 증거라고 할 수 있다.

"어(語)"라고 부른 경우: 『염철론(鹽鐵論)·통유편(通有篇)』에서 "여러 공인은 자신들의 작업장에 있으면서 모든 일을 완성해나간다."(「자장」)라는 자하의 말을 인용하고 있는데, 『논어』에 실린 구절과는 약간 차이가 있지만 이를 "어(語)에서 말하길"이라고 언급했다. 또 『후한서·교현전(橋玄傳)』에서 "삼군이나 되는 대군을 통솔하는 장수를 빼앗을 수는 있지만, 한 사나이의 강한 의지는 빼앗을 수 없는 법이다."(「자한」)라는 구절을 인용할 때도 『논어』 대신 "어(語)"라고 말했다.

"논(論)"으로 부른 경우: 한나라 때 나온 「형방비(衡方碑)」에 "중니가 죽자 여러 제자가 논(論)을 엮었다."고 했고, 『한서·장우전(張禹傳)』에는 "(장우의 논어장구가) 나중에 나오기도 했거니와 존귀하게 여겨져서 여러 유생이 '논(論)을 읽으려면 장우의 글을 읽어라.'고 말하였다."는 구절이 있다. 여기서 나오는 "논"은 모두 『논어』의 약칭이다. 앞의 다른 명칭과 달리 "논"과 "어"로 『논어』를 부른 것은 대체로 『논어』라는 명칭이 이미 나온 이후에 생긴 약칭이라 할 수 있다.

『논어』라는 책 이름의 뜻

『논어(論語)』라는 책 이름의 뜻에 대해서도 역대로 논란이 되고 있다. 그중 가장 일반적인 견해는 『한서·예문지(藝文志)』에 나오는 다음과 같은 설명이다.

> "논어"는 공자가 제자들이나 당시 사람들에게 응답한 것, 그리고 제자들이 서로 주고받은 말과 공자에게서 들은 말이다. 당시 제자들이 각자 기록한 것이 있었는데 공자가 돌아가신 후 문인들이 모으고 논찬(論纂)하였기에 "논어"라고 부른 것이다.

즉, 공자가 직접 했거나 혹은 공자와 관련된 말을 모아[어(語)] 그에 대해 평론하고 토론하여[논(論)] 편찬했기 때문에 "논어"라고 불렀다는 것이다. 그러나 제자들이 스승의 말을 논찬했다는 것에 대해 회의적인 시각이 있고, 또 "논어"가 "논"이나 "어"로 약칭될 때 "논" 역시 공자의 이론이나 말 등의 뜻일 수 있다는 점 때문에 『한서』의 주장에 대해 부정적인 견해도 적지 않다.

유희(劉熙)는 『석명(釋名)·석전예(釋典藝)』에서 "논어란 공자가 제자들과 한 말을 기록한 것이다. '논'이란 '윤(倫)'의 뜻이니 윤리 즉 순서가 있다는 말이고, '어'는 '서(敍)'의 뜻이니 자신이 말하고자 하는 것을 서술한다는 말이다."라고 했다. 이는 순서를 잡아서 차례대로 풀어 쓴 것이라는 말이 된다. 유희의 해석은, "자신이 말하고자" 한다는 것이 공자가 말하고자 하는 것인지 아니면 제자들이 말하고자 하는 것인지도 명확하지 않고, 또 "논"과 "어"를 이 두 글자와 발음상 유사한 "윤"과 "서" 두 글자를 통해 뜻을 풀고자 한 것일 뿐, 『논어』 전체 내용과의 관련성을 고려한 것이 아니어서 신뢰하기 어려운 점이 있다.

송나라 때의 형병(邢昺)은 『논어주소서해(論語注疏序解)』에서, "논(論)이란 경륜하다는 '윤(綸)'의 뜻이며, 바퀴의 '윤(輪)'의 뜻이며, 이치의 '이(理)'의 뜻이며, 순서의 '차(次)'의 뜻이며, 편찬한다는 '찬(撰)'의 뜻이다. 이 책으로 세상의 일을 다스릴 수 있기에 '윤(綸)'이라 하고, 원만하고 무궁하기에 '윤(輪)'이라 하며, 모든 이치를 포괄하기에 '이(理)'라 하고, 편장들이 순서가 있기에 '차(次)'라 하며, 여러 현인이 엮었기에 '찬(撰)'이라 한다. 정현(鄭玄)의 『주례주(周禮注)』에서 '대답하여 말하는 것을 어(語)라고 한다.'고 하였는데, 이 책에 실린 내용이 모두 중니가 제자와 당시 사람들에게 응답한 말이므로 '어'라고 하였다. 또 '논' 아래에 '어' 자를 둔 것은, 반드시 논찬을 거쳐서 실었으므로 헛된 것이 아니라는 점을 보여주려는 것이다."라고 『논어』라는 책 이름을 풀이했다. 이는 '논(論)'과 발음상 유사한 글자를 통해 『논어』가 담고 있는 내용을 포괄적으로 설명하고자 한 것으로, 기본적으로 앞서 나온 『한서』의 견해를 수용한 것이라 할 수 있다. 여기서 '논'의 본래 글자 의미를 수용하여 '논찬하다' 또는 '여러 사람이 토론하다' 등으로 해석할 수는 있지만, 『논어』가 공자가 제자들에게 대답한 내용만 있는 것이 아니기 때문에 '어'를 대답하여 말한 것만을 한정한 것이라 해석할 수는 없다.

현대의 천따치[陳大齊] 역시 『공자학설(孔子學說)』에서, 『논어』 안에 쓰인 '논'과 '어' 자의 용례에 착안하여 '어' 자를 대답에만 국한할 수 없고 '다른 사람에게 말하다'라고 포괄적으로 해석하는 것이 옳다고 주장한다. 또 '논'은 토론의 의미라고 해석하면서 '논어'란 공자의 말을 토론하여 남긴 것으로 풀이하고자 했는데, 이 또한 적절한 해석이라고 생각한다. 따라서 『논어』라는 책 이름은 공자가 직접 언급했거나 공자와 관련된 많은 말을 후대의 공자 제자들이 여러 차례 토론의 과정을 거쳐 편찬했다는 의미를 나타내는 말로 해석할 수 있을 것이다.

『논어』의 편찬자와 편찬 과정

　　『논어』가 언제 누구에 의해 편찬되었는지에 대해서는 그동안 많은 논란이 있어 왔다. 공자의 제자들이 함께 편찬했다거나 제자 중 몇 사람에 의해 편찬되었다는 주장도 있고, 공자의 제자인 유약(有若)이나 증참(曾參) 등 제자들에 의해 편찬되었다는 주장도 있다. 그러나 『논어』의 전편을 살펴보면 『논어』가 어느 한두 제자에 의해 편찬되었거나 어느 한 시기에 편찬된 것이 아니라는 생각이 들게끔 복잡한 양상을 보이고 있다. 이처럼 『논어』의 편찬 과정이 여러 시기 여러 사람에 의해 이루어졌다는 주장은, 청나라 때 최술(崔述)이 『수사고신록(洙泗考信錄)』과 『논어여설(論語餘說)』에서 상세히 언급한 이후부터 현대에 이르기까지 많은 학자가 대체로 받아들이고 있는 견해이다. 본서에서는 최술의 주장을 중심으로 『논어』의 편찬이 여러 시기에 걸쳐 이루어졌음을 언급하고 자 한다.

먼저, 『논어』는 앞의 10편과 뒤 10편의 문체가 현저하게 다르다. 이 때문에 앞 10편을 "상론(上論)"이라 부르고 뒤 10 편을 "하론(下論)"이라고 나누어 부르기도 한다. 상론은 대체 로 문장의 글자 수나 문장 수가 적고 간결하지만, 하론은 문 장도 복잡하고 글자 수도 많다. 또 상론에서는 계강자(季康 子)와 같은 대부의 질문에 대해 공자가 대답할 때 "자왈(子 曰)"이라고 하는 데 반해, 하론에서는 "공자대왈(孔子對曰)" 이라고 쓰고 있다. "공자대왈"이라는 말은 상론의 경우 정공 (定公)이나 애공(哀公)과 같은 군주에게 대답할 때만 존중하 여 쓰는 말이다. 이처럼 문체와 호칭의 차이는 상론과 하론이 동일한 시기에 이루어진 것이 아니라는 증거가 된다.

다음으로, 상론과 하론 중 관중(管仲)을 기록하는 태도에 서 크게 차이가 난다. 이는 『논어』의 편찬에 노나라 출신 학 자들과 제나라 출신 학자들이 섞여 있었기 때문에 생긴 현상 이라 할 수 있다. 즉, 노나라 출신 학자들은 오패(五覇)나 그 를 도왔던 관중 같은 사람을 언급하기조차 싫어한 반면, 제나 라 출신 학자들은 자국 출신인 관중 등에 대해 긍정적으로 평 가하고자 했다. 이는 한나라 때 『논어』의 전래 과정에서 처음 노나라 논어인 『노론(魯論)』과 제나라 논어인 『제론(齊論)』
이 함께 통행된 것과도 관련이 있다.

또한 하론 내에서도 제11편에서 제15편에 이르는 앞의 다
섯 편과, 제16편에서 제20편에 이르는 뒤 다섯 편도 다음의
몇 가지에서 차이가 있다.

① 앞 다섯 편에서는 공자의 말을 기록할 때 "자왈(子曰)"
이라고 시작하는데 뒤 다섯 편 중 「계씨」와 「미자」에서는 모
두 "공자왈(孔子曰)"로 시작하고 있고, 「자장」에서는 "중니왈
(仲尼曰)"이라고 하기도 한다. "공자왈"이나 "중니왈"은 "자
왈"에 비해 친밀감과 존경심이 떨어지는 말로 여겨질 수 있
기 때문에 공자로부터 시대가 더 멀리 떨어진 때의 기록이라
는 생각을 하게 만든다.

② 앞의 다섯 편에서는 직접 공자를 부를 때 "자(子)"라고
호칭하는데, 뒤의 다섯 편 중 「양화」에서 공자가 제자인 자유
가 책임자로 있는 무성에 간 이야기를 언급할 때는 공자를
"부자(夫子)"라고 하며, 필힐이 공자를 초청하고자 한 이야기
를 할 때는 제자인 자로가 공자를 "부자"라고 부르는 구절이
있다. 그런데 최술의 고증에 의하면, 이 "부자"라는 말은 전
국시대 이후의 습관이 반영된 말이다.

③ 앞 다섯 편의 문체와 뒤 다섯 편의 문체도 현저하게 다
르다. 뒤 다섯 편에는 짝을 이루는 문장이 많고 문체도 특이

하다. 예를 들어 「계씨」에는 "도움이 되는 세 종류의 벗이 있고(益者三友)" "도움이 되는 세 종류의 좋아함이 있고(益者三樂)" "군자를 모실 때 저지르기 쉬운 세 가지 잘못이 있다(待於君子有三愆)" "군자에게는 세 가지 경계해야 할 일이 있다(君子有三畏)"와 같은 구절이 연이어 나오며, 「양화」나 「요왈」에도 이런 형식의 글이 많이 보인다. 이는 『주례(周禮)』나 『일주서(逸周書)』 등에 많이 보이는 형식으로, 이 역시 대체로 전국시대 이후에 지어진 것이라는 증거가 된다.

④ 뒤 다섯 편에는 역사적 사실과 달라 믿을 수 없는 내용들이 적지 않다. 예컨대 「계씨」에 "계씨가 전유국을 정벌하려고 하자, 염유와 계로가 공자를 뵈었다."는 구절이 있는데, 염유가 계씨의 재상을 지낸 것은 공자 만년의 일로서 그 당시에 자로는 위(衛)나라에서 벼슬을 하고 있었기 때문에 두 사람이 동시에 공자를 만날 수는 없었다. 또 「양화」에 "필힐이 공자를 초청하려고 하자, 공자가 가고자 하였다."라는 구절이 있는데, 필힐이 반란을 일으킨 것은 공자가 죽은 지 5년 후의 일이다. 따라서 필힐이 반란을 일으켜 공자를 부르는 일은 역사적으로 불가능하다.

⑤ 마지막 편인 「요왈」은 모두 3장으로 이루어져 있는데, 역대로 이 3장 모두에 대해 문제가 많은 것으로 논의되고 있다. 정현에 의하면, 제3장 "천명을 모르면 군자가 될 수 없

다."의 이하 구절은 『노론』에는 없던 구절이다. 또 제2장에서 자장이 "어떻게 해야 정치를 할 수 있습니까?" 하고 묻자, 공자가 "다섯 가지 아름다움을 존중하고 네 가지 악함을 물리치면 정치를 할 수 있다."라고 대답하고, 다시 자장이 "무엇을 다섯 가지 아름다움이라고 합니까?" 하고 묻는다. 그런데 이처럼 공자와 제자의 문답이 자세하게 구비된 것은 「양화」에서 자장이 공자에게 "인"에 대해 묻고 대답하는 장면 외에는 다른 곳에서 찾아보기 어렵다. 그뿐만 아니라 제1장의 내용은 공자의 말도 아니고 공자의 제자와도 관련 없는 내용들이 어지럽게 섞여 있다는 느낌을 떨쳐버릴 수 없다. 이러한 이유로 제16편에서 제20편에 이르는 마지막 다섯 편은, 전국 말기의 학자들에 의해 확실하지 않은 자료들이 더해진 것이라는 의심을 하게 만든다.

이상을 통해 『논어』의 편찬은 다음 세 단계로 나누어 생각해볼 수 있다. 첫째, 상론은 공자 사후 그 제자들에 의해 이루어진 것으로 가장 먼저 편찬된 것이다. 둘째, 하론 중 제11편에서 제15편에 이르는 부분은 일종의 속편으로서 증자가 죽은 후 공자 제자의 제자에 의해 이루어진 것이다. 셋째, 하론 중 마지막 다섯 편은 맹자 때 혹은 맹자 사후인 전국 말기에 학자들에 의해 불확실한 자료들이 추가된 상태로 편찬된 것이다. 물론 상론에도 후인들에 의해 삽입된 부분이 있고 하론에도 공자가 언급한 것이 분명하다고 생각되는 구절이 있는 것은 사실이지만, 이 부분에 대해서는 여기서 상세하게 언급하지 않기로 한다. 다만 우리는 이를 통해 『논어』가 하나의 학파에 의해 일관된 관점에서 편찬된 것이 아니라 몇 가지 파벌에 의해 여러 차례에 걸쳐 이루어진 것임을 알 수 있다.

『논어』의 전래 과정

　『논어』의 편찬 과정이 어느 한 시기 어느 한 학자에 의해 이루어진 것이 아니어서 『논어』의 전래 과정 역시 마찬가지로 복잡하게 이루어진다. 특히 『논어』의 편찬 과정에 제나라 학자들과 노나라 학자들이 참여했기 때문에 필연적으로 노나라의 논어인 『노론(魯論)』과 제나라의 논어인 『제론(齊論)』이 각기 다른 사승 관계를 통해서 전해지게 되었다. 또 『노론』과 『제론』 이외에 한나라 때 공자의 옛집을 수리하다가 벽에서 발굴된 논어 즉 『고론(古論)』이 있다. 이 『노론』 『제론』 『고론』을 합하여 흔히 '삼론'이라고 한다.

　지금은 이 삼론의 어느 것도 완전하게 전해지는 것이 없어 그 실체를 파악할 길은 없지만, 삼론은 각기 전승된 지역

한나라 때 옛 문헌이 발굴되었던 곡부(曲阜) 공묘(孔廟)의 노벽(魯壁).

이나 사람이 달랐음은 물론 글씨체와 출현 시기, 편수 등 모든 면에서 차이가 났다. 그런데 고대 스승과 제자 사이에 이루어지는 학문의 전승이란 매우 엄밀했기에 서로 다른 내용과 체제를 가진 삼론이 각각 서로 다른 과정을 통해 계속 전승되었던 것이다.

삼론 중 서한 말 장우(張禹)에 의해 『노론』과 『제론』이 먼저 통합의 과정을 거쳤다. 장우는 한나라 원제(元帝, 기원전 48~33년 재위) 때 재상을 지냈고 안창후(安昌侯)에 봉해진 사람으로, 처음 하후건(夏侯建)에게 『노론』을 전수받고 이후 용담(庸譚)에게 『제론』을 배웠다고 한다. 장우는 『노론』을 기본으로 해서 이를 『제론』과 함께 고증하되, 번잡하고 의심스러운 부분을 삭제하고 「문왕(問王)」「지도(知道)」두 편을 제거하여 『노론』을 20편으로 정했고, 이를 '장우론'이라고 부르게 되었다. 이렇게 하여 『노론』과 『제론』의 통합이 처음으로 완성되었는데, 장우의 지위가 높았던 영향에서인지 당시 "『논어』를 공부하려면 장우의 『논어』를 읽어라."는 말이 유행할 정도로 학자들 사이에서 장우의 『논어』를 존중했다고 한다. 또 이 장우론은 현재 우리에게 전해지는 『논어』 전본의 근간이 되었을 것으로 추측된다.

　『노론』과 『제론』은 금문(今文) 경전에 속하고, 『고론』은 고문(古文) 경전에 속한다. 금문이란 당시의 문자를 말하는 것으로, 한나라 때 예서체로 쓰인 문장을 말한다. 이는 진시황(秦始皇)의 분서갱유를 거치고 한나라에 이르러 고문서를 당시의 문자로 복원한 것을 가리킨다. 이에 비해 고문이란 공자의 벽을 허물다가 나온 경전이 한나라 때는 쓰이지 않던 이전 시대의 문자로 이루어졌기 때문에 붙여진 이름이다. 이 둘 사이에는 글자체도 다를뿐더러 내용상에도 차이를 보여 당시 학자들 사이에서 많은 논란을 일으킨 바 있다. 그러므로 동일한 금문 경전에 속하는 『노론』과 『제론』은 상대적으로 통합이 쉽게 이루어질 수 있었던 것으로 보인다. 금문인 『노론』『제론』과 고문으로 이루어진 『고론』과의 통합은 후한 때 정현(鄭玄)에 의해 시도되었다.

하안(何晏)의 『논어집해(論語集解)』에 의하면, 한나라 말기 대사농(大司農) 정현이 『노론』을 기본으로 하고 『제론』과 『고론』을 참고하여 주를 지었다고 기록되어 있다. 정현의 작업은 『고론』의 자구를 근거로 하여 『노론』에 많이 쓰인 가차자를 교정한 것이라고 한다. 당나라 때 육덕명(陸德明)이 지은 『경전석문(經典釋文)』에서 정현이 『고론』으로 『노론』을 개정한 예를 살펴볼 수 있다.

예를 들어 「학이」의 "전불습호(傳不習乎? 선생님께서 알려주신 내용에 대해 열심히 실천하고 있는가?)"에 대해 정현은 "노론에서는 전(傳) 자를 전(專) 자로 썼는데, 지금은 고론을 따른다.(魯讀傳爲專, 今從古.)"고 했는데, 이는 『노론』에서 '전(專)'으로 쓴 것을 『고론』을 근거로 '전(傳)'으로 바꾸었다는 말이다. 또 「자한」의 "고지재! 고지재!(沽之哉! 沽之哉! 팔 것이다, 팔 것이다!)"에 대해 정현은 "노론에서는 '고지재(沽之哉)'를 중복하지 않았는데, 지금은 고론을 따른다.(魯讀沽之哉不重, 今從古.)"고 했는데, 이 역시 고론에 근거하여 "고지재(沽之哉)"를 중복했다는 말이다.

장우론은 물론 정현이 교정한 『논어』도 완전하게 남아 있지는 않지만, 우리는 이상을 통해 동한 말기에 금고문 『논어』가 어떤 통합의 과정을 거쳤는지를 대강 짐작할 수 있다.

정현의 논어주는 대략 오대(五代) 시기를 거치면서 없어진 것으로 보인다. 다만 청대 후기에 정현의 주를 모아놓은 몇 가지 자료가 전해지고 있고, 최근 돈황(敦煌)에서 그중 일부가 발견되어 정현의 주석에 대한 면모의 일부를 알 수 있을 뿐이다.

2부

본문

論語

『논어』의 정확한 해석을 위해서는 『논어』의 전승 과정에서 생겨난 다양한 판본에 대한 검토와 그에 따른 해석상의 차이도 반영해야 한다. 이를테면 형병의 『논어주소』와 황간의 『논어의소』의 『논어』 경문에는 많은 차이가 있다. 또한 각 주소에 따라 『논어』의 구절을 이해하는 방식에도 큰 차이가 난다. 이 때문에 현재적 시점에서 『논어』에 대해 절대적으로 옳은 해석이란 없다는 것이 필자의 생각이다. 본서에서는 완원(阮元)의 『논어주소교감기』에 있는 『논어』 원문을 저본으로 삼았으며, 주희의 『논어집주』를 참고하였다.

『논어』 읽기

1. 『논어』의 정확한 해석을 위해서는 『논어』의 전승 과정에서 생겨난 다양한 판본에 대한 검토 및 그에 따른 해석상의 차이도 반영해야 한다. 이를테면 형병의 『논어주소』와 황간의 『논어의소』의 『논어』 경문에는 많은 차이가 있다. 또한 각 주소에 따라 『논어』의 구절을 이해하는 방식에도 큰 차이가 난다. 이 때문에 현재적 시점에서 『논어』에 대해 절대적으로 옳은 해석이란 없다는 것이 필자의 생각이다.

2. 본서에서는 완원(阮元)의 『논어주소교감기』에 있는 『논어』 원문을 저본으로 삼았고, 주희의 『논어집주』를 참고로 했다. 완원의 『논어주소교감기』에 있는 『논어』 원문은 현재 우리에게 전해지는 『논어』 중 그 원문이 가장 잘 정리된 것으로 평가된다. 따라서 우리에게 익숙한 주희의 『논어집주』와는 다르게 장절이 나뉜 부분이 적지 않다. 주희의 『논어집주』는 고대 중국어의 역사적 변천을 생각할 때 해석상 문제점이 많은 것 또한 사실이지만, 그 책 안에서의 일관된 사상과 문맥에 근거한 해석은 매우 뛰어난 것으로 평가되고 있다.

3. 『논어』의 특성상 전 구절에 대한 해석을 수록하면서 동시에 각 구절의 의미를 해설해주는 것이 좋을 것이나 편폭의 제한 때문에 자세한 해설은 생략하고, 한글 번역문에 필자가 이해하는 범위 내에서 적절한 우리말을 첨가하며 최대한 자연스럽게 쓰도록 노력했다.

4. 『논어』 경문의 한글 독음을 부기할 때, 우리말 두음법칙은 각 구절의 첫 글자에 대해서만 적용하였다. 또한 독음에 따라 뜻이 다른 경우 그 뜻을 고려하여 음을 달도록 하였다. 다만 일반적으로 통용되는 한자어의 우리말 발음도 고려하였다.

제1편 학이(學而)

1. 공자: 배우고 그것을 계속해서 실천해나갈 수 있다면 그
   얼마나 기쁜 일이 아니겠는가? 뜻을 함께하는 좋은 친
   구들이 멀리서부터 찾아와 준다면 그 얼마나 즐거운 일
   이 아니겠는가? 다른 사람이 나를 알아주지 않아도 옳
   은 길을 변함없이 갈 수 있다면 올바른 삶을 살아가는
   군자가 아니겠는가?

   子曰, "學而時習之, 不亦說乎? 有朋自遠方來, 不亦樂乎? 人不知而
   자왈, "학이시습지, 불역열호? 유붕자원방래, 불역락호? 인부지이
   不慍, 不亦君子乎?"
   불온, 불역군자호?"

2. 유자: 사람됨이 평소 부모님께 효도하고 형에게 공경하면서 윗사람을 거스르기 좋아하는 사람은 드물다. 윗사람 거스르기를 좋아하지 않으면서 사회를 어지럽히는 일을 일으키기 좋아하는 사람은 있어 본 적이 없다. 군자는 가장 중심이 되는 근본에 힘을 써야 하는 것이니, 근본이 제자리를 잡으면 여러 가지 일에서의 가장 올바른 방법은 저절로 생겨나게 된다. 이런 측면에서 볼 때 부모님께 효도하고 형에게 공경하는 것이 바로 인(仁)의 근본이라고 할 것이다.

有子曰, "其爲人也孝弟, 而好犯上者, 鮮矣, 不好犯上, 而好作亂者,

유자왈, "기위인야효제, 이호범상자, 선의, 불호범상, 이호작란자,

未之有也. 君子務本, 本立而道生. 孝弟也者, 其爲仁之本與!"

미지유야. 군자무본, 본립이도생. 효제야자, 기위인지본여!"

3. 공자: 교묘한 말과 위선된 얼굴 표정으로 남의 환심을 사려는 사람 중에는 인(仁)한 사람이 거의 없다.

子曰, "巧言令色, 鮮矣仁!"

자왈, "교언령색, 선의인!"

4. 증자: 나는 매일 여러 차례 다음 사항에 대해 반성한다. 다른 사람을 위해 어떤 일을 할 때 내 능력의 전부를 발

휘하였는가? 친구들과 사귈 때 믿음을 줄 수 있도록 행
동하였는가? 선생님께서 알려주신 내용에 대해 열심히
실천하고 있는가?

曾子曰, "吾日三省吾身, 爲人謀而不忠乎? 與朋友交而不信乎? 傳不

증자왈, "오일삼성오신, 위인모이불충호? 여붕우교이불신호? 전불

習乎?"

습호?"

5. 공자: 수레 천 대를 낼 수 있을 정도인 제후의 나라를 다
스릴 때, 정사를 신중히 하여 믿음을 줄 수 있어야 하며,
재정의 지출을 잘 조절하여 백성들을 사랑할 수 있어야
하며, 백성들에게 무슨 일을 시킬 때는 그들의 상황을
잘 보아가면서 가장 적절한 시기를 이용해야 한다.

子曰, "道千乘之國, 敬事而信, 節用而愛人, 使民以時."

자왈, "도천승지국, 경사이신, 절용이애인, 사민이시."

6. 공자: 공부하는 사람들은 집에 들어가면 부모님께 효도
하고 집 밖에 나가면 웃어른께 공손하게 행동해야 하며,
행동을 신중하게 해서 믿음을 주어야 하며, 널리 대중을
사랑하고 어진 사람과 가까이 지내야 한다. 이런 일에
대해 스스로 실천하고서도 남은 여력이 있을 때에야 글

을 배우는 것이다.

子曰, "弟子, 入則孝, 出則悌, 謹而信, 汎愛衆, 而親仁. 行有餘力, 則

자왈, "제자, 입즉효, 출즉제, 근이신, 범애중, 이친인. 행유여력, 즉

以學文."

이학문."

7. 자하: 가령 여기에 어떤 사람이 있는데, 그가 다른 사람
   의 내면에 담긴 현명함을 제대로 평가하여 현명하다고
   여기기를 여인의 외면적인 아름다움을 좋아하는 것처
   럼 하며, 부모를 섬기되 자신의 힘을 다할 수 있고, 군주
   를 섬기되 자신의 몸을 바칠 수 있으며, 친구와 사귀되
   말을 하면 신뢰하게끔 실천할 수 있다면, 아무리 그가
   배운 것이 없다고 할지라도 배움의 목표가 되는 올바른
   도리를 실천하고 있기 때문에 나는 그를 배운 사람이라
   고 확신할 것이다.

子夏曰, "賢賢易色, 事父母, 能竭其力, 事君, 能致其身, 與朋友交,

자하왈, "현현역색, 사부모, 능갈기력, 사군, 능치기신, 여붕우교,

言而有信. 雖曰未學, 吾必謂之學矣."

언이유신. 수왈미학, 오필위지학의."

8. 공자: 군자가 중후함이 없다면 다른 사람에게 위엄이 없

게 되고 배워도 견고하지 않게 된다. 언제나 자신의 최선을 다하는 모습인 충(忠)과 내실이 있어서 남에게 믿음을 줄 수 있는 신(信)을 위주로 한 삶을 살아야 하며, 자신보다 못한 사람을 벗으로 사귀지 말며, 잘못이 있다면 그 잘못을 고치는 데 망설여서는 안 된다.

子曰, "君子不重, 則不威, 學則不固. 主忠信. 無友不如己者. 過則勿憚改."

자왈, "군자부중, 즉불위, 학즉불고. 주충신. 무우불여기자. 과즉물탄개."

9. 증자: 군주가 자신의 부모님이 돌아가셨을 때 상례를 신중히 잘 치르며 제사를 정성스럽게 모신다면, 백성들은 이러한 군주의 모습에 감화되어 돈독한 덕성을 가지게 될 것이다.

曾子曰, "愼終追遠, 民德歸厚矣."

증자왈, "신종추원, 민덕귀후의."

10. 자금이 자공에게 이렇게 말하였다. "공자 선생님께서 이 나라에 이르셔서는 반드시 이 나라의 정치에 대해 질문을 받게 되는데, 선생님께서 요청하신 것입니까, 아니면 저들이 선생님께 자발적으로 요청한 것입니

까?" 이에 대해 자공이 대답하였다. "선생님은 온화하고 선량하고 공손하고 검소하며 양보를 잘하는 성격의 소유자이시기 때문에 나라의 정치에 대해 들으실 수 있습니다. 선생님께서 나라의 정치에 대해 알게 되시는 것은 다른 사람들이 한 나라의 정치에 대해 알게 되는 경위와는 판연히 다른 것입니다."

子禽問於子貢曰, "夫子至於是邦也, 必聞其政, 求之與? 抑與之與?"

자금문어자공왈, "부자지어시방야, 필문기정, 구지여? 억여지여?"

子貢曰, "夫子溫良恭儉讓以得之. 夫子之求之也, 其諸異乎人之求之與?"

자공왈, "부자온량공검양이득지. 부자지구지야, 기저이호인지구지여?"

11. 공자: 부모님이 살아 계실 때는 부모님께서 어떤 생각을 하고 계신지를 항상 살펴보아야 하며, 부모님이 돌아가신 뒤에는 살아 계실 때 어떤 행동을 하셨는지를 살펴보아야 한다. 이렇게 살면서 삼 년 동안은 부모님이 걸어오신 길을 바꾸지 않아야만 효도한다고 말할 수 있을 것이다.

子曰, "父在觀其志, 父沒觀其行, 三年無改於父之道, 可謂孝矣."

자왈, "부재관기지, 부몰관기행, 삼년무개어부지도, 가위효의."

12. 유자: 예의 외부적인 모습은 조화로움을 귀하게 여긴

다. 이러한 이유로 옛날의 뛰어난 왕들이 나라를 통치하는 데도 항상 이 조화의 정신을 아름다운 것으로 간주하였으며, 크고 작은 일이 모두 이 정신에 따라 이루어졌다. 그러나 이 원칙만을 가지고는 할 수 없는 경우가 있는데, 그것은 조화로움만을 중시하여 조화만을 생각할 뿐 예의 근본 취지로 조절할 수 없는 경우이니, 이 또한 안 되는 것이다.

有子曰, "禮之用, 和爲貴. 先王之道, 斯爲美, 小大由之. 有所不行,
유자왈, "예지용, 화위귀. 선왕지도, 사위미, 소대유지. 유소불행,
知和而和, 不以禮節之, 亦不可行也."
지화이화, 불이례절지, 역불가행야."

13. 유자: 다른 사람과의 약속이 올바른 도리에 가까워야 그 약속한 말을 지킬 수 있으며, 남에 대한 공손함이 예절에 가까워야 지나친 공손함이라는 비판을 받는 치욕을 당하지 않게 된다. 이로부터 시작하여 자신과 가까운 사람을 잃지 않는 사람이라면 진정 존경할 만하다.

有子曰, "信近於義, 言可復也. 恭近於禮, 遠恥辱也. 因不失其親, 亦
유자왈, "신근어의, 언가복야. 공근어례, 원치욕야. 인불실기친, 역
可宗也."
가종야."

14. 공자: 군자는 먹는 것에 대해 배부른 것만을 중시하지 않으며 거처하는 것에 대해 편안함만을 중시하지 않는다. 구체적인 일을 행하는 데는 민첩하게 하면서 이런 저런 말은 신중하게 하고 올바른 도리가 있는 사람에게 가서 자신의 잘못을 바로잡을 수 있다면, 이러한 사람이야말로 배우기를 좋아한다고 말할 만하다.

子曰, "君子食無求飽, 居無求安, 敏於事而愼於言, 就有道而正焉,

자왈, "군자식무구포, 거무구안, 민어사이신어언, 취유도이정언,

可謂好學也已."

가위호학야이."

15. 자공이 "가난하지만 남에게 아첨하지 않고 부유하지만 남에게 교만을 부리지 않는 것에 대해 어떻게 생각하십니까?" 하고 묻자, 공자가 말하였다. "괜찮기는 한데, 가난하지만 자신의 생활을 즐기고 부유하지만 예절을 좋아하는 것보다는 못하다." 다시 자공이 "『시경』에 '짐승의 뼈나 뿔을 잘라낸 다음 다듬고, 옥과 돌을 쪼고 나서 다시 갈아낸다.'라는 말이 있는데 바로 선생님께서 말씀하신 것과 같은 것입니까?" 하고 묻자, 공자가 말하였다. "자공아, 이제 너와 시에 대해서 이야기할 수 있게 되었구나. 이미 언급된 사항을 듣고

그것에서 유추하여 말하지도 않은 것을 알아낼 수 있게 되었으니."

子貢曰, "貧而無諂, 富而無驕, 何如?" 子曰, "可也, 未若貧而樂, 富
자공왈, "빈이무첨, 부이무교, 하여?" 자왈, "가야, 미약빈이락, 부

而好禮者也." 子貢曰, "詩云, '如切如磋, 如琢如磨', 其斯之謂與?"
이호례자야." 자공왈, "시운, '여절여차, 여탁여마', 기사지위여?"

子曰, "賜也, 始可與言詩已矣, 告諸往而知來者."
자왈, "사야, 시가여언시이의, 고저왕이지래자."

16. 공자: 다른 사람이 너의 가치를 알아주지 않는다고 걱정하지 말고, 네가 다른 사람의 가치를 제대로 알고 있는가를 걱정하라.

子曰, "不患人之不己知, 患不知人也."
자왈, "불환인지불기지, 환부지인야."

제2편 위정(爲政)

1. 공자: 도덕의 실현을 근본으로 정치를 행하는 것은 마치
   북극성이 제자리에 있지만 모든 별이 그 주위를 둘러싸
   고 돌아가는 것처럼 그 감화력은 절대적이다.

   子曰, "爲政以德, 譬如北辰, 居其所而衆星共之."

   자왈, "위정이덕, 비여북진, 거기소이중성공지."

2. 공자: 삼백여 편으로 이루어진 『시경』의 시를 한 마디로
   개괄한다면 "시 속에 담긴 생각에 사악함이 없다."라고
   말할 수 있다.

   子曰, "詩三百, 一言以蔽之曰, '思無邪'."

   자왈, "시삼백, 일언이폐지왈, '사무사'."

3. 공자: 백성들을 정치적인 역량으로 인도하고 형벌을 이
  용하여 바로잡으려고 한다면 백성들은 적발되어 벌을
  받지만 않으면 부끄러워하지 않는다. 반면에 백성들을
  도덕적인 감화력으로 인도하고 예절을 이용하여 바로
  잡으려고 한다면 백성들이 설령 적발을 피하여 벌을 받
  지 않더라도 스스로 부끄러워하면서 자신의 잘못을 바
  로잡게 된다.

  子曰, "道之以政, 齊之以刑, 民免而無恥, 道之以德, 齊之以禮, 有恥

  자왈, "도지이정, 제지이형, 민면이무치, 도지이덕, 제지이례, 유치

  且格."

  차격."

4. 공자: 나는 나이 열다섯에 학문에 뜻을 두었고, 서른에
  공부한 내용에 대해 확고한 내 입장을 갖게 되었으며,
  마흔에는 내 삶의 방향에 대해 의심스러운 것이 없게 되
  었으며, 쉰 살이 되어서는 모든 세상사에 하늘의 뜻이
  있음을 알게 되었으며, 예순 살이 되어서는 무슨 이야기
  를 들어도 거슬림이 없이 마음속으로 받아들이게 되었
  으며, 일흔에는 마음속에서 하고자 하는 것을 그대로 따
  르더라도 사람이 따라야 할 일정한 법도를 넘어서지 않
  게 되었다.

子曰, "吾十有五而志于學, 三十而立, 四十而不惑, 五十而知天命,

자왈, "오십유오이지우학, 삼십이립, 사십이불혹, 오십이지천명,

六十而耳順, 七十而從心所欲不踰矩."

육십이이순, 칠십이종심소욕불유구."

5. 노나라 대부인 맹의자가 부모님께 효를 어떻게 할 것인
지에 대해 묻자, 공자가 "어기지 않는 것이다."라고 대
답하였다. 나중에 공자의 수레를 몰고 있는 제자인 번지
에게 공자는 "이전에 맹의자가 나에게 효에 대해서 물
어보기에 내가 어기지 않는 것이라고 대답해주었다."
라고 알려주었다. "무슨 말씀이신가요?" 하고 번지가
묻자, 공자는 다음과 같이 설명해주었다. "부모님께서
살아 계실 때는 예에 맞게 섬겨야 하고, 돌아가셨을 때
는 예에 맞게 장례를 지내고 예에 맞게 제사를 지내야
한다."

孟懿子問孝. 子曰, "無違." 樊遲御, 子告之曰, "孟孫問孝於我, 我對曰,

맹의자문효. 자왈, "무위." 번지어, 자고지왈, "맹손문효어아, 아대왈,

無違." 樊遲曰, "何謂也?" 子曰, "生事之以禮, 死葬之以禮, 祭之以禮."

무위." 번지왈, "하위야?" 자왈, "생사지이례, 사장지이례, 제지이례."

6. 맹의자의 아들인 맹무백이 부모님께 효를 어떻게 할 것

인지에 대해 묻자, 공자는 "부모님께서는 오직 자식의 질병만을 근심하신다."고 말하였다.

孟武伯問孝. 子曰, "父母唯其疾之憂."

맹무백문효. 자왈, "부모유기질지우."

7. 공자의 제자인 자유가 부모님께 효를 어떻게 할 것인지에 대해 묻자, 공자는 다음과 같이 말하였다. "오늘날의 효를 이야기하는 사람들은 부모님을 잘 봉양하는 것만을 가리키는 경향이 있다. 그렇지만 개나 말조차도 모두 사람들이 기꺼이 돌봐주고 있으니 만약 부모님에 대한 공경하는 마음이 없다면 부모님을 봉양하는 것이 개나 말을 돌보는 것과 무슨 구별이 있겠는가?"

子游問孝. 子曰, "今之孝者, 是謂能養. 至於犬馬, 皆能有養, 不敬,

자유문효. 자왈, "금지효자, 시위능양. 지어견마, 개능유양, 불경,

何以別乎?"

하이별호?"

8. 공자의 제자인 자하가 부모님께 효를 어떻게 할 것인지에 대해 묻자, 공자는 다음과 같이 말하였다. "부모님을 대할 때 온화한 얼굴빛을 갖기가 가장 어렵지만 이것이 가장 중요하다. 어떤 일이 생기면 젊은 사람들이 어른들

을 위해 수고스러운 일을 하고 술과 음식이 있으면 부모
님께서 먼저 드시도록 하지만, 이런 정도만으로 효도를
다했다고 여길 수 있겠는가?"

子夏問孝. 子曰, "色難. 有事, 弟子服其勞, 有酒食, 先生饌, 曾是以
자하문효. 자왈, "색난. 유사, 제자복기로, 유주식, 선생찬, 증시이

爲孝乎?"
위효호?"

9. 공자: 내가 제자인 안회와 함께 하루 종일 이야기하여
도 그는 그저 듣기만 할 뿐 되묻거나 이의를 제기하지
않아 어리석은 사람 같았다. 그런데 그가 물러난 뒤 그
의 사생활을 살펴보니 내가 말하는 삶의 올바른 도리
를 밝혀내고 있었다. 안회는 전혀 어리석은 사람이 아
니었다.

子曰, "吾與回言終日, 不違如愚. 退而省其私, 亦足以發, 回也不愚."
자왈, "오여회언종일, 불위여우. 퇴이성기사, 역족이발, 회야불우."

10. 공자: 먼저 어떤 사람의 행위 그 자체를 보고, 이어서
그 사람이 왜 그런 행위를 하였는지 그 이유를 관찰하
고, 더 나아가 그가 그러한 행위에 대해 마음 편하게
생각하는지의 여부를 통해 그의 내면을 자세히 살펴

본다면, 그 사람이 어찌 자신의 사람됨을 숨길 수 있 겠는가, 그 사람이 어찌 자신의 사람됨을 숨길 수 있 겠는가?

子曰, "視其所以, 觀其所由, 察其所安. 人焉廋哉? 人焉廋哉?"

자왈, "시기소이, 관기소유, 찰기소안. 인언수재? 인언수재?"

11. 공자: 이미 배운 내용을 잘 익히고 더 나아가 새로운 것들을 계속 알아간다면, 타인의 스승 될 자격은 충분 하다.

子曰, "溫故而知新, 可以爲師矣."

자왈, "온고이지신, 가이위사의."

12. 공자: 군자란 폭넓은 사유를 통해 다방면에 조예가 깊 은 전인적인 교양인이어야 하며, 어느 한 용도로만 쓰 이는 그릇 같은 존재여서는 아니 된다.

子曰, "君子不器."

자왈, "군자불기."

13. 자공이 군자란 어떻게 행동해야 하는가를 묻자, 공자 는 "자신이 말하려고 하는 것들을 먼저 실천하고 난 이 후에야 그것을 말해야 한다."라고 말하였다.

子貢問君子. 子曰, "先行其言而後從之."

자공문군자. 자왈, "선행기언이후종지."

14. 공자: 군자는 보편적인 원칙에 따라 넓게 사람을 사귈
   뿐 사적인 이익을 좇아 패거리를 짓지 않으며, 소인은
   이익을 좇아 패거리를 지을 뿐 보편적인 원칙에 따라
   넓게 사람을 사귀지 않는다.

   子曰, "君子周而不比, 小人比而不周."

   자왈, "군자주이불비, 소인비이부주."

15. 공자: 이전 시대의 경험을 배우기만 하고 그 배운 내용
   에 대해 깊이 있는 사고가 뒤따르지 않으면 남는 것이
   없고, 자기만의 생각 속에 빠져 있기만 하고 이전 시대
   의 경험을 배워 실질적인 내용을 채워가지 않으면 허
   황되어 위태롭게 된다.

   子曰, "學而不思則罔, 思而不學則殆."

   자왈, "학이불사즉망, 사이불학즉태."

16. 공자: 자기와 생각이 다른 사람에 대해 공격적인 태도
   만을 갖는 것은 자신의 사고를 발전시켜 올바른 사유
   를 해나가는 데 해가 된다.

子曰, "攻乎異端, 斯害也已."

자왈, "공호이단, 사해야이."

17. 공자: 자로야, 너에게 안다는 것이 무엇인지를 알려주
    겠노라. 어떤 사항에 대해 분명하게 알고 있다면 그것
    을 안다고 하고, 잘 모르고 있다면 그것을 잘 모른다
    고 하여 자신을 속이지 않는 것, 이것이야말로 아는
    것이다.

    子曰, "由! 誨女知之乎! 知之爲知之, 不知爲不知, 是知也."

    자왈, "유! 회녀지지호! 지지위지지, 부지위부지, 시지야."

18. 공자의 제자인 자장이 벼슬이나 봉급 받는 일을 배우
    려고 하자, 공자가 다음과 같이 말하였다. "넓고 다양
    하게 많이 듣고 그중에 의심스러운 내용은 보류하고
    나머지 분명한 것들만 신중하게 이야기한다면 말실수
    가 거의 없을 것이다. 넓고 다양하게 많이 보고 그중에
    미심쩍어 행동하기에 위험한 것들은 보류하고 나머지
    명확한 것들만 신중하게 행동한다면 그 행동에 대해
    후회할 일이 거의 없을 것이다. 이처럼 말실수가 거의
    없고 행동에 후회할 일이 없을 정도로 언행이 올바르
    면, 그러한 과정에서 벼슬이나 봉급은 구하지 않아도

저절로 주어질 것이다."

子張學干祿. 子曰, "多聞闕疑, 愼言其餘, 則寡尤, 多見闕殆, 愼行其

자장학간록. 자왈, "다문궐의, 신언기여, 즉과우, 다견궐태, 신행기

餘, 則寡悔. 言寡尤, 行寡悔, 祿在其中矣."

여, 즉과회. 언과우, 행과회, 녹재기중의."

19. 노나라 군주인 애공이 "어떻게 하면 백성들이 복종하
    겠습니까?" 하고 묻자, 공자가 이렇게 대답하였다. "정
    직한 사람을 등용하고 정직하지 못한 사람을 버리면
    백성들이 복종하며, 정직하지 못한 사람을 등용하고
    정직한 사람을 버리면 백성들이 복종하지 않습니다."

哀公問曰, "何爲則民服?" 孔子對曰, "擧直錯諸枉, 則民服, 擧枉錯

애공문왈, "하위즉민복?" 공자대왈, "거직조제왕, 즉민복, 거왕조

諸直, 則民不服."

제직, 즉민불복."

20. 노나라 대부인 계강자가 "백성들이 공경스러우며 충
    성스럽게 행동하고 서로 선을 권하도록 만들 수 있겠
    습니까?" 하고 묻자, 공자가 이렇게 대답하였다. "군
    주가 단정하고 위엄을 갖춘 자세로 백성을 대하면 백
    성들이 군주를 공경할 것이며, 군주가 부모에게 효도

하고 아랫사람에게 자애를 베풀면 백성들이 군주에게 충성할 것이며, 선량한 사람을 등용하고 능력이 부족한 사람을 가르치면 백성들이 서로 선량한 행동을 하도록 권하게 될 것이다."

季康子問, "使民敬忠以勸, 如之何?" 子曰, "臨之以莊則敬, 孝慈則

계강자문, "사민경충이권, 여지하?" 자왈, "임지이장즉경, 효자즉

忠, 擧善而敎不能則勸."

충, 거선이교불능즉권."

21. 어떤 사람이 공자에게 "선생은 왜 정치를 하지 않습니까?" 하고 묻자 공자가 이렇게 대답하였다. "『서경』에 '효도여! 오직 부모님께 효도하는 사람은 형제간에도 우애가 깊고 이 마음이 확대되어 정치에도 영향을 준다.'고 하였다. 이 또한 정치를 한다고 할 수 있으니, 어찌 반드시 벼슬을 통해 직접 정치를 해야만 하겠는가?"

或謂孔子曰, "子奚不爲政?" 子曰, "書云, '孝乎惟孝, 友于兄弟, 施

혹위공자왈, "자해불위정?" 자왈, "서운, '효호유효, 우우형제, 시

於有政.' 是亦爲政, 奚其爲爲政?"

어유정.' 시역위정, 해기위위정?"

22. 공자: 사람이 믿을 만한 점이 없다면 그 사람이 할 수

있는 일이란 거의 없을 것이다. 이를 수레에 비유하자면, 큰 수레에 소를 연결하는 데 중요한 역할을 하는 끌채가 없거나 작은 수레에 말을 연결하는 데 중요한 역할을 하는 고삐고리가 없다면 그것이 어떻게 앞으로 나아갈 수 있겠는가?

子曰, "人而無信, 不知其可也. 大車無輗, 小車無軏, 其何以行之哉?"

자왈, "인이무신, 부지기가야. 대거무예, 소거무월, 기하이행지재?"

23. 자장이 열 왕조 이후의 일을 알 수 있는지를 묻자, 공자는 이렇게 대답하였다. "은나라는 하나라의 예법을 따랐기에 그중에 더해진 것이나 감해진 부분을 알 수 있으며, 주나라는 은나라의 예법을 따랐기에 그중에 더해진 것이나 감해진 부분을 알 수 있다. 이와 마찬가지로 주나라의 뒤를 이어 나타나는 왕조가 있다면 백 왕조 이후의 일도 미루어 알 수 있다."

子張問十世可知也. 子曰, "殷因於夏禮, 所損益, 可知也, 周因於殷

자장문십세가지야. 자왈, "은인어하례, 소손익, 가지야, 주인어은

禮, 所損益, 可知也. 其或繼周者, 雖百世, 可知也."

례, 소손익, 가지야. 기혹계주자, 수백세, 가지야."

24. 공자: 당연히 제사를 모셔야 할 신이 아닌데도 제사 지

내는 것은 아첨하는 행위라고 할 수 있으며, 의로운 일을 행해야 하는 상황인데도 실천하지 않는다면 이는 용기가 없는 것이다.

子曰, "非其鬼而祭之, 諂也. 見義不爲, 無勇也."

자왈, "비기귀이제지, 첨야. 견의불위, 무용야."

제3편 팔일(八佾)

1. 공자가 노나라 대부인 계씨에 대해 이렇게 평가하였다. "계씨는 예법에 의하면 천자의 제사에서만 추도록 되어 있는 팔일무를 자신의 뜰에서 추게 하였으니, 이러한 일조차 감히 할 수 있다면 무슨 일인들 차마 하지 않겠는가?"

   孔子謂季氏, "八佾舞於庭, 是可忍也, 孰不可忍也?"

   공자위계씨, "팔일무어정, 시가인야, 숙불가인야?"

2. 노나라 대부인 맹손씨, 숙손씨, 계손씨 세 집 안에서 제사를 지낼 때 천자의 종묘 제사에서만 쓸 수 있는 옹(雍) 시를 부르면서 제기를 치웠다. 공자는 이에 대해

다음과 같이 말하였다. "'제후들은 제사를 돕고, 제사 주관하는 천자는 위엄과 의젓한 모습 보이네.'라는 옹시의 구절을 어찌 세 대부 집 안의 사당에서 쓸 수 있단 말인가?"

三家者以雍徹. 子曰, "'相維辟公, 天子穆穆', 奚取於三家之堂?"

삼가자이옹철. 자왈, "'상유벽공, 천자목목', 해취어삼가지당?"

3. 공자: 사람으로서 가장 중요한 인덕을 갖추지 않은 상태라면 예절은 따져 무엇 할 것이며, 사람으로서 가장 중요한 인덕을 갖추지 않은 상태라면 음악은 있어 봐야 무엇 하겠는가?

子曰, "人而不仁, 如禮何? 人而不仁, 如樂何?"

자왈, "인이불인, 여례하? 인이불인, 여악하?"

4. 노나라 사람 임방이 예의 근본이 무엇인지를 묻자, 공자는 이렇게 말하였다. "참으로 중요한 물음이다. 예는 사치스럽게 하기보다는 차라리 검소한 편이 낫고, 상례는 형식적으로 잘 갖추기보다는 차라리 슬픔을 잘 나타내는 것이 낫다."

林放問禮之本. 子曰, "大哉問! 禮, 與其奢也寧儉, 喪, 與其易也寧戚."

임방문례지본. 자왈, "대재문! 예, 여기사야녕검, 상, 여기이야녕척."

5. 공자: 오랑캐 나라에는 오히려 체계가 잡혀 있어서 군주
   가 있으니, 중원의 나라들이 혼란스러워 군주조차 인정
   하지 않는 것과는 다르다.

   子曰, "夷狄之有君, 不如諸夏之亡也."

   자왈, "이적지유군, 불여제하지무야."

6. 대부인 계씨가 제후만이 자기 영토 내에서 행할 수 있는
   제사인 여(旅) 제사를 태산에서 지냈다. 공자가 당시
   계씨의 가신으로 있던 제자 염유에게 "너는 계씨가 잘
   못된 제사를 하지 못하도록 말릴 수 없었는가?" 하고
   묻자, 염유는 "할 수 없었습니다."라고 대답하였다. 그
   러자 공자는 "아아! 태산이 앞서 예의 근본을 물어본
   적이 있는 임방보다 못하여 그처럼 적절하지 못한 계
   씨의 제사를 받아들일 것이라고 생각하는가?"라고 말
   하였다.

   季氏旅於泰山. 子謂冉有曰, "女弗能救與?" 對曰, "不能." 子曰, "嗚

   계씨려어태산. 자위염유왈, "여불능구여?" 대왈, "불능." 자왈, "오

   呼! 曾謂泰山不如林放乎?"

   호! 증위태산불여임방호?"

7. 공자: 군자는 다른 사람과 다투는 일이 없다. 그러나 혹

시라도 다투는 일이 있다면 그것은 활쏘기일 것이다. 상대와 함께 서로 머리를 조아리고 양보하는 예를 행한 후 활 쏘는 자리로 올라가, 활쏘기를 마친 후 내려와서는 패자일 경우 벌주를 마신다. 이렇게 다투는 것이 바로 군자의 다투는 모습이다.

子曰, "君子無所爭. 必也射乎! 揖讓而升, 下而飮. 其爭也君子."

자왈, "군자무소쟁. 필야사호! 읍양이승, 하이음. 기쟁야군자."

8. 자하가 물었다. "『시경』에 '곱게 웃는 모습에 보조개 예쁘고 아름다운 눈동자 흑백이 분명하네. 흰 바탕에 고운 채색 더한 듯하네.'라는 구절이 있는데, 무엇을 말하는 것입니까?" 공자가 "채색하는 것은 흰 바탕 뒤에 한다는 것이다."라고 말하자, 자하가 "형식을 갖추는 예가 충신(忠信)을 갖춘 뒤라는 말씀입니까?" 하고 물었다. 그러자 공자가 이렇게 말하였다. "내 뜻을 정확히 설명해줄 수 있는 사람은 자하로구나! 이제 비로소 함께 시에 대해 이야기할 수 있게 되었구나."

子夏問曰, "'巧笑倩兮, 美目盼兮, 素以爲絢兮.' 何謂也?" 子曰, "繪事後素." 曰, "禮後乎?" 子曰, "起予者商也! 始可與言詩已矣."

자하문왈, "'교소천혜, 미목반혜, 소이위현혜.' 하위야?" 자왈, "회사후소." 왈, "예후호?" 자왈, "기여자상야! 시가여언시이의."

9. 공자: 하나라의 예에 대해 내가 말할 수는 있지만 하나라의 후예인 기나라의 자료만으로는 그것을 증명할 수 없으며, 은나라의 예에 대해 내가 말할 수는 있지만 은나라의 후예인 송나라의 자료만으로는 그것을 증명할 수 없다. 이는 문헌 자료가 부족하기 때문이며, 만약 자료가 충분하다면 내가 그것을 증명할 수 있을 것이다.

子曰, "夏禮吾能言之, 杞不足徵也, 殷禮吾能言之, 宋不足徵也. 文
자왈, "하례오능언지, 기부족징야, 은례오능언지, 송부족징야. 문
獻不足故也. 足則吾能徵之矣."
헌부족고야. 족즉오능징지의."

10. 공자: 천자가 종묘에서 지내는 제사인 체 제사를 지낼 때, 술을 땅에 부어 신을 내리는 의식 이후의 부분은 원래의 예법에서 많이 벗어나 있기 때문에 나는 그것을 보고 싶지 않다.

子曰, "禘自旣灌而往者, 吾不欲觀之矣."
자왈, "체자기관이왕자, 오불욕관지의."

11. 어떤 사람이 체 제사에 대해 자세한 이야기를 묻자, 공자는 "모릅니다. 그 내용을 자세히 아는 사람이라면 천하를 다스리는 일이 마치 이것을 보는 것처럼 쉬운 일일

것입니다."라고 말하면서 자신의 손바닥을 가리켰다.

或問禘之說. 子曰, "不知也, 知其說者之於天下也, 其如示諸斯乎!"

혹문체지설. 자왈, "부지야, 지기설자지어천하야, 기여시저사호!"

指其掌.

지기장.

12. 조상에게 제사를 지낼 때는 마치 조상이 앞에 계신 것처럼 정성을 다해야 하며, 마찬가지로 신에게 제사를 지낼 때도 신령이 눈앞에 있는 것처럼 정성을 다해야 한다. 공자가 이렇게 말하였다. "내가 제사에 직접 참여할 수 없어 다른 사람에게 대신 제사를 지내게 했다면 그 제사에 나의 진정한 마음을 다하지 못한 것이 되어 마치 제사를 지내지 않은 것이나 마찬가지라고 생각한다."

祭如在, 祭神如神在. 子曰, "吾不與祭, 如不祭."

제여재, 제신여신재. 자왈, "오불여제, 여불제."

13. 위(衛)나라의 대부인 왕손가가 "안방 아랫목의 신에게 아첨하느니 차라리 주방 부뚜막의 신에게 아첨하는 것이 낫다는 말이 있는데, 그게 무슨 말입니까?"[8] 하고 묻자, 공자가 다음과 같이 말하였다. "그렇지 않다. 하

늘에 죄를 지으면 용서를 빌 곳도 없다."

王孫賈問曰, "與其媚於奧, 寧媚於竈, 何謂也?" 子曰, "不然, 獲罪於

왕손가문왈, "여기미어오, 영미어조, 하위야?" 자왈, "불연, 획죄어

天, 無所禱也."

천, 무소도야."

14. 공자: 주나라는 하나라와 은나라 두 왕조를 본떴으되,
   문물제도가 더욱 찬란하구나! 나는 주나라를 따르겠다.

   子曰, "周監於二代, 郁郁乎文哉! 吾從周."

   자왈, "주감어이대, 욱욱호문재! 오종주."

15. 공자가 노나라 주공의 사당인 태묘에 들어가서 모든
   일에 대해 상세히 물었다. 어떤 사람이 이를 두고 "누
   가 추나라 사람의 아들인 공자가 예를 안다고 했던가?
   태묘에 들어와 모든 일에 대해 묻고 있는데." 라고 말하
   자, 공자가 이를 듣고 "이처럼 하나하나 물어서 신중하
   게 진행하는 자세가 바로 예다." 라고 말하였다.

   子入太廟, 每事問. 或曰, "孰謂鄹人之子知禮乎? 入太廟, 每事問."

   자입태묘, 매사문. 혹왈, "숙위추인지자지례호? 입태묘, 매사문."

   子聞之曰, "是禮也."

   자문지왈, "시례야."

16. 공자: 활을 쏘는 데 있어서 과녁을 뚫는 것만을 주된 목적으로 하지 않는다. 그것은 사람마다 힘이 다르기 때문인데, 이러한 것이 옛날의 활을 쏘는 것과 관련된 도리이다.

子曰, "射不主皮, 爲力不同科, 古之道也."

자왈, "사부주피, 위력부동과, 고지도야."

17. 노나라에는 원래 초하루를 공포하면서 양을 제물로 바치는 예식이 있었는데, 자공이 당시 예식은 없어진 채 양을 제물로 바치는 형식만 남아 있는 것을 없애고자 하였다. 그러자 공자가 이렇게 말하였다. "자공아, 너는 그 양을 아끼려 하느냐? 나는 예를 아끼기 때문에 희생을 바치는 형식을 남겨두고 그를 통해 원래의 예를 되돌릴 수 있게 되기를 희망한다."

子貢欲去告朔之餼羊. 子曰, "賜也! 爾愛其羊, 我愛其禮."

자공욕거곡삭지희양. 자왈, "사야! 이애기양, 아애기례."

18. 공자: 군주를 섬길 때 예를 다하는 것은 당연한 것인데도 사람들은 이를 아첨한다고 생각한다.

子曰, "事君盡禮, 人以爲諂也."

자왈, "사군진례, 인이위첨야."

19. 노나라 군주인 정공이 "군주가 신하를 부리고 신하가
군주를 섬기기를 어떻게 해야 합니까?" 하고 묻자, 공
자는 이렇게 대답하였다. "군주가 신하를 부릴 때는 예
에 맞게 해야 하고, 신하가 군주를 섬길 때는 충심을
다해야 합니다."

定公問, "君使臣, 臣事君, 如之何?" 孔子對曰, "君使臣以禮, 臣事君

정공문, "군사신, 신사군, 여지하?" 공자대왈, "군사신이례, 신사군

以忠."

이충."

20. 공자: 『시경』의 첫 번째 시 「관저」는 즐겁지만 그 즐거
움이 지나치지 않고, 구슬프지만 그 슬픔이 마음의 조
화를 해칠 정도는 아니다.

子曰, "關雎, 樂而不淫, 哀而不傷."

자왈, "관저, 낙이불음, 애이불상."

21. 노나라 군주인 애공이 공자의 제자 재아에게 사직의
위패로 쓰이는 나무에 대해 물었다. 재아가 이에 대해
"하나라는 소나무로 하였고 은나라는 잣나무로 하였
으며 주나라는 밤나무로 하였는데, 이는 백성들로 하
여금 두려워 떨게 하기 위해서입니다."라고 대답하였

다. 이를 듣고 공자가 이렇게 말하였다. "이미 완성되어 끝난 일에 대해서는 따지지 않고, 거의 이루어져 어쩔 수 없는 일에 대해서는 그만두게 할 수 없으며, 이미 지난 일에 대해서는 잘못을 탓하지 않는 것이다."[9]

哀公問社於宰我. 宰我對曰, "夏后氏以松, 殷人以栢, 周人以栗, 曰,

애공문사어재아. 재아대왈, "하후씨이송, 은인이백, 주인이률, 왈,

使民戰栗." 子聞之曰, "成事不說, 遂事不諫, 旣往不咎."

사민전률." 자문지왈, "성사불설, 수사불간, 기왕불구."

22. 공자가 "군주를 패자로 만들었던 제나라 대부인 관중의 그릇이 참 작구나!"라고 평가하자, 어떤 사람이 "관중이 검소했기에 그릇이 작다는 것입니까?" 하고 물었다. 공자는 "관중에게는 부인이 셋이나 있었고 그의 집안일을 맡은 관리들이 겸직하는 이가 없었는데 어찌 검소하다고 하겠는가?"라고 말하였다. 그러자 또 "그렇다면 관중이 예를 알았습니까?" 하고 묻자 공자가 이렇게 말하였다. "한 나라의 군주라야 병풍으로 문을 가릴 수 있는데 관중 또한 병풍으로 문을 가렸고, 한 나라의 군주라야 다른 나라 군주와의 우호적인 모임을 위해 술잔을 놓는 받침을 만들었는데 관중 또한 그러한 술잔 받침을 만들어놓았으니 관중이 예를 안다고

하면 누군들 예를 모른다고 하겠는가?"

子曰, "管仲之器小哉!" 或曰, "管仲儉乎?" 曰, "管氏有三歸, 官事不
자왈, "관중지기소재!" 혹왈, "관중검호?" 왈, "관씨유삼귀, 관사불
攝, 焉得儉?" "然則管仲知禮乎?" 曰, "邦君樹塞門, 管氏亦樹塞門.
섭, 언득검?" "연즉관중지례호?" 왈, "방군수색문, 관씨역수색문.
邦君爲兩君之好, 有反坫, 管氏亦有反坫. 管氏而知禮, 孰不知禮?"
방군위량군지호, 유반점, 관씨역유반점. 관씨이지례, 숙부지례?"

23. 공자가 노나라의 음악을 관장하는 악사의 우두머리에
    게 음악에 대해 이렇게 말하였다. "음악에 대해서는 알
    만하다. 음악을 시작할 때는 여러 소리가 합하여 나오
    지만, 연주가 진행됨에 따라 조화로운 소리가 나오면
    서 동시에 각 소리가 분명해지고 이렇게 계속 이어져
    한 곡이 완성된다."

子語魯大師樂, 曰, "樂其可知也. 始作, 翕如也, 從之, 純如也, 皦如
자어로태사악, 왈, "악기가지야. 시작, 흡여야, 종지, 순여야, 교여
也, 繹如也, 以成."
야, 역여야, 이성."

24. 위(衛)나라 의읍을 지키는 사람이 공자를 뵙기를 청하
    면서, "인덕을 갖춘 군자가 이 땅에 오시면 제가 이제껏

뵙지 않은 적이 없습니다."라고 말하였다. 공자를 모시는 제자가 그에게 공자를 만나도록 해주자, 만나고 나와서 그가 이렇게 말하였다. "여러 제자 분들은 공자께서 벼슬을 잃었다고 무엇을 근심하십니까? 천하에 도리가 없어진 지 오래되었는데, 하늘은 장차 선생님을 목탁으로 삼아 세상을 일깨우고자 하실 것입니다."

儀封人請見, 曰, "君子之至於斯也, 吾未嘗不得見也." 從者見之. 出

의봉인청견, 왈, "군자지지어사야, 오미상부득견야." 종자현지. 출

曰, "二三子何患於喪乎? 天下之無道也久矣, 天將以夫子爲木鐸."

왈, "이삼자하환어상호? 천하지무도야구의, 천장이부자위목탁."

25. 공자가 순임금의 음악인 소 음악에 대해서는 "지극히 아름답고 지극히 선하다."고 평가하였고, 무임금의 음악인 무 음악에 대해서는 "지극히 아름답기는 하지만 지극히 선하지는 못하다."고 평가하였다.

子謂韶, "盡美矣, 又盡善也." 謂武, "盡美矣, 未盡善也."

자위소, "진미의, 우진선야." 위무, "진미의, 미진선야."

26. 공자: 백성들을 통치하는 윗자리에 있으면서 너그럽지 못하고, 예를 행한다고 하면서 공경스럽지 못하고, 상을 당하고도 슬퍼하지 않는다면, 이런 사람들은 근본

을 제대로 실행하지 않는 경우이니, 내 어찌 이런 사람들을 살펴볼 수 있겠는가?

子曰, "居上不寬, 爲禮不敬, 臨喪不哀, 吾何以觀之哉?"

자왈, "거상불관, 위례불경, 임상불애, 오하이관지재?"

제4편 이인(里仁)

1. 공자: 사람 사는 마을에 어질고 후덕한 풍속이 있는 것은 아름다운 것이다. 따라서 거주할 곳을 선택한다면 당연히 그처럼 어질고 후덕한 풍속이 있는 곳을 택해야 하는데, 그렇지 않다면 지혜롭다고 할 수 없다.

子曰, "里仁爲美. 擇不處仁, 焉得知?"

자왈, "이인위미. 택불처인, 언득지?"

2. 공자: 어질지 못한 사람은 곤궁한 곳에 오랫동안 있을 수 없고, 즐거운 곳에도 오랫동안 머물 수 없다. 어진 사람은 인의 실천을 자연스럽고 마음 편하게 여길 수 있으며, 지혜로운 사람은 인의 실천을 이롭게 여기면서 행한다.

子曰, "不仁者不可以久處約, 不可以長處樂. 仁者安仁, 知者利仁."

자왈, "불인자불가이구처약, 불가이장처락. 인자안인, 지자리인."

3. 공자: 오직 어진 사람만이 사심이 없고 공정하기 때문에 다른 사람을 좋아할 수도 있고 미워할 수도 있다.

子曰, "唯仁者能好人, 能惡人."

자왈, "유인자능호인, 능오인."

4. 공자: 진실로 인덕에 대해 뜻을 두고 있다면 악한 행위나 악한 생각이 없게 된다.

子曰, "苟志於仁矣, 無惡也."

자왈, "구지어인의, 무악야."

5. 공자: 부귀는 모든 사람이 바라는 것이지만 정당한 방법으로 얻은 것이 아니라면 부귀를 누리지 않아야 한다. 빈천은 모든 사람이 싫어하는 것이지만 정당한 방법으로 버리는 것이 아니라면 버리지 않아야 한다.[10] 군자가 인을 버린다면 어디에서 군자라고 부를 수 있는 근거를 찾을 수 있겠는가? 군자는 한 끼 밥 먹는 동안에도 인을 어기지 않아야 하는 것이며, 다급한 순간에도 반드시 인을 지키고 넘어지는 순간에도 반드시 인을 지켜야 한다.

子曰, "富與貴, 是人之所欲也, 不以其道得之, 不處也. 貧與賤, 是人

자왈, "부여귀, 시인지소욕야, 불이기도득지, 불처야. 빈여천, 시인

之所惡也, 不以其道得之, 不去也. 君子去仁, 惡乎成名? 君子無終食

지소오야, 불이기도득지, 불거야. 군자거인, 오호성명? 군자무종식

之間違仁, 造次必於是, 顚沛必於是."

지간위인, 조차필어시, 전패필어시."

6. 공자: 나는 아직까지 진정으로 인을 좋아하고 불인한 일
을 싫어하는 사람을 보지 못하였다. 인을 좋아하는 사람
은 더할 나위 없는 것이고, 불인을 미워하는 사람은 자신
이 인을 실천하는 데 있어서 불인한 언행이 자신에게서
일어나지 못하도록 한다. 단 하루라도 자신의 힘을 인에
다 쓸 수 있는 사람이 있을 수 있을까? 나는 아직까지 인
을 실천하기에 힘이 부족한 사람을 보지 못하였다. 아마
도 그런 사람이 있겠지만 나는 아직까지 보지 못하였다.

子曰, "我未見好仁者, 惡不仁者. 好仁者, 無以尙之, 惡不仁者, 其爲

자왈, "아미견호인자, 오불인자. 호인자, 무이상지, 오불인자, 기위

仁矣, 不使不仁者加乎其身. 有能一日用其力於仁矣乎? 我未見力不

인의, 불사불인자가호기신. 유능일일용기력어인의호? 아미견력부

足者. 蓋有之矣, 我未之見也."

족자. 개유지의, 아미지견야."

7. 공자: 사람이 저지르는 잘못은 각자 자기가 속하는 무리에 따라 다르다. 그러므로 어떤 사람의 잘못을 살펴보면 그 사람이 인한지의 여부를 알 수 있다.

子曰, "人之過也, 各於其黨. 觀過, 斯知仁矣."

자왈, "인지과야, 각어기당. 관과, 사지인의."

8. 공자: 아침에 삶의 진정한 도리를 들었다면 저녁에 죽더라도 여한이 없을 것이다.

子曰, "朝聞道, 夕死可矣."

자왈, "조문도, 석사가의."

9. 공자: 올바른 삶을 살아가겠다는 뜻을 갖고 있는 선비가 나쁜 옷이나 거친 음식을 싫어한다면, 그와 함께 어떤 논의도 할 수 없다.

子曰, "士志於道, 而恥惡衣惡食者, 未足與議也."

자왈, "사지어도, 이치악의악식자, 미족여의야."

10. 공자: 군자는 천하의 모든 일을 처리하는 데 있어서 반드시 그렇다거나 반드시 그렇지 않다고 고집하는 일이 없으며, 늘 가장 적절하고 올바른 의리만을 따른다.

子曰, "君子之於天下也, 無適也, 無莫也, 義之與比."

자왈, "군자지어천하야, 무적야, 무막야, 의지여비."

11. 공자: 군자는 도덕의 기준을 생각하지만 소인은 자기가
    거처하는 곳의 편안함을 생각하며, 군자는 법의 준수를
    생각하지만 소인은 자신에게 있을 혜택을 생각한다.

    子曰, "君子懷德, 小人懷土, 君子懷刑, 小人懷惠."

    자왈, "군자회덕, 소인회토, 군자회형, 소인회혜."

12. 공자: 자신의 이익만을 생각하면서 행동하면 다른 사
    람으로부터 원망을 많이 듣게 된다.

    子曰, "放於利而行, 多怨."

    자왈, "방어리이행, 다원."

13. 공자: 예의와 겸양의 정신으로 나라를 다스릴 수 있다
    면 국가 통치에 무슨 어려움이 있겠는가? 반면에 예의
    와 겸양의 정신으로 나라를 다스릴 수 없다면 형식적
    인 예절은 무슨 소용이 있겠는가?

    子曰, "能以禮讓爲國乎? 何有? 不能以禮讓爲國, 如禮何?"

    자왈, "능이례양위국호? 하유? 불능이례양위국, 여례하?"

14. 공자: 자신에게 벼슬이 없는 것을 근심하지 말고 그 벼

슬을 할 만한 자격을 갖추기를 걱정하라. 다른 사람이 자신을 알아주지 않은 것을 근심하지 말고 다른 사람이 알아줄 만한 자격을 갖추도록 노력하라.

子曰, "不患無位, 患所以立. 不患莫己知, 求爲可知也."

자왈, "불환무위, 환소이립. 불환막기지, 구위가지야."

15. 공자가 "증참아, 나의 도는 한 가지로 일관되어 있다." 라고 말하자, 증자가 "예."라고 말하였다. 공자가 그 자리를 떠난 후 다른 문인이 "공자 선생님은 무엇을 말씀하신 겁니까?" 하고 묻자, 증자가 이렇게 말하였다. "선생님의 일관된 도는 자신에게 최선을 다하는 충(忠)과 자신의 입장에서 미루어 남의 입장을 이해하는 서(恕)뿐입니다."

子曰, "參乎! 吾道一以貫之." 曾子曰, "唯." 子出, 門人問曰, "何謂

자왈, "참호! 오도일이관지." 증자왈, "유." 자출, 문인문왈, "하위

也?" 曾子曰, "夫子之道, 忠恕而已矣."

야?" 증자왈, "부자지도, 충서이이의."

16. 공자: 군자는 의리에 밝고, 소인은 이익에 밝다.

子曰, "君子喩於義, 小人喩於利."

자왈, "군자유어의, 소인유어리."

17. 공자: 어진 덕을 갖춘 사람을 보면 그 사람과 같아져야
    겠다고 생각하게 되며, 어질지 못한 사람을 보면 혹시
    자신의 내면에 그와 같은 점이 있는지 스스로 반성하
    게 된다.

    子曰, "見賢思齊焉, 見不賢而內自省也."

    자왈, "견현사제언, 견불현이내자성야."

18. 공자: 부모님을 섬길 때 혹시라도 부모님이 잘못하시
    는 일이 있으면 완곡하게 잘못을 간해야 하고, 내 의사
    를 받아들이지 않으시더라도 여전히 공경하며 부모님
    의 뜻을 어기지 않아야 하며, 이로 인하여 힘들거나 걱
    정이 되더라도 원망해서는 안 된다.

    子曰, "事父母幾諫, 見志不從, 又敬不違, 勞而不怨."

    자왈, "사부모기간, 견지부종, 우경불위, 노이불원."

19. 공자: 부모님이 살아 계실 때는 너무 먼 곳으로 놀러가
    지 않아야 하며, 설령 어쩔 수 없이 먼 곳으로 놀러가
    더라도 반드시 자신이 어디에 있는지 부모님이 알 수
    있어야 한다.

    子曰, "父母在, 不遠遊, 遊必有方."

    자왈, "부모재, 불원유, 유필유방."

20. 공자: 삼 년 동안 부모님이 걸어오신 길을 바꾸지 않는다면 효도한다고 말할 수 있을 것이다.[11]

子曰, "三年無改於父之道, 可謂孝矣."

자왈, "삼년무개어부지도, 가위효의."

21. 공자: 부모님의 연세를 몰라서는 안 된다. 부모님의 연세를 알게 되면 한편으로는 오래 살아 계신 것이 기쁘기도 하지만, 또 한편으로는 앞으로 모실 수 있는 날이 얼마 남지 않았다는 사실 때문에 두렵기도 하다.

子曰, "父母之年, 不可不知也. 一則以喜, 一則以懼."

자왈, "부모지년, 불가부지야. 일즉이희, 일즉이구."

22. 공자: 옛날 사람들이 말을 함부로 하지 않았던 것은 자신의 행동이 그 말을 제대로 실천하지 못하는 것을 부끄러워했기 때문이다.

子曰, "古者言之不出, 恥躬之不逮也."

자왈, "고자언지불출, 치궁지불체야."

23. 공자: 자기 자신의 언행을 잘 단속했는데도 잘못을 저지르는 경우는 매우 드물다.

子曰, "以約失之者鮮矣."

자왈, "이약실지자선의."

24. 공자: 군자는 말은 신중하게 하느라고 더듬거리지만 도리를 실천하는 행동은 민첩하게 한다.

子曰, "君子欲訥於言而敏於行."

자왈, "군자욕눌어언이민어행."

25. 공자: 덕을 가진 사람은 결코 외롭지 않은데, 이는 반드시 그와 뜻을 함께하는 이웃 같은 사람이 있기 때문이다.

子曰, "德不孤, 必有鄰."

자왈, "덕불고, 필유린."

26. 자유: 군주를 섬길 때 너무 자주 간언을 하면 모욕을 당하게 되고, 친구를 사귈 때 너무 자주 충고를 하면 오히려 그 친구와 소원해진다.

子游曰, "事君數, 斯辱矣, 朋友數, 斯疏矣."

자유왈, "사군삭, 사욕의, 붕우삭, 사소의."

제5편 공야장(公冶長)

1. 공자는 제자인 공야장에 대해 "사위 삼을 만하다. 비록 그가 감옥에 갇힌 적이 있지만 그의 잘못이 아니다."라고 평가하고는 자기 딸을 그에게 시집보냈다.

   子謂公冶長, "可妻也. 雖在縲絏之中, 非其罪也." 以其子妻之.

   자위공야장, "가처야. 수재루설지중, 비기죄야." 이기자처지.

2. 공자는 제자인 남용에 대해 "나라에 도의가 있어 잘 다스려질 때는 등용되어 쓰이고, 나라에 도의가 없어 어지러울 때는 형벌을 받거나 처형당하는 일은 없겠다."라고 평가하고는 형님의 딸을 그에게 시집보냈다.

子謂南容, "邦有道, 不廢, 邦無道, 免於刑戮." 以其兄之子妻之.

자위남용, "방유도, 불폐, 방무도, 면어형륙." 이기형지자처지.

3. 공자는 제자인 자천에 대해 이렇게 평가하였다. "군자
로구나, 이 사람은! 노나라에 군자가 없었다면 이 사람
은 어디에서 이런 덕을 배웠겠는가?"[12]

子謂子賤, "君子哉若人! 魯無君子者, 斯焉取斯?"

자위자천, "군자재약인! 노무군자자, 사언취사?"

4. 자공이 "저는 어느 정도의 인물입니까?" 하고 묻자, 공
자는 "너는 그릇이다."라고 말하였다. 자공이 다시 "어
떤 그릇입니까?" 하고 묻자, 공자는 "종묘의 제사에 쓰
이는 옥으로 장식한 중요한 기물인 호련과 같은 인물이
다."라고 말하였다.

子貢問曰, "賜也何如?" 子曰, "女, 器也." 曰, "何器也?" 曰, "瑚璉也."

자공문왈, "사야하여?" 자왈, "여, 기야." 왈, "하기야?" 왈, "호련야."

5. 어떤 사람이 "공자의 제자 중옹(仲雍)은 인하기는 하지
만 말재주가 없다."고 하자 공자는 이렇게 말하였다.
"말재주를 어디에 쓸 수 있겠는가? 다른 사람들을 말재
주로 응대하려고 하면 다른 사람들에게 미움을 받게 된

다. 그가 인한지의 여부는 잘 모르겠지만 말재주는 어디에 쓰겠는가?"

或曰, "雍也仁而不佞." 子曰, "焉用佞? 禦人以口給, 屢憎於人. 不知

혹왈, "옹야인이불녕." 자왈, "언용녕? 어인이구급, 누증어인. 부지

其仁, 焉用佞?"

기인, 언용녕?"

6. 공자가 제자인 칠조개에게 벼슬을 하도록 시켰는데, 칠조개가 "저는 아직 벼슬하는 일에 대해 자신이 없습니다."라고 대답하자 공자가 기뻐하였다.

子使漆彫開仕. 對曰, "吾斯之未能信." 子說.

자사칠조개사. 대왈, "오사지미능신." 자열.

7. 공자가 "내가 뜻하는 도가 이 세상에 행하여지지 않아 뗏목을 띄워 바다로 떠나간다면 나를 뒤따를 사람은 아마도 자로일 것이다."라고 말하자, 자로가 이를 듣고 공자가 자신을 알아준다는 사실에 기뻐하였다. 그러자 공자가 다시 "자로는 용기를 좋아하는 점에서는 나보다 낫지만, 사리를 잘 헤아리지 못하는 면이 있다."라고 말하여 어떤 일에 대한 타당성의 여부를 제대로 판단하지 못하는 자로의 부정적인 측면을 경계하였다.

子曰, "道不行, 乘桴浮于海. 從我者其由與?" 子路聞之喜. 子曰, "由也

자왈, "도불행, 승부부우해. 종아자기유여?" 자로문지희. 자왈, "유야

好勇過我, 無所取材."

호용과아, 무소취재."

8. 맹무백이 "자로가 인합니까?" 하고 묻자, 공자는 "모르
겠다."고 답하였다. 또다시 정확하게 답해줄 것을 묻자,
공자는 "자로는 천 대의 수레를 낼 수 있는 제후국에서
군대의 일을 다스리게 할 만하지만 그가 인한지의 여부
는 모르겠다."고 대답하였다. "염구는 어떻습니까?" 하
고 묻자, 공자는 "염구는 천 가구 정도인 경대부의 식읍
이나 백 대의 수레를 낼 수 있는 경대부 집안의 책임자
를 시킬 수는 있지만 그가 인한지의 여부는 모르겠다."
고 대답하였다. 다시 "공서적은 어떻습니까?" 하고 묻
자, 공자는 "공서적은 조정에서 예복을 입고 큰 띠를 두
르고 서서 다른 나라에서 온 손님들을 접대하도록 만들
수는 있지만 그가 인한지의 여부는 모르겠다."고 대답
하였다.

孟武伯問, "子路仁乎?" 子曰, "不知也." 又問. 子曰, "由也, 千乘之

맹무백문, "자로인호?" 자왈, "부지야." 우문. 자왈, "유야, 천승지

國, 可使治其賦也, 不知其仁也." "求也何如?" 子曰, "求也, 千室之

국, 가사치기부야, 부지기인야." "구야하여?" 자왈, "구야, 천실지
읍, 百乘之家, 可使爲之宰也, 不知其仁也." "赤也何如?" 子曰, "赤
야, 백승지가, 가사위지재야, 부지기인야." "적야하여?" 자왈, "적
也, 束帶立於朝, 可使與賓客言也, 不知其仁也."
야, 속대립어조, 가사여빈객언야, 부지기인야."

9. 공자가 자공에게 "너와 안회는 누가 더 뛰어난가?" 하
   고 묻자 "제가 어찌 감히 안회와 같기를 바라겠습니까?
   안회는 하나를 들으면 열을 알지만 저는 하나를 들으면
   둘 정도만 알 뿐입니다."라고 대답하였다. 그러자 공자
   가 이렇게 말하였다. "안회보다 못하다. 나와 너는 모두
   안회보다 못하다."

   子謂子貢曰, "女與回也孰愈? 對曰, "賜也何敢望回? 回也聞一以知
   자위자공왈, "여여회야숙유? 대왈, "사야하감망회? 회야문일이지
   十, 賜也聞一以知二." 子曰, "弗如也, 吾與女弗如也."
   십, 사야문일이지이." 자왈, "불여야, 오여녀불여야."

10. 제자인 재여가 낮잠을 자자, 공자가 이렇게 말하였다.
    "썩은 나무로는 조각을 할 수 없고 더러운 흙으로 만든
    담은 흙손질을 할 수 없다. 내가 재여에 대해 무엇을 꾸
    짖겠는가?" 또 공자가 이렇게 말하였다. "내가 처음 사

람을 대할 때는 그 사람의 말을 듣고 그의 행동을 믿었
지만 지금 내가 사람을 대할 때는 그의 말을 듣고 그의
행동을 살펴보게 되었다. 사람을 판단하는 데 있어서
이러한 변화는 재여로 인하여 바뀐 것이다."

宰予晝寢. 子曰, "朽木不可雕也, 糞土之牆不可杇也, 於予與何誅?"

재여주침. 자왈, "후목불가조야, 분토지장불가오야, 어여여하주?"

子曰, "始吾於人也, 聽其言而信其行, 今吾於人也, 聽其言而觀其行.

자왈, "시오어인야, 청기언이신기행, 금오어인야, 청기언이관기행.

於予與改是."

어여여개시."

11. 공자가 "나는 아직까지 강직한 사람을 보지 못하였
다."고 하자 어떤 사람이 "제자 중에 신정이 있습니
다."라고 대답하였다. 그러자 공자는 "신정은 욕심이
많아 강직해 보일 뿐이지 어찌 강직하다고 하겠는가?"

子曰, "吾未見剛者." 或對曰, "申棖." 子曰, "棖也慾, 焉得剛?"

자왈, "오미견강자." 혹대왈, "신정." 자왈, "정야욕, 언득강?"

12. 자공이 "저는 다른 사람이 저에게 어떤 압력이나 강요
를 하지 않기를 바라며, 저 또한 다른 사람에게 어떤
압력이나 강요를 하지 않으려고 합니다."라고 말하자,

공자는 "자공아, 이러한 경지는 네가 그렇게 쉽게 할 수 있는 것이 아니다."라고 말하였다.

子貢曰, "我不欲人之加諸我也, 吾亦欲無加諸人." 子曰, "賜也, 非爾

자공왈, "아불욕인지가저아야, 오역욕무가저인." 자왈, "사야, 비이

所及也."

소급야."

13. 자공: 공자 선생님께서 현실적인 예나 문헌에 대해 가르쳐주신 것은 들을 수 있었지만, 선생님께서 타고난 본성이나 하늘의 도에 대해 말씀하신 것은 들을 수 없었다.

子貢曰, "夫子之文章, 可得而聞也, 夫子之言性與天道, 不可得而聞也."

자공왈, "부자지문장, 가득이문야, 부자지언성여천도, 불가득이문야."

14. 자로는 가르침을 듣고 아직 그것을 실천하지 못했을 때는 오직 또 다른 가르침을 들을까 두려워하였다.

子路有聞, 未之能行, 唯恐有聞.

자로유문, 미지능행, 유공유문.

15. 자로가 "위(衛)나라 대부였던 공문자(孔文子)는 어째서 '문'이라는 시호가 붙게 되었습니까?" 하고 묻자, 공자는 이렇게 말하였다. "열심히 배우기를 좋아하였고

아랫사람에게 묻기를 부끄러워하지 않았기 때문에
'문'이라는 시호를 붙인 것이다."

子貢問曰, "孔文子何以謂之文也?" 子曰, "敏而好學, 不恥下問, 是
자공문왈, "공문자하이위지문야?" 자왈, "민이호학, 불치하문, 시

以謂之文也."
이위지문야."

16. 공자는 정나라 대부인 자산에 대해 이렇게 평가하였
다. "군자의 도리 네 가지를 갖고 있었는데, 자기 자신
의 처신이 공손하였고, 윗사람을 섬기는 데 있어서 공
경스러운 태도를 견지하였고, 백성들을 기르는 데 있
어서 은혜를 베풀었고, 백성을 부리는 데 있어서 적절
하게 의리에 맞게 하였다."

子謂子産, "有君子之道四焉, 其行己也恭, 其事上也敬, 其養民也惠,
자위자산, "유군자지도사언, 기행기야공, 기사상야경, 기양민야혜,

其使民也義."
기사민야의."

17. 공자: 제나라 대부인 안평중은 다른 사람과 교제를 잘
하였는데, 오래되면 다른 사람들이 그를 공경하였다.

子曰, "晏平仲善與人交, 久而敬之."

자왈, "안평중선여인교, 구이경지."

18. 공자: 노나라 대부인 장문중은 채 지방에서 나는 거북을 집에 두었으며 집 기둥의 두공에 산 모양을 조각하고 동자기둥에 마름 풀을 조각하였는데, 이는 모두 천자의 종묘에서만 할 수 있는 일이니 그가 어떻게 지혜롭다고 할 수 있겠는가?

子曰, "臧文仲居蔡, 山節藻梲, 何如其知也?"

자왈, "장문중거채, 산절조절, 하여기지야?"

19. 제자 자장이 "초나라 재상인 자문은 세 번이나 재상이 되었는데도 기뻐하는 기색이 없었고 세 번 재상을 그만두었을 때도 싫어하는 기색이 없었습니다. 또 자신이 수행하던 옛 재상의 일에 대해 반드시 새로 부임하는 재상에게 알려주었는데, 이런 사람을 어떻게 평가해야 합니까?" 하고 묻자, 공자는 "자기 일에 최선을 다하는 사람이다."라고 말하였다. 다시 "인하다고 평가할 수 있습니까?" 하고 묻자, 공자는 "잘 모르겠지만 어찌 인하다고 할 수 있겠는가?"라고 답하였다. 또 자장이 "제나라 대부인 최자가 제나라 군주를 시해하자 제나라 대부인 진문자는 수레 열 대를 낼 수 있을

정도의 높은 지위에 있었지만, 그것을 버리고 다른 나라로 떠났습니다. 그리고 '우리나라 대부 최자와 똑같은 사람뿐이다.' 라고 하면서 다시 그곳을 떠나 다른 나라로 갔는데, 또다시 '우리나라 대부 최자와 똑같은 사람뿐이다.' 라고 하면서 떠났다고 합니다. 이런 사람은 어떻게 평가해야 합니까?" 하고 묻자, 공자는 "자신을 깨끗하게 유지하는 사람이다."라고 말하였다. 다시 자장이 "인하다고 평가할 수 있습니까?" 하고 묻자, 공자는 "잘 모르겠지만 어찌 인하다고 할 수 있겠는가?"라고 답하였다.

子張問曰, "令尹子文三仕爲令尹, 無喜色, 三已之, 無慍色. 舊令尹之
자장문왈, "영윤자문삼사위령윤, 무희색, 삼이지, 무온색. 구령윤지
政, 必以告新令尹. 何如?" 子曰, "忠矣." 曰, "仁矣乎?" 曰, "未知, 焉
정, 필이고신령윤. 하여?" 자왈, "충의." 왈, "인의호?" 왈, "미지, 언
得仁?" "崔子弑齊君, 陳文子有馬十乘, 棄而違之. 至於他邦, 則曰,
득인?" "최자시제군, 진문자유마십승, 기이위지. 지어타방, 즉왈,
'猶吾大夫崔子也.' 違之. 之一邦, 則又曰, '猶吾大夫崔子也.' 違之.
'유오대부최자야.' 위지. 지일방, 즉우왈, '유오대부최자야.' 위지.
何如?" 子曰, "淸矣." 曰, "仁矣乎?" 曰, "未知, 焉得仁?"
하여?" 자왈, "청의." 왈, "인의호?" 왈, "미지, 언득인?"

20. 노나라 대부인 계문자는 어떤 일을 하기 전에 세 번 생
    각한 후에 실행하였다. 공자는 이에 대해 "두 번이면
    된다."고 말하였다.

    季文子三思而後行. 子聞之曰, "再, 斯可矣."

    계문자삼사이후행. 자문지왈, "재, 사가의."

21. 공자: 위나라 대부인 영무자는 나라에 도의가 있으면
    그의 지혜로움을 드러내고, 나라에 도의가 없으면 어
    리석은 것처럼 살았다. 그의 지혜로움은 다른 사람도
    할 수 있는 것이지만, 그의 어리석음은 다른 사람이 할
    수 없는 것이다.

    子曰, "甯武子, 邦有道則知, 邦無道則愚. 其知可及也, 其愚不可及也."

    자왈, "영무자, 방유도즉지, 방무도즉우. 기지가급야, 기우불가급야."

22. 공자가 진(陳)나라에 있을 때 이렇게 말하였다. "돌아
    가자, 돌아가자! 내 고향의 젊은이들은 뜻은 크지만 구
    체적인 일에는 세련미가 없고 외견상의 아름다운 모습
    은 갖추고 있지만 그것을 어떻게 조절하여 일을 이루
    어야 할지 모른다."

    子在陳, 曰, "歸與! 歸與! 吾黨之小子狂簡, 斐然成章, 不知所以裁之."

    자재진, 왈, "귀여! 귀여! 오당지소자광간, 비연성장, 부지소이재지."

23. 백이와 숙제는 지난날 다른 사람이 행한 잘못을 생각하지 않았는데, 이 때문에 이들에 대한 타인의 원망도 거의 없었다.

子曰, "伯夷叔齊, 不念舊惡, 怨是用希."

자왈, "백이숙제, 불념구악, 원시용희."

24. 공자: 누가 미생고를 정직하다고 말하는가? 어떤 사람이 그에게 식초를 얻으려고 하자 집에 없다고 말하지 않고 이웃집에서 얻어다 주었다고 한다.

子曰, "孰謂微生高直? 或乞醯焉, 乞諸其鄰而與之."

자왈, "숙위미생고직? 혹걸혜언, 걸저기린이여지."

25. 공자: 교묘하게 하는 말과 겉으로 아름답게 꾸민 얼굴색과 지나치게 공손한 것을 옛날의 현인인 좌구명이 부끄러워하였는데, 나 또한 그것을 부끄러워한다. 원망을 감추고 원망하는 사람과 친구로 사귀는 것을 좌구명이 부끄러워하였는데, 나 또한 그것을 부끄러워한다.

子曰, "巧言令色足恭, 左丘明恥之, 丘亦恥之. 匿怨而友其人, 左丘

자왈, "교언령색주공, 좌구명치지, 구역치지. 익원이우기인, 좌구

明恥之, 丘亦恥之."

명치지, 구역치지."

26. 안회와 자로가 공자를 모시고 있었는데 공자가 "각자 자신의 뜻을 말해보라."고 하자, 자로는 "수레와 말과 가볍고 좋은 가죽 옷을 친구와 함께 쓰다가 그것이 해져도 유감이 없기를 바랍니다."라고 하였고, 안회는 "선함을 다른 사람에게 자랑하지 않고 자신의 공로를 남에게 과시하지 않기를 바랍니다."라고 하였다. 자로가 "선생님의 뜻을 듣고자 합니다."라고 말하자, 공자는 이렇게 말하였다. "노인들은 편안하게 해드리고, 친구들은 나를 믿도록 만들고, 젊은 사람들은 보살펴주고 싶다."

顏淵季路侍. 子曰, "盍各言爾志?" 子路曰, "願車馬衣輕裘, 與朋友共, 안연계로시. 자왈, "합각언이지?" 자로왈, "원거마의경구, 여붕우공, 敝之而無憾." 顏淵曰, "願無伐善, 無施勞." 子路曰, "願聞子之志." 폐지이무감." 안연왈, "원무벌선, 무시로." 자로왈, "원문자지지." 子曰, "老者安之, 朋友信之, 少者懷之." 자왈, "노자안지, 붕우신지, 소자회지."

27. 공자: 그만두어라. 나는 아직까지 자기 잘못을 알고 마음속으로 스스로 책망하는 사람을 보지 못하였다.

子曰, "已矣乎, 吾未見能見其過而內自訟者也."

자왈, "이의호, 오미견능견기과이내자송자야."

28. 공자: 열 가구 정도의 작은 마을에도 반드시 나처럼 충
    성과 신의를 갖춘 사람은 있겠지만, 나처럼 배움을 좋
    아하는 사람은 없을 것이다.

子曰, "十室之邑, 必有忠信如丘者焉, 不如丘之好學也."

자왈, "십실지읍, 필유충신여구자언, 불여구지호학야."

제6편 옹야(雍也)

1. 공자: 공자의 제자인 염옹은 임금 노릇을 할 만하다.[13]

   子曰, "雍也可使南面."

   자왈, "옹야가사남면."

2. 중궁(염옹)이 자상백자에 대해 묻자, 공자가 "그 사람의
   괜찮은 점이 있다면 소탈함이다."라고 말하였다. 그러자
   중궁이 이렇게 말하였다. "마음가짐을 공경스럽게 하면
   서 소탈한 행동으로 백성들을 다스린다면 정말 괜찮다
   고 할 수 있지 않습니까? 그러나 마음가짐도 소탈하고 행
   동도 소탈하다면 지나치게 소탈한 것이 아니겠습니까?"
   그러자 공자는 "염옹의 말이 옳다."고 인정하였다.

仲弓問子桑伯子. 子曰, "可也簡." 仲弓曰, "居敬而行簡, 以臨其民,

중궁문자상백자. 자왈, "가야간." 중궁왈, "거경이행간, 이림기민,

不亦可乎? 居簡而行簡, 無乃大簡乎?" 子曰, "雍之言然."

불역가호? 거간이행간, 무내태간호?" 자왈, "옹지언연."

3. 애공이 "제자 중에 누가 배우기를 좋아합니까?" 하고 묻
   자, 공자가 이렇게 대답하였다. "안회라는 제자가 배우
   기를 좋아하고 자기 노여움을 남에게 화풀이하지 않으
   며 같은 잘못을 반복하지 않았는데, 불행스럽게도 명이
   짧아 죽어버렸습니다. 지금은 그런 사람이 없으니, 배우
   기를 좋아하는 사람에 대해 들어보지 못하였습니다."

   哀公問, "弟子孰爲好學?" 孔子對曰, "有顔回者好學, 不遷怒, 不貳

   애공문, "제자숙위호학?" 공자대왈, "유안회자호학, 불천노, 불이

   過. 不幸短命死矣, 今也則亡, 未聞好學者也."

   과. 불행단명사의, 금야즉망, 미문호학자야."

4. 자화(공서적)가 제나라에 사신으로 가자 염구가 그의 모
   친을 위해 곡식을 보내줄 것을 요청하였다. 공자가 "여
   섯 말을 주어라."고 하자, 더 줄 것을 청하였다. 공자가
   다시 "열여섯 말을 주어라."고 하였다. 그런데 염구는
   곡식 여든 섬을 주었다. 이에 대해 공자가 말하였다.

"공서적이 제나라에 갈 때 살찐 좋은 말에 가볍고 좋은
가죽 옷을 입고 갔다. 나는 군자는 형편이 궁핍한 사람
은 도와주지만 부귀한 사람에게는 보태주지 않는다고
들었다."

子華使於齊, 冉子爲其母請粟. 子曰, "與之釜." 請益. 曰, "與之庾."
자화사어제, 염자위기모청속. 자왈, "여지부." 청익. 왈, "여지유."
冉子與之粟五秉. 子曰, "赤之適齊也, 乘肥馬, 衣輕裘. 吾聞之也, 君子
염자여지속오병. 자왈, "적지적제야, 승비마, 의경구. 오문지야, 군자
周急不繼富."
주급불계부."

5. 제자인 원사(자사)를 가신으로 삼고 그에게 곡식 구백
   말을 주었으나 사양하였다. 그러자 공자가 이렇게 말하
   였다. "사양하지 마라! 네 이웃 마을 사람들에게 나누어
   주어라!"

   原思爲之宰, 與之粟九百, 辭. 子曰, "毋! 以與爾鄰里鄉黨乎!"
   원사위지재, 여지속구백, 사. 자왈, "무! 이여이린리향당호!"

6. 공자가 제자인 중궁에 대해 이렇게 평하였다. "얼룩소
   새끼라도 털이 붉고 뿔이 반듯하면, 비록 제물로 쓰지 않
   으려 해도 산천의 신들께서 그것을 버려두시겠는가?"[14]

子謂仲弓曰, "犁牛之子, 騂且角, 雖欲勿用, 山川其舍諸?"

자위중궁왈, "이우지자, 성차각, 수욕물용, 산천기사저?"

7. 공자: 제자 안회는 그의 마음이 삼 개월 동안이나 인을
   어기지 않는데, 나머지 사람들은 하루나 한 달에 한 번
   인에 이를 뿐이다.

   子曰, "回也, 其心三月不違仁, 其餘則日月至焉而已矣."

   자왈, "회야, 기심삼월불위인, 기여즉일월지언이이의."

8. 노나라 대부인 계강자가 "중유(자로)는 정치를 맡길 만
   합니까?" 하고 묻자, 공자가 "자로는 과감하게 결단하
   는 능력을 가지고 있으니 정치를 하는 데 무슨 어려움
   이 있겠습니까?"라고 말하였다. 다시 "자공은 정치를
   맡길 만합니까?" 하고 묻자, 공자가 "자공은 사리에
   통달해 있으니 정치를 하는 데 무슨 어려움이 있겠습
   니까?"라고 말하였다. 다시 또 "염구는 정치를 맡길
   만합니까?" 하고 묻자, 공자가 "염구는 재주가 많으니
   정치를 하는 데 무슨 어려움이 있겠습니까?"라고 말하
   였다.

   季康子問, "仲由可使從政也與?" 子曰, "由也果, 於從政乎何有?" 曰,

   계강자문, "중유가사종정야여?" 자왈, "유야과, 어종정호하유?" 왈,

"賜也可使從政也與?" 曰, "賜也達, 於從政乎何有?" 曰, "求也可使

"사야가사종정야여?" 왈, "사야달, 어종정호하유?" 왈, "구야가사

從政也與?" 曰, "求也藝, 於從政乎何有?"

종정야여?" 왈, "구야예, 어종정호하유?"

9. 계씨가 공자의 제자인 민자건을 비 지방의 책임자로 삼
   으려 하자, 민자건은 계씨의 사자에게 이렇게 말하였다.
   "저를 위해 잘 거절해주십시오. 만약 다시 나를 찾는다
   면 나는 반드시 이곳을 떠나 문수 가로 도망가 있을 것
   입니다."[15]

   季氏使閔子騫爲費宰. 閔子騫曰, "善爲我辭焉! 如有復我者, 則吾必

   계씨사민자건위비재. 민자건왈, "선위아사언! 여유부아자, 즉오필

   在汶上矣."

   재문상의."

10. 염백우가 큰 병을 앓자 공자가 문병을 가 창 너머로 그
    의 손을 붙잡고 안타까워하면서 이렇게 말하였다. "이
    럴 수가 없는데! 운명이로구나! 이 사람이 이런 병에
    걸리다니! 이 사람이 이런 병에 걸리다니!"

    伯牛有疾, 子問之, 自牖執其手, 曰, "亡之, 命矣夫! 斯人也而有斯疾

    백우유질, 자문지, 자유집기수, 왈, "무지, 명의부! 사인야이유사질

也! 斯人也而有斯疾也!"

야! 사인야이유사질야!"

11. 공자: 현명하구나, 안회여! 한 대그릇의 밥을 먹고 한 표주박의 물을 마시면서 누추한 거리에서 산다면 다른 사람은 그 괴로움을 참을 수 없을 텐데, 안회는 그것을 즐거워하는 태도를 바꾸지 않는구나. 현명하구나, 안회여!

子曰, "賢哉, 回也! 一簞食, 一瓢飮, 在陋巷, 人不堪其憂, 回也不改

자왈, "현재, 회야! 일단사, 일표음, 재루항, 인불감기우, 회야불개

其樂. 賢哉, 回也!"

기락. 현재, 회야!"

12. 염구가 "저는 공자 선생님께서 말씀하신 삶의 도리를 좋아하지 않는 것은 아니지만 제 힘이 그것을 다 실천하기에 부족합니다."라고 하자, 공자가 이렇게 꾸짖었다. "힘이 부족한 사람은 그것을 실천해보다가 도중에 그만두는 것인데, 지금 너는 미리부터 한계를 설정하고 있구나."

冉求曰, "非不說子之道, 力不足也." 子曰, "力不足者, 中道而廢. 今女畫."

염구왈, "비불열자지도, 역부족야." 자왈, "역부족자, 중도이폐. 금녀획."

13. 공자가 자하에게 말하였다. "너는 군자다운 덕을 갖춘 선비가 되어야지 소인 같은 하찮은 선비가 되어서는 안 된다."

子謂子夏曰, "女爲君子儒! 無爲小人儒!"

자위자하왈, "여위군자유! 무위소인유!"

14. 자유가 무성 지방의 책임자로 있을 때, 공자가 "너는 좋은 사람을 얻었는가?" 하고 묻자 자유가 이렇게 말하였다. "담대멸명이라는 자가 있는데, 길을 갈 때 바른길이 아닌 지름길은 가지 않고 공적인 일 외에는 제 방에 온 적이 없습니다."

子游爲武城宰. 子曰, "女得人焉耳乎?" 曰, "有澹臺滅明者, 行不由

자유위무성재. 자왈, "여득인언이호?" 왈, "유담대멸명자, 행불유

徑, 非公事, 未嘗至於偃之室也."

경, 비공사, 미상지어언지실야."

15. 공자: 노나라 대부인 맹지반은 자신의 공을 자랑하지 않는다. 패주하여 달아날 때 맨 뒤에서 적을 막고도 성 문에 들어올 무렵에는 자기 말을 채찍질하며 "내가 감 히 뒤에 오려고 한 것이 아니라 말이 잘 달리지 않았기 때문이다."라고 말하였다.

子曰, "孟之反不伐, 奔而殿, 將入門, 策其馬曰, '非敢後也, 馬不進也.'"

자왈, "맹지반불벌, 분이전, 장입문, 책기마왈, '비감후야, 마부진야.'"

16. 공자: 위(衛)나라 대부이자 축관인 타의 뛰어난 말재주
    와 송나라 왕족인 조와 같은 빼어난 외모를 갖추고 있
    지 않다면 요즘 같은 세상에서 화를 면하기가 어렵다.

    子曰, "不有祝鮀之佞, 而有宋朝之美, 難乎免於今之世矣."

    자왈, "불유축타지녕, 이유송조지미, 난호면어금지세의."

17. 공자: 누가 문을 통하지 않고 밖으로 나갈 수 있는가?
    어째서 이 올바른 도를 통하려고 하지 않는가?

    子曰, "誰能出不由戶? 何莫由斯道也?"

    자왈, "수능출불유호? 하막유사도야?"

18. 공자: 바탕이 겉치레보다 강조되면 거칠어서 야인 같은
    느낌이 들고, 반면에 겉치레가 바탕보다 강조되면 수식
    이 많아져 관리같이 느껴진다. 바탕과 겉치레가 함께
    잘 어울려야 이상적인 인간형인 군자다운 모습을 갖게
    된다.

    子曰, "質勝文則野, 文勝質則史. 文質彬彬, 然後君子."

    자왈, "질승문즉야, 문승질즉사. 문질빈빈, 연후군자."

19. 공자: 사람이 살아갈 수 있는 것은 정직함을 통해서인
데, 정직하지 않은데도 살아가는 것은 요행히 화를 피
한 정도일 뿐이다.

子曰, "人之生也直, 罔之生也幸而免."

자왈, "인지생야직, 망지생야행이면."

20. 공자: 어떤 것의 도리를 알고 있는 것보다는 그것을 좋
아하는 것이 더 높은 경지이고, 어떤 것을 좋아하는 것
보다는 그것을 즐기는 것이 더 높은 경지이다.

子曰, "知之者不如好之者, 好之者不如樂之者."

자왈, "지지자불여호지자, 호지자불여락지자."

21. 공자: 지혜나 능력이 중급 이상인 사람에게는 최상의
경지를 이야기할 수 있지만, 중급 이하 사람에게는 최
상의 경지를 이야기할 수 없다.

子曰, "中人以上, 可以語上也, 中人以下, 不可以語上也."

자왈, "중인이상, 가이어상야, 중인이하, 불가이어상야."

22. 제자인 번지가 지혜에 대해 묻자 공자가 이렇게 말하였
다. "백성들이 마땅히 해야 할 바를 힘써 행하고, 귀신을
공경하기는 하지만 멀리하여 현혹되지 않는다면 지혜롭

다고 할 것이다." 다시 인에 대해 묻자, 공자는 이렇게 말하였다. "인자는 어려운 일을 먼저 행하고 그 이익은 중시하지 않으니, 이렇게 하면 인하다고 말할 만하다."

樊遲問知. 子曰, "務民之義, 敬鬼神而遠之, 可謂知矣." 問仁. 曰, 번지문지. 자왈, "무민지의, 경귀신이원지, 가위지의." 문인. 왈,

"仁者先難而後獲, 可謂仁矣."

"인자선난이후획, 가위인의."

23. 공자: 지혜로운 사람은 물을 좋아하고 인한 사람은 산을 좋아한다. 지혜로운 사람은 동적이고 어진 사람은 정적이며, 지혜로운 사람은 항상 즐겁게 살고 인한 사람은 장수한다.

子曰, "知者樂水, 仁者樂山. 知者動, 仁者靜. 知者樂, 仁者壽."

자왈, "지자요수, 인자요산. 지자동, 인자정. 지자락, 인자수."

24. 공자: 패도를 따르던 제나라의 풍속이 한 번 변하면 주공(周公)의 법제를 따랐던 노나라의 문화에 도달하게 되며, 노나라가 한 번 변하면 이상적인 정치를 펼쳤던 선왕의 도에 도달할 것이다.

子曰, "齊一變, 至於魯, 魯一變, 至於道."

자왈, "제일변, 지어로, 노일변, 지어도."

25. 공자: 모난 모양의 술그릇인 고(觚)가 모나지 않다면 그것이 명실상부하지 않기 때문에 고라고 할 수 있겠는가? 고라고 할 수 있겠는가?

子曰, "觚不觚, 觚哉! 觚哉!"

자왈, "고불고, 고재! 고재!"

26. 재아가 묻기를 "인한 사람에게 다른 사람이 '우물 속에 인자가 있다.' 고 거짓을 말한다면 그 말을 믿고 그가 우물 속으로 따라 들어가겠습니까?"라고 하자, 공자가 이렇게 말하였다. "어찌 그렇게 하겠는가? 군자를 우물에 가게 할 수는 있지만 우물 속에 빠지게 할 수는 없는 것이니, 일시적으로 그를 속일 수는 있지만 사리 판단을 전혀 못하게 만들 수는 없는 것이다.

宰我問曰, "仁者, 雖告之曰, '井有仁焉.' 其從之也?" 子曰, "何爲其

재아문왈, "인자, 수고지왈, '정유인언.' 기종지야?" 자왈, "하위기

然也? 君子可逝也, 不可陷也, 可欺也, 不可罔也."

연야? 군자가서야, 불가함야, 가기야, 불가망야."

27. 공자: 군자는 널리 옛 문장을 배우되 예절로써 자신을 단속할 수 있다면, 도리 또한 어기지 않게 될 것이다.

子曰, "君子博學於文, 約之以禮, 亦可以弗畔矣夫!"

자왈, "군자박학어문, 약지이례, 역가이불반의부!"

28. 공자가 남자를 만나자 자로가 좋아하지 않았다. 공자가
맹세하면서 "내가 잘못된 일을 했다면 하늘이 나를 버리
실 것이다. 하늘이 나를 버리실 것이다."라고 하였다.[16]

子見南子, 子路不說. 夫子矢之曰, "予所否者, 天厭之! 天厭之!"

자견남자, 자로불열. 부자시지왈, "여소부자, 천염지! 천염지!"

29. 공자: 중용의 덕은 정말 지극하도다. 이 덕을 가진 사
람이 드물어진 지 이미 오래되었다.

子曰, "中庸之爲德也, 其至矣乎! 民鮮久矣."

자왈, "중용지위덕야, 기지의호! 민선구의."

30. 자공이 "널리 백성들에게 은혜를 베풀어 대중을 구제
할 수 있다면 어떻습니까? 인이라고 말할 수 있습니
까?" 하고 묻자, 공자는 이렇게 말하였다. "어찌 인이
라고만 하겠는가? 반드시 성인의 경지라고 할 것이다.
요임금 순임금조차 오히려 그것을 하지 못할까 걱정하
였다. 인한 사람은 자신이 서고자 하면 다른 사람도 설
수 있게 해주고, 자기가 어떤 일에 통달하고자 하면 다
른 사람도 통달할 수 있게 만들어준다. 가까이 자신의

입장에서 미루어 남을 이해할 수 있다면 인을 실천하는 방법이라 일컬을 만하다.

子貢曰, "如有博施於民而能濟衆, 何如? 可謂仁乎?" 子曰, "何事於
자공왈, "여유박시어민이능제중, 하여? 가위인호?" 자왈, "하사어

仁! 必也聖乎! 堯舜其猶病諸! 夫仁者, 己欲立而立人, 己欲達而達人.
인! 필야성호! 요순기유병저! 부인자, 기욕립이립인, 기욕달이달인.

能近取譬, 可謂仁之方也已."
능근취비, 가위인지방야이."

제7편 술이(述而)

1. 공자: 옛것을 배워 전하기만 할 뿐 창작하지 않으며, 옛
   것을 믿고 좋아하면서, 내 자신을 은연중에 은나라 현인
   인 노팽과 비교해본다.

   子曰, "述而不作, 信而好古, 竊比於我老彭."

   자왈, "술이부작, 신이호고, 절비어아로팽."

2. 공자: 배운 지식을 묵묵히 기억하고, 배우기를 싫증 내
   지 않으며, 남을 가르치는 일을 게을리 하지 않는 것이
   나에게 무슨 어려움이 있겠는가?

   子曰, "默而識之, 學而不厭, 誨人不倦, 何有於我哉?"

   자왈, "묵이지지, 학이불염, 회인불권, 하유어아재?"

3. 공자: 덕을 닦지 못하는 것, 배운 것을 익히지 못하는 것, 의로운 일을 듣고서도 그것을 실천하는 자세를 갖추지 못하는 것, 선하지 못한 일을 하고서도 그 잘못을 고치지 못하는 것, 이러한 것들이 바로 내가 걱정하는 일들이다.

공자연거상(孔子燕居像).

子曰, "德之不脩, 學之不講, 聞義不能徙, 不善不能改, 是吾憂也."

자왈, "덕지불수, 학지불강, 문의불능사, 불선불능개, 시오우야."

4. 공자가 집에 한가하게 있을 때는 자세가 편안하고 안색도 온화하였다.

子之燕居, 申申如也, 夭夭如也.

자지연거, 신신여야, 요요여야.

5. 공자: 내가 많이도 노쇠하였구나! 내가 꿈속에서 주공을 보지 못한 지도 오래되었구나!

子曰, "甚矣吾衰也! 久矣吾不復夢見周公!"

자왈, "심의오쇠야! 구의오불부몽견주공!"

6. 공자: 도에 뜻을 두고, 덕에 근거하여 지내고, 인에 의지하여 행동하며, 예에 빠져 지내야 한다.

　子曰, "志於道, 據於德, 依於仁, 遊於藝."

　자왈, "지어도, 거어덕, 의어인, 유어예."

7. 공자: 열 가닥의 육포 한 묶음 이상의 작은 예물을 가지고 오는 사람에게 나는 가르침을 주지 않은 적이 없다.

　子曰, "自行束脩以上, 吾未嘗無誨焉."

　자왈, "자행속수이상, 오미상무회언."

8. 공자: 스스로 배우기 위하여 발분하지 않으면 깨우쳐주지 않고, 모르는 것을 답답해하지 않으면 깨닫도록 알려주지 않으며, 한 가지를 가르쳐주었을 때 나머지를 알려고 스스로 노력하지 않으면 다시금 가르쳐주지 않는다.

　子曰, "不憤不啓, 不悱不發. 擧一隅, 不以三隅反, 則不復也."

　자왈, "불분불계, 불비불발. 거일우, 불이삼우반, 즉불부야."

9. 공자는 상을 당한 사람 옆에서 밥을 먹으면 배불리 먹은 적이 없다.

　子食於有喪者之側, 未嘗飽也.

　자식어유상자지측, 미상포야.

10. 공자는 조문하여 곡을 한 날에는 노래를 부르지 않았다.

子於是日哭, 則不歌.

자어시일곡, 즉불가.

11. 공자가 안연에게 "세상에 쓰인다면 자신의 이상을 실
천하고 버려진다면 자신의 재능을 감출 수 있어야 하
는데, 오직 나와 너만 이런 면을 갖추고 있다."고 말하
자, 자로가 "선생님께서 큰 군대를 통솔하신다면 누구
와 함께하시겠습니까?" 하고 물었다. 그러자 공자가
이렇게 말하였다. "맨손으로 호랑이를 잡고 맨발로 강
을 건너면서 죽어도 후회가 없는 사람과는 함께하지
않는다. 반드시 일을 앞에 두고 두려워하면서 계획을
잘 세워 마침내 일을 완성하는 사람과 함께할 것이다."

子謂顏淵曰, "用之則行, 舍之則藏, 唯我與爾有是夫!" 子路曰, "子行

자위안연왈, "용지즉행, 사지즉장, 유아여이유시부!" 자로왈, "자행

三軍, 則誰與?" 子曰, "暴虎馮河, 死而無悔者, 吾不與也. 必也臨事

삼군, 즉수여?" 자왈, "폭호빙하, 사이무회자, 오불여야. 필야림사

而懼, 好謀而成者也."

이구, 호모이성자야."

12. 공자: 부유해지는 것이 구하여 얻어지는 것이라면 비

록 말채찍을 잡는 하찮은 일이라도 내가 하겠지만, 구하여 얻어지는 것이 아니라면 내가 좋아하는 것을 하겠다.

子曰, "富而可求也, 雖執鞭之士, 吾亦爲之. 如不可求, 從吾所好."

자왈, "부이가구야, 수집편지사, 오역위지. 여불가구, 종오소호."

13. 공자가 조심스러워한 일은 몸가짐을 잘 갖는 재계, 다수의 생사와 국가의 존망이 걸린 전쟁, 그리고 자신의 생사가 걸려 있는 질병에 관한 것이다.

子之所愼, 齊, 戰, 疾.

자지소신, 재, 전, 질.

14. 공자가 제나라에서 순임금의 음악인 소(韶) 음악을 듣고서 삼 개월 동안 고기 맛을 몰랐는데, "음악을 연주하는 것이 이 정도의 경지에까지 이르는 줄은 생각지도 못했다."고 말하였다.

子在齊聞韶, 三月不知肉味, 曰, "不圖爲樂之至於斯也."

자재제문소, 삼월부지육미, 왈, "부도위악지지어사야."

15. 염유가 "선생님께서는 위(衛)나라 군주를 위해 벼슬을 하실까요?" 하고 말하자, 자공이 "그래, 내가 곧 선생

공자성적도(孔子聖蹟圖) 중 "제나라에서 소 음악을 들음(在齊聞韶)".

님께 여쭈어보지요."라고 말하였다. 자공이 공자의 방
으로 들어가 "백이와 숙제는 어떤 사람입니까?" 하고
묻자, 공자가 "옛날 현명한 사람이다."라고 답하였다.
이에 다시 "원망하였습니까?" 하고 묻자, "인을 추구
하여 스스로 인할 수 있었는데, 또 무엇을 원망했겠는
가?"라고 답하였다. 자공이 나와서 "선생님께서는 벼
슬하지 않으실 것입니다."라고 말하였다.

冉有曰, "夫子爲衛君乎?" 子貢曰, "諾, 吾將問之." 入曰, "伯夷叔齊何
염유왈, "부자위위군호?" 자공왈, "낙, 오장문지." 입왈, "백이숙제하
人也?" 曰, "古之賢人也." 曰, "怨乎?" 曰, "求仁而得仁, 又何怨?" 出
인야?" 왈, "고지현인야." 왈, "원호?" 왈, "구인이득인, 우하원?" 출
曰, "夫子不爲也."
왈, "부자불위야."

16. 공자: 거친 밥을 먹고 물을 마시고 팔을 베고 누워도 즐거움은 그 가운데 있다. 의롭지 못한 채 누리는 부귀는 나에게는 뜬구름과 같은 것이다.

子曰, "飯疏食飮水, 曲肱而枕之, 樂亦在其中矣. 不義而富且貴, 於

자왈, "반소사음수, 곡굉이침지, 낙역재기중의. 불의이부차귀, 어

我如浮雲."

아여부운."

17. 공자: 나에게 몇 년의 기간을 더 주어 끝까지 학문을 할 수 있다면 큰 잘못은 없게 될 것이다.[17]

子曰, "加我數年, 五十以學, 易可以無大過矣."

자왈, "가아수년, 오십이학, 역가이무대과의."

18. 공자가 항상 하는 말은 『시경』과 『서경』 그리고 예의의 집행에 관한 것인데, 이 모두는 항상 이야기한 것이다.

子所雅言, 詩書執禮, 皆雅言也.

자소아언, 시서집례, 개아언야.

19. 초나라 대부인 섭공이 자로에게 공자가 어떤 사람인지를 물었는데, 자로가 대답하지 못하였다. 그러자 공자가 이렇게 말하였다. "너는 왜 그 사람은 배움을 좋아

하여 알고자 하는 마음이 생겨나면 밥 먹는 것조차 잊
어버리고, 배움을 통해 알게 되면 그 즐거움으로 근심
조차 잊어, 늙음이 자신에게 다가오고 있다는 것도 깨
닫지 못하는 사람이라고 말하지 않았는가?"

葉公問孔子於子路, 子路不對. 子曰, "女奚不曰, 其爲人也, 發憤忘
섭공문공자어자로, 자로부대. 자왈, "여해불왈, 기위인야, 발분망
食, 樂以忘憂, 不知老之將至云爾."
식, 낙이망우, 부지로지장지운이."

20. 공자: 나는 태어나면서부터 모든 것을 알았던 사람이 아
니라 옛것을 좋아하고 열심히 그것을 추구한 사람이다.

子曰, "我非生而知之者, 好古敏以求之者也."
자왈, "아비생이지지자, 호고민이구지자야."

21. 공자는 괴상한 일, 무력을 사용하는 일, 덕을 어지럽히
는 일, 알 수 없는 귀신에 대한 일, 이 네 가지에 대해서
는 말하지 않았다.

子不語怪力亂神.
자불어괴력란신.

22. 공자: 세 사람이 어떤 일을 행하면 그중에 반드시 나의

스승이 있다. 그의 좋은 점을 골라 따르고, 좋지 못한
점을 통해 나의 좋지 못한 점을 고칠 수 있기 때문이다.

子曰, "三人行, 必有我師焉, 擇其善者而從之, 其不善者而改之."

자왈, "삼인행, 필유아사언, 택기선자이종지, 기불선자이개지."

23. 공자: 하늘이 나에게 덕을 주었는데, 환퇴와 같은 자가
나를 어떻게 할 수 있겠는가?[18)]

子曰, "天生德於予, 桓魋其如予何?"

자왈, "천생덕어여, 환퇴기여여하?"

24. 공자: 내가 너희들에게 숨기고 있다고 생각하는가? 나
는 너희들에게 숨기는 것이 없다. 나는 어떤 행동을 하
든지 너희들과 함께 하지 않는 것이 없으니, 이것이 바
로 나라는 사람이다.

子曰, "二三子以我爲隱乎? 吾無隱乎爾. 吾無行而不與二三子者, 是

자왈, "이삼자이아위은호? 오무은호이. 오무행이불여이삼자자, 시

丘也."

구야."

25. 공자는 네 가지를 가르쳤는데, 고전 문헌, 실생활에서
의 실천, 스스로 최선을 다하는 것, 다른 사람에 대한

신뢰가 바로 그것이다.

子以四敎, 文, 行, 忠, 信.

자이사교, 문, 행, 충, 신.

26. 공자: 성인을 내가 만나볼 수 없다면, 군자라도 만나볼
수 있으면 괜찮겠다. 선한 사람을 내가 만나볼 수 없다
면, 변하지 않는 마음을 가진 사람이라도 만나볼 수 있
으면 괜찮겠다. 없으면서도 있는 척하고 비어 있으면
서도 가득 있는 척하고 궁하면서도 넉넉한 척한다면,
변하지 않는 마음을 갖기 어렵다.

子曰, "聖人, 吾不得而見之矣, 得見君子者, 斯可矣." 子曰, "善人,

자왈, "성인, 오부득이견지의, 득견군자자, 사가의." 자왈, "선인,

吾不得而見之矣, 得見有恆者, 斯可矣. 亡而爲有, 虛而爲盈, 約而爲

오부득이견지의, 득견유항자, 사가의. 무이위유, 허이위영, 약이위

泰, 難乎有恆矣."

태, 난호유항의."

27. 공자는 낚시질은 했지만 그물질은 하지 않았고, 주살
을 쓰기는 했지만 잠자는 새는 쏘지 않았다.

子釣而不網, 弋不射宿.

자조이불망, 익불사숙.

28. 공자: 무엇인가에 대해 잘 알지도 못하면서 창작하는 사람이 있겠지만, 나는 그런 적이 없다. 많이 듣고 그 중에 좋은 것을 골라 추종하며 많이 보고 그것을 기억 해두는 것은, 진실로 잘 아는 것에 버금가는 경지이다.

子曰, "蓋有不知而作之者, 我無是也. 多聞, 擇其善者而從之, 多見

자왈, "개유부지이작지자, 아무시야. 다문, 택기선자이종지, 다견

而識之, 知之次也."

이지지, 지지차야."

29. 호향 사람들은 함께 이야기하기 어려운 사람들인데, 그곳의 한 어린이가 공자를 알현하자 공자의 문인들이 이상하게 생각하였다. 그러자 공자가 이렇게 말하였 다. "그가 진보하는 것을 인정하고 그가 퇴보하는 것을 인정하지 않은 것이다. 어찌 거절하여 심하게 대할 수 있는가? 누구나 자신을 깨끗이 하여 앞으로 나아간다 면, 그의 깨끗함을 인정하고 그의 과거 잘못을 따지지 않는다.

互鄉難與言, 童子見, 門人惑. 子曰, "與其進也, 不與其退也, 唯何甚?

호향난여언, 동자견, 문인혹. 자왈, "여기진야, 불여기퇴야, 유하심?

人潔己以進, 與其潔也, 不保其往也."

인결기이진, 여기결야, 불보기왕야."

30. 공자: 인은 멀리 있는 것인가? 내가 인하기를 바라면 인은 바로 찾아온다.

子曰, "仁遠乎哉? 我欲仁, 斯仁至矣."

자왈, "인원호재? 아욕인, 사인지의."

31. 진(陳)나라의 법무장관에 해당하는 사람이 노나라 소공이 예를 아는지에 대해 묻자 공자는 "예를 압니다." 라고 답하였다. 공자가 그 자리를 떠난 후 그 사람이 공자의 제자인 무마기에게 인사를 한 뒤 가까이 다가오게 하여 이렇게 말하였다. "내가 듣기로 군자는 자기들끼리 패거리를 짓지 않는다고 하는데, 군자도 패거리를 짓는가요? 소공이 오나라에서 같은 성을 가진 여인을 부인으로 취하고는 오맹자라고 불렀는데, 소공이 예를 안다고 하면 누가 예를 알지 못하겠습니까?" 무마기가 공자에게 이 이야기를 하자, 공자는 "나는 운이 좋구나. 내가 잘못을 저지르면 다른 사람들이 반드시 그것을 알려주니."라고 하였다.[19]

陳司敗問昭公知禮乎, 孔子曰, "知禮." 孔子退, 揖巫馬期而進之, 曰,

진사패문소공지례호, 공자왈, "지례." 공자퇴, 읍무마기이진지, 왈,

"吾聞君子不黨, 君子亦黨乎? 君取於吳爲同姓, 謂之吳孟子. 君而知

"오문군자부당, 군자역당호? 군취어오위동성, 위지오맹자. 군이지

禮, 孰不知禮?" 巫馬期以告. 子曰, "丘也幸, 苟有過, 人必知之."

례, 숙부지례?" 무마기이고. 자왈, "구야행, 구유과, 인필지지."

32. 공자는 다른 사람과 노래를 부르다가 그 사람이 노래를 잘하면 반드시 다시 부르게 한 뒤 그에게 화답하였다.

子與人歌而善, 必使反之, 而後和之.

자여인가이선, 필사반지, 이후화지.

33. 공자: 열심히 노력하는 점에서는 나도 다른 사람과 같겠지만, 군자의 도를 몸소 실천하는 점에서는 나는 아직 제대로 하지 못한다.[20]

子曰, " 文莫吾猶人也. 躬行君子, 則吾未之有得."

자왈, "문모오유인야. 궁행군자, 즉오미지유득."

34. 공자가 이렇게 말하였다. "성인이나 인자의 길을 어찌 감히 내가 잘해내고 있다고 하겠는가? 다만 그러한 경지에 이르고자 노력하는 일에 싫증 내지 않고 남을 가르치는 일을 게을리 하지 않는다고 말할 수 있을 뿐이다." 그러자 제자인 공서화가 "바로 그것이 저희 제자들이 배울 수 없는 점입니다."라고 말하였다.

子曰, "若聖與仁, 則吾豈敢? 抑爲之不厭, 誨人不倦, 則可謂云爾已

자왈, "약성여인, 즉오기감? 억위지불염, 회인불권, 즉가위운이이

의." 公西華曰, "正唯弟子不能學也."

의." 공서화왈, "정유제자불능학야."

35. 공자가 병이 나자, 자로가 기도할 것을 청하였다. 공자
가 "그런 일이 있는가?" 하고 묻자 자로가 "있습니다.
기도문에 '하늘과 땅의 신께 당신을 위해 기도한다.'
는 구절이 있습니다."라고 답하였다. 그러자 공자는
"내가 기도해본 지 오래되었다."라고 말하였다.[21]

子疾病, 子路請禱. 子曰, "有諸?" 子路對曰, "有之, 誄曰, '禱爾于上

자질병, 자로청도. 자왈, "유저?" 자로대왈, "유지, 뇌왈, '도이우상

下神祇.'" 子曰, "丘之禱久矣."

하신기.'" 자왈, "구지도구의."

36. 공자: 사치스러우면 공손해지지 않고 검소하면 융통성
이 없게 된다. 하지만 공손하지 못한 것보다는 융통성
이 없는 편이 낫다.

子曰, "奢則不孫, 儉則固. 與其不孫也, 寧固."

자왈, "사즉불손, 검즉고. 여기불손야, 영고."

37. 공자: 군자의 마음은 안정적이고 너그럽지만, 소인은

언제나 조바심하고 두려워한다.

子曰, "君子坦蕩蕩, 小人長戚戚."

자왈, "군자탄탕탕, 소인장척척."

38. 공자는 온화하면서도 엄하고, 위엄이 있으면서도 사납
지 않고, 공손하면서도 자연스러웠다.

子溫而厲, 威而不猛, 恭而安.

자온이려, 위이불맹, 공이안.

제8편 태백(泰伯)

1. 공자: 주 태왕의 맏아들인 태백은 정말 지극한 덕을 갖춘 사람이라고 할 만하다. 천하를 세 번이나 양보하였지만 백성들이 그를 칭송할 자취조차 없었다.[22]

   子曰, "泰伯, 其可謂至德也已矣. 三以天下讓, 民無得而稱焉."

   자왈, "태백, 기가위지덕야이의. 삼이천하양, 민무득이칭언."

2. 공자: 공손하지만 예가 없으면 헛되이 수고하게 되고, 신중하지만 예가 없으면 두려워하게 되며, 용감하지만 예가 없으면 난폭하게 되고, 정직하지만 예가 없으면 너무 박절하게 된다. 군자가 친족들에게 돈독하게 행동하면 백성들에게 인덕이 흥성해지고, 옛 친구를 버리지 않

으면 백성들이 야박해지지 않는다.

子曰, "恭而無禮則勞, 愼而無禮則葸, 勇而無禮則亂, 直而無禮則絞.

자왈, "공이무례즉로, 신이무례즉시, 용이무례즉란, 직이무례즉교.

君子篤於親, 則民興於仁, 故舊不遺, 則民不偸."

군자독어친, 즉민흥어인, 고구불유, 즉민불투."

3. 증자가 병이 들자 그의 제자들을 불러 이렇게 말하였다. "내 발을 펴 보고, 내 손을 펴 보아라! 『시경』에 '두려워하고 조심하여 깊은 연못 앞에 서 있는 듯 엷은 얼음을 밟은 듯하네.' 라고 하였는데, 제자들아, 이제부터는 내가 부모로부터 받은 신체를 손상시킬까 그런 걱정은 면하게 되었음을 알겠노라!"

曾子有疾, 召門弟子曰, "啓予足! 啓予手! 詩云, '戰戰兢兢, 如臨深

증자유질, 소문제자왈, "계여족! 계여수! 시운, '전전긍긍, 여림심

淵, 如履薄氷.' 而今而後, 吾知免夫! 小子!"

연, 여리박빙.' 이금이후, 오지면부! 소자!"

4. 증자가 병에 걸려 노나라 대부인 맹경자가 문병을 하자, 증자가 이렇게 말하였다. "새가 죽으려 할 때는 그 울음소리가 구슬프고, 사람이 죽으려 할 때는 그 말이 선하다고 한다. 지위가 높은 군자가 귀하게 여겨야 할

세 가지 도리가 있다. 몸을 움직일 때는 난폭함과 태만함을 멀리해야 하고, 얼굴빛을 바르게 할 때는 믿음을 줄 수 있도록 해야 하며, 말을 할 때는 비천하거나 도리에 어긋나는 것은 하지 않도록 해야 한다. 제기를 다루는 일처럼 사소한 의례에 관한 일은 담당 관리가 있으니 그에게 맡겨야 한다."

曾子有疾, 孟敬子問之. 曾子言曰, "鳥之將死, 其鳴也哀, 人之將死,

증자유질, 맹경자문지. 증자언왈, "조지장사, 기명야애, 인지장사,

其言也善. 君子所貴乎道者三, 動容貌, 斯遠暴慢矣, 正顔色, 斯近信

기언야선. 군자소귀호도자삼, 동용모, 사원포만의, 정안색, 사근신

矣, 出辭氣, 斯遠鄙倍矣. 籩豆之事, 則有司存."

의, 출사기, 사원비배의. 변두지사, 즉유사존."

5. 증자: 능력이 많으면서도 능력이 부족한 사람에게 묻기도 하고, 많이 알고 있으면서도 조금 알고 있는 사람에게 묻기도 하며, 재능이 많으면서도 없는 듯 자기 재능을 자랑하지 않고, 내면에 학식이 가득해도 없는 듯 겸손하며, 남이 자신을 침범하여 잘못을 저질러도 그와 다투지 않는, 이와 같은 일을 예전에 내 동료인 안회가 몸소 행한 적이 있다.

曾子曰, "以能問於不能, 以多問於寡, 有若無, 實若虛, 犯而不校, 昔

증자왈, "이능문어불능, 이다문어과, 유약무, 실약허, 범이불교, 석
者吾友嘗從事於斯矣."

자오우상종사어사의."

6. 증자: 육 척 정도의 어린 임금을 부탁할 수 있고, 사방 백
리의 나라를 맡길 수 있으며, 국가의 존망이 걸린 위기
가 닥쳐와도 굳은 의지를 지켜낼 수 있는 사람이라면 군
자다운 사람인가? 진정 군자라고 할 수 있는 사람이다.

曾子曰, "可以託六尺之孤, 可以寄百里之命, 臨大節而不可奪也, 君

증자왈, "가이탁륙척지고, 가이기백리지명, 임대절이불가탈야, 군

子人與? 君子人也."

자인여? 군자인야."

7. 증자: 선비는 뜻이 크고 강인해야 한다. 책임이 무겁고
갈 길이 멀기 때문이다. 인으로 자기의 임무를 삼으니
책임이 무겁지 않겠는가? 죽은 후에야 그만두니 갈 길
이 멀지 않겠는가?

曾子曰, "士不可以不弘毅, 任重而道遠. 仁以爲己任, 不亦重乎? 死

증자왈, "사불가이불홍의, 임중이도원. 인이위기임, 불역중호? 사

而後已, 不亦遠乎?"

이후이, 불역원호?"

8. 공자: 시에서 감흥을 느끼고 예에서 행동의 기준을 세우며 음악에서 인격이 완성된다.

子曰, "興於詩, 立於禮, 成於樂."

자왈, "흥어시, 입어례, 성어악."

9. 공자: 백성들로 하여금 이치를 따르도록 할 수는 있지만 그것을 알도록 만들 수는 없다.

子曰, "民可使由之, 不可使知之."

자왈, "민가사유지, 불가사지지."

10. 공자: 용기를 좋아하면서 가난을 싫어하면 난리를 일으키게 되고, 다른 사람이 인하지 않은 것을 너무 심하게 미워하면 역시 난리를 일으키게 된다.

子曰, "好勇疾貧, 亂也. 人而不仁, 疾之已甚, 亂也."

자왈, "호용질빈, 난야. 인이불인, 질지이심, 난야."

11. 공자: 설령 주공과 같이 아름다운 재주를 가졌다 할지라도 교만하고 인색하다면 그 밖에 다른 장점이 있더라도 더 볼 것이 없다.

子曰, "如有周公之才之美, 使驕且吝, 其餘不足觀也已."

자왈, "여유주공지재지미, 사교차린, 기여부족관야이."

12. 공자: 삼 년 동안 배우고도 벼슬에 뜻을 두지 않기란
    정말 쉽지 않다.

    子曰, "三年學, 不至於穀, 不易得也."

    자왈, "삼년학, 부지어곡, 불이득야."

13. 공자: 도를 독실하게 믿고 학문을 좋아하며 목숨을 걸고
    선한 도를 지켜야 한다. 위태로운 나라에는 들어가지 않
    고, 혼란스런 나라에는 살지 않는다. 천하에 올바른 도
    가 행해지면 알려져 벼슬하고, 올바른 도가 행해지지 않
    으면 숨는다. 나라에 올바른 도가 행해지는데도 가난하
    고 천하다면 부끄러운 것이며, 나라에 올바른 도가 행해
    지지 않는데도 부유하고 귀하다면 부끄러운 것이다.

    子曰, "篤信好學, 守死善道. 危邦不入, 亂邦不居. 天下有道則見, 無

    자왈, "독신호학, 수사선도. 위방불입, 난방불거. 천하유도즉현, 무

    道則隱. 邦有道, 貧且賤焉, 恥也, 邦無道, 富且貴焉, 恥也."

    도즉은. 방유도, 빈차천언, 치야, 방무도, 부차귀언, 치야."

14. 공자: 어떤 벼슬자리에 있지 않다면 그 자리의 정치에
    대해 관여하거나 논의하지 않아야 한다.

    子曰, "不在其位, 不謀其政."

    자왈, "부재기위, 불모기정."

15. 공자: 노나라 악공의 우두머리인 지(摯)가 처음 벼슬하여 연주한 「관저」 시의 마지막 장은 아름답고 성대하여 귀에 가득하였다.

子曰, "師摯之始, 關雎之亂, 洋洋乎盈耳哉!"

자왈, "사지지시, 관저지란, 양양호영이재!"

16. 공자: 과격하면서도 정직하지 못하고, 아는 것이 없으면서도 성실하지 못하며, 무능하면서도 믿음을 주지 못하는 사람은 정말 아무 가능성이 없어 어떻게 해야 할지 알 수 없는 사람이다.

子曰, "狂而不直, 侗而不愿, 悾悾而不信, 吾不知之矣."

자왈, "광이부직, 동이불원, 공공이불신, 오부지지의."

17. 공자: 배우고자 할 때는 마치 다 배우지 못할까 두려워하는 듯이 해야 하고, 또 배우고 나서는 그것을 잃어버릴까 두려워해야 한다.

子曰, "學如不及, 猶恐失之."

자왈, "학여불급, 유공실지."

18. 공자: 위대하구나, 순임금과 요임금은 천하를 다스리면서도 그것으로 즐거움을 삼지 않았으니!

子曰, "巍巍乎, 舜禹之有天下也而不與焉!"

자왈, "외외호, 순우지유천하야이불여언!"

19. 공자: 위대하구나, 요임금이 군주의 역할을 하는 모습
이! 오직 하늘만이 위대한데, 요임금이 그것을 본받았
다. 그 덕이 넓고 넓어서 백성들은 어떻게 불러야 할지
도 알지 못하였다. 위대하구나, 그가 이루어놓은 업적
이! 찬란하구나, 그가 만들어놓은 문물제도가!

子曰, "大哉堯之爲君也! 巍巍乎! 唯天爲大, 唯堯則之. 蕩蕩乎, 民無

자왈, "대재요지위군야! 외외호! 유천위대, 유요칙지. 탕탕호, 민무

能名焉. 巍巍乎! 其有成功也, 煥乎其有文章!"

능명언. 외외호! 기유성공야, 환호기유문장!"

20. 순임금에게는 훌륭한 신하 다섯 사람이 있어 천하가
잘 다스려졌다. 무왕은 "나에게 천하를 다스리는 신하
열 사람이 있다."고 하였다. 이에 대해 공자가 이렇게
말하였다. "인재를 구하기 어렵다고 하는데, 정말 그렇
지 않은가? 요임금과 순임금 시대에 비해 주 무왕 시대
에 인재가 더 많았지만, 열 사람의 인재 속에 부인 한
사람이 포함되었으므로 결국 인재는 아홉 사람뿐이다.
주 문왕은 천하를 셋으로 나눈 가운데 둘이나 가지고

도 은나라를 섬겼으니, 주나라의 덕은 지극한 덕이라고 일컬을 만하다.

舜有臣五人而天下治. 武王曰, "予有亂臣十人." 孔子曰, "才難, 不其

순유신오인이천하치. 무왕왈, "여유란신십인." 공자왈, "재난, 불기

然乎? 唐虞之際, 於斯爲盛. 有婦人焉, 九人而已. 三分天下有其二,

연호? 당우지제, 어사위성. 유부인언, 구인이이. 삼분천하유기이,

以服事殷. 周之德, 其可謂至德也已矣."

이복사은. 주지덕, 기가위지덕야이의."

21. 공자: 우임금에 대해 나는 비난할 것이 없다. 자신이 먹는 음식은 보잘것 없으면서도 신령들에게 드리는 제사는 지극하였고, 자신은 나쁜 의복을 입으면서도 제사 때 입는 옷은 지극히 아름답게 하였고, 자신이 사는 집은 형편없으면서도 물길의 경계를 바르게 하는 치수에는 온 힘을 다하였다. 우임금에 대해 나는 비난할 것이 없다.

子曰, "禹, 吾無間然矣. 菲飮食, 而致孝乎鬼神, 惡衣服, 而致美乎黻

자왈, "우, 오무간연의. 비음식, 이치효호귀신, 악의복, 이치미호불

冕, 卑宮室, 而盡力乎溝洫. 禹, 吾無間然矣."

면, 비궁실, 이진력호구혁. 우, 오무간연의."

제9편 자한(子罕)

1. 공자는 의리를 해치는 이익에 관한 것, 은미하여 잘 알 수 없는 천명에 관한 것, 크나큰 도여서 말보다 실천이 더 중요한 인에 관한 것은 적게 말하였다.[23]

子罕言利與命與仁.

자한언리여명여인.

2. 달항 마을 사람이 "위대하구나, 공자여! 박학하지만 어느 한 전문 분야로 이름을 날리지 않으니."라고 말하자, 공자가 이를 듣고 제자들에게 이렇게 말하였다. "내가 무엇을 전문으로 할까? 수레 몰기를 전문으로 할까, 아니면 활쏘기를 전문으로 할까? 나는 수레 몰기를 전문

으로 할 것이다."[24]

達巷黨人曰, "大哉孔子! 博學而無所成名." 子聞之, 謂門弟子曰, "吾

달항당인왈, "대재공자! 박학이무소성명." 자문지, 위문제자왈, "오

何執? 執御乎? 執射乎? 吾執御矣."

하집? 집어호? 집사호? 오집어의."

3. 공자: 삼베로 만든 관을 쓰는 것이 예의이지만 지금은
   명주로 짠 간단한 것을 쓰는데, 그것이 검소하므로 나는
   대중을 따르겠다. 신하가 임금을 뵐 때 당 아래에서 절
   하는 것이 예의이지만 지금은 당 위에서 절하는데, 그것
   은 교만한 태도이므로 대중을 따르지 않고 나는 당 아래
   에서 절하는 것을 따르겠다.

子曰, "麻冕, 禮也, 今也純, 儉, 吾從衆. 拜下, 禮也, 今拜乎上, 泰也.

자왈, "마면, 예야, 금야순, 검, 오종중. 배하, 예야, 금배호상, 태야.

雖違衆, 吾從下."

수위중, 오종하."

4. 공자는 다음의 네 가지를 하지 않았는데, 멋대로 생각함
   이 없었고, 꼭 어떠하다고만 생각함이 없었고, 자기 생
   각을 고집함이 없었고, 자기 개인만을 생각함이 없었다.

子絶四, 毋意, 毋必, 毋固, 毋我.

자절사, 무의, 무필, 무고, 무아.

5. 공자가 광 지방에서 곤란을 겪고 있을 때 이렇게 말하였
   다. "문왕이 이미 돌아가시고 예악과 제도가 여기 나에
   게 있지 않은가? 하늘이 이 예악과 제도를 없애고자 했다
   면 뒤에 태어난 내가 이 예악과 제도에 관여할 수 없었을
   것이다. 지금 하늘이 이 예악과 제도를 없애고자 하지 않
   는데 광 지방 사람들이 나를 어찌할 수 있겠는가?"

   子畏於匡, 日, "文王旣沒, 文不在玆乎? 天之將喪斯文也, 後死者不

   자외어광, 왈, "문왕기몰, 문부재자호? 천지장상사문야, 후사자부

   得與於斯文也, 天之未喪斯文也, 匡人其如予何?"

   득여어사문야, 천지미상사문야, 광인기여여하?"

6. 태재 벼슬을 하는 사람이 자공에게 "공자도 성인이시군
   요. 어쩌면 그렇게 재능이 많으신가?"라고 말하자, 자
   공이 "본디 하늘이 그를 장차 성인으로 만들고자 하여,
   그처럼 재능이 많으신 것입니다."라고 답하였다. 공자
   가 이를 듣고 이렇게 말하였다. "태재가 나를 아는가?
   내가 젊었을 때 미천하였기에 비천한 일을 할 줄 아는
   것이 많다. 군자는 재주가 많아야 하는가? 많을 필요가
   없다."

大宰問於子貢曰, "夫子聖者與? 何其多能也?" 子貢曰, "固天縱之將

태재문어자공왈, "부자성자여? 하기다능야?" 자공왈, "고천종지장

聖, 又多能也." 子聞之曰, "大宰知我乎! 吾少也賤, 故多能鄙事. 君

성, 우다능야." 자문지왈, "태재지아호! 오소야천, 고다능비사. 군

子多乎哉? 不多也."

자다호재? 부다야."

7. 공자의 제자인 노가 이렇게 말하였다. "선생님께서 '나
   는 등용되지 못하였기에 오히려 재주가 많다.'고 말씀
   하셨다."

   牢曰, "子云, '吾不試, 故藝.'"

   노왈, "자운, '오불시, 고예.'"

8. 공자: 내가 특별히 아는 것이 있는가? 사실 아는 것이 없
   다. 그렇지만 어느 비천한 사람이 나에게 무언가를 물어
   본다면 내가 텅 비어 아는 것이 없는 듯해도 그 일에 대
   해 이것저것 다 들어 알아보고 그에게 알려줄 것이다.

   子曰, "吾有知乎哉? 無知也. 有鄙夫問於我, 空空如也. 我叩其兩端

   자왈, "오유지호재? 무지야. 유비부문어아, 공공여야. 아고기량단

   而竭焉."

   이갈언."

9. 공자: 성왕의 시대에 나타난다고 전해지는 봉황새도 날 아오지도 않고, 황하에서 성대한 시대의 상징물인 그림 도 더 이상 나오지 않으니, 나는 끝난 것이구나!

子曰, "鳳鳥不至, 河不出圖, 吾已矣夫!"

자왈, "봉조부지, 하불출도, 오이의부!"

10. 공자는 상복을 입은 사람과 정식 관복을 입은 사람 그 리고 장님을 만났을 때, 그들을 보면 젊은 사람이라도 반드시 일어서고, 그들 앞을 지나갈 때는 반드시 종종 걸음으로 빨리 걸었다.

子見齊衰者冕衣裳者與瞽者, 見之, 雖少必作, 過之必趨.

자견자최자면의상자여고자, 견지, 수소필작, 과지필추.

11. 안회가 공자를 찬탄하여 깊이 탄식하며 이렇게 말하였 다. "우러러볼수록 더욱 높은 곳에 계시고, 뚫어볼수록 더욱 굳세며, 바라보면 앞에 계시다가 어느덧 뒤에 계 신다. 선생님께서는 자연스럽게 사람을 잘 인도해주시 고 학문으로 나를 넓혀주시고 예로써 우리를 단속해주 셨다. 도중에 배움을 그만두려 해도 그만둘 수가 없어 이미 내 재주를 다했는데도, 우리에게 보여주신 길이 앞에 우뚝 서 있기에 비록 그것을 따르고자 하지만 따

라갈 방법이 없다."

顏淵喟然歎曰, "仰之彌高, 鑽之彌堅. 瞻之在前, 忽焉在後. 夫子循循

안연위연탄왈, "앙지미고, 찬지미견. 첨지재전, 홀언재후. 부자순순

然善誘人, 博我以文, 約我以禮, 欲罷不能. 旣竭吾才, 如有所立卓爾.

연선유인, 박아이문, 약아이례, 욕파불능. 기갈오재, 여유소립탁이.

雖欲從之, 末由也已."

수욕종지, 말유야이."

12. 공자가 병에 걸리자 자로가 문인으로 하여금 가신 노
    릇을 하게 하였다. 병이 좋아졌을 때, 공자가 이렇게
    말하였다. "오래되었구나, 자로가 사람을 속인 것이!
    가신이 없는데도 가신이 있는 듯 만들었으니 내가 누
    구를 속이겠는가? 하늘을 속이겠는가? 또한 내가 가신
    의 도움을 받다가 죽기보다는 차라리 너희 제자들 옆
    에서 죽는 것이 더 낫지 않겠는가? 그리고 내가 비록
    성대한 장례는 치를 수 없을지라도 길거리에서 죽기야
    하겠는가?

子疾病, 子路使門人爲臣. 病間, 曰, "久矣哉, 由之行詐也! 無臣而爲

자질병, 자로사문인위신. 병간, 왈, "구의재, 유지행사야! 무신이위

有臣. 吾誰欺? 欺天乎! 且予與其死於臣之手也, 無寧死於二三子之手

유신. 오수기? 기천호! 차여여기사어신지수야, 무녕사어이삼자지수

乎! 且予縱不得大葬, 予死於道路乎?"

호! 차여종부득대장, 여사어도로호?"

13. 자공이 "여기에 아름다운 옥이 있다면 그것을 상자에 넣어 감추어두시겠습니까? 아니면 좋은 값을 쳐줄 상인을 찾아 파시겠습니까?" 하고 묻자, 공자는 이렇게 말하였다. "팔 것이야! 팔 것이야! 나는 좋은 값을 쳐줄 상인을 기다리는 사람이다."

子貢曰, "有美玉於斯, 韞匵而藏諸? 求善賈而沽諸?" 子曰, "沽之哉!
자공왈, "유미옥어사, 온독이장저? 구선가이고저?" 자왈, "고지재!
沽之哉! 我待賈者也."
고지재! 아대가자야."

14. 공자가 동방 오랑캐들이 사는 곳에 살기를 바라자, 어떤 사람이 "그곳은 누추할 텐데 어떻게 하시겠습니까?" 하고 물었다. 그러자 공자가 이렇게 대답하였다. "군자가 살게 되는데 어찌 누추함이 있겠는가?"

子欲居九夷. 或曰, "陋如之何? 子曰, "君子居之, 何陋之有?"
자욕거구이. 혹왈, "누여지하? 자왈, "군자거지, 하루지유?"

15. 공자: 내가 위나라에서 노나라로 돌아온 후 음악이 바

로잡혔고, 조정이나 종묘에 쓰이는 음악인 아(雅)와 송
(頌)이 제자리를 찾았다.

子曰, "吾自衛反魯, 然後樂正, 雅頌各得其所."

자왈, "오자위반로, 연후악정, 아송각득기소."

16. 공자: 밖에 나가서는 공경의 높은 벼슬을 하는 사람을
    섬기고 집에 돌아와서는 부모와 형을 섬기며, 상례를
    치를 때는 정성을 다하지 않음이 없고, 술 때문에 곤혹
    스러운 일이 생기지 않는 것들이 나에게 무슨 어려움
    이겠는가?

子曰, "出則事公卿, 入則事父兄, 喪事不敢不勉, 不爲酒困, 何有於

자왈, "출즉사공경, 입즉사부형, 상사불감불면, 불위주곤, 하유어

我哉?"

아재?"

17. 공자가 냇가에서 이렇게 말하였다. "가는 것이 이와 같
    구나, 밤낮을 쉬지 않으니!"

子在川上曰, "逝者如斯夫! 不舍晝夜."

자재천상왈, "서자여사부! 불사주야."

18. 공자: 나는 아직까지 여색을 좋아하는 것처럼 덕을 좋

아하는 사람을 보지 못하였다.

子曰, "吾未見好德如好色者也."

자왈, "오미견호덕여호색자야."

19. 공자: 비유하자면, 산을 쌓아올릴 때 흙 한 삼태기가
부족한 상태에서 그만두어도 나 자신이 그만둔 것이
다. 또 비유하자면, 땅을 평평하게 만들 때 흙 한 삼태
기를 부어 나아가는 것도 나 자신이 노력하여 나아가
는 것이다.

子曰, "譬如爲山, 未成一簣, 止, 吾止也. 譬如平地, 雖覆一簣, 進, 吾

자왈, "비여위산, 미성일궤, 지, 오지야. 비여평지, 수복일궤, 진, 오

往也."

왕야."

20. 공자: 도리를 가르치면 게을리 하지 않을 사람은 정말
안회뿐일 것이다.

子曰, "語之而不惰者, 其回也與!"

자왈, "어지이불타자, 기회야여!"

21. 공자가 안회를 평가하여 이렇게 말하였다. "애석하구
나! 그가 살아 있을 때 나는 그가 진보하는 것만 보았

지 그만두는 것을 본 적이 없다."

子謂顏淵曰, "惜乎! 吾見其進也, 未見其止也."

자위안연왈, "석호! 오견기진야, 미견기지야."

22. 공자: 싹이 났지만 이삭이 나오지 않는 경우가 있을 것
이야! 이삭이 나왔지만 열매를 맺지 못하는 경우가 있
을 것이야!

子曰, "苗而不秀者, 有矣夫! 秀而不實者, 有矣夫!"

자왈, "묘이불수자, 유의부! 수이불실자, 유의부!"

23. 공자: 뒤에 태어난 후배들은 무서운 존재이니, 어찌 미
래의 그들이 현재의 우리보다 못할 것이라고 장담할
수 있겠는가? 그렇지만 그들이 나이 마흔이나 쉰이 되
어서도 학문을 했다는 소문이 나지 않는다면 이 또한
두려워할 것이 못될 뿐이다.

子曰, "後生可畏, 焉知來者之不如今也? 四十五十而無聞焉, 斯亦不

자왈, "후생가외, 언지래자지불여금야? 사십오십이무문언, 사역부

足畏也已."

족외야이."

24. 공자: 올바르게 일깨워주는 말을 따르지 않을 수 있는

가? 그 말로써 자기 잘못을 고치는 것이 중요하다. 완곡하게 알려주는 말을 기뻐하지 않을 수 있는가? 그 말의 깊은 뜻을 찾아내는 것이 중요하다. 해주는 말을 기뻐하면서도 깊은 뜻을 찾지 않거나 해주는 말을 따르면서도 자신의 잘못을 고치지 않는다면, 이러한 사람은 나도 어찌할 수가 없다.

子曰, "法語之言, 能無從乎? 改之爲貴. 巽與之言, 能無說乎? 繹之爲

자왈, "법어지언, 능무종호? 개지위귀. 손여지언, 능무열호? 역지위

貴. 說而不繹, 從而不改, 吾末如之何也已矣."

귀. 열이불역, 종이불개, 오말여지하야이의."

25. 공자: 언제나 자신의 최선을 다하는 모습인 충(忠)과 남에게 믿음을 줄 수 있는 신(信)을 위주로 한 삶을 살아야 하고, 자기보다 못한 사람을 벗으로 사귀지 말며, 잘못이 있다면 그 잘못을 고치는 것에 대해 주저해서는 안 된다.[25]

子曰, "主忠信, 毋友不如己者, 過則勿憚改."

자왈, "주충신, 무우불여기자, 과즉물탄개."

26. 공자: 삼군이나 되는 대군을 통솔하는 장수를 빼앗을 수는 있어도, 한 사나이의 강한 의지는 빼앗을 수 없다.

子曰, "三軍可奪帥也, 匹夫不可奪志也."

자왈, "삼군가탈수야, 필부불가탈지야."

27. 공자가 말하였다. "해진 옷과 솜으로 된 도포처럼 허름한 옷을 입고서, 가벼운 가죽 옷과 같은 귀한 옷을 입은 사람과 나란히 서 있으면서도 부끄러워하지 않을 사람은 자로일 것이다. 『시경』 구절에 '해치지도 않고 탐내지도 않으니, 어찌 훌륭하지 않으리.' 라는 구절이 있는데, 이런 경우에 해당한다." 자로가 내내 이 구절만 읊조리자, 공자가 "이 도리가 어찌 그리 대단하다고 할 수 있겠는가?" 하고 자로에게 자만하지 말 것을 당부하였다.

子曰, "衣敝縕袍, 與衣狐貉者立, 而不恥者, 其由也與? '不忮不求,

자왈, "의폐온포, 여의호맥자립, 이불치자, 기유야여? '불기불구,

何用不臧?'" 子路終身誦之. 子曰, "是道也, 何足以臧?"

하용부장?'" 자로종신송지. 자왈, "시도야, 하족이장?"

28. 공자: 날씨가 차가워진 뒤에야 소나무와 잣나무 잎이 늦게 시듦을 알 수 있다.

子曰, "歲寒然後知松柏之後彫也."

자왈, "세한연후지송백지후조야."

29. 공자: 지혜로운 사람은 미혹되지 않고, 어진 사람은 근심하지 않으며, 용기 있는 사람은 두려워하지 않는다.

子曰, "知者不惑, 仁者不憂, 勇者不懼."

자왈, "지자불혹, 인자불우, 용자불구."

30. 공자가 말하였다. "함께 배울 수는 있지만 함께 도를 실천할 수는 없고, 함께 도를 실천할 수는 있지만 함께 변함없이 지킬 수는 없으며, 함께 변함없이 지킬 수는 있지만 함께 상황과 의리에 따라 융통성 있게 행동할 수는 없다." 또 "자두 꽃이 바람에 나부끼고 있네. 어찌 그대를 생각하지 않으리오. 다만 그대가 멀리 있기 때문이라네."라는 시 구절에 대해 공자는 이렇게 말하였다. "생각하지 않았을 뿐이지, 진정으로 생각한다면 정말 먼 것이 어디에 있겠는가?"[26]

子曰, "可與共學, 未可與適道, 可與適道, 未可與立, 可與立, 未可與

자왈, "가여공학, 미가여적도, 가여적도, 미가여립, 가여립, 미가여

權." 唐棣之華, 偏其反而. 豈不爾思? 室是遠而." 子曰, "未之思也, 夫

권." "당체지화, 편기반이. 기불이사? 실시원이." 자왈, "미지사야, 부

何遠之有?"

하원지유?"

제10편 향당(鄕黨)

1. 공자가 마을에 있을 때는 진실하면서도 공손하여 마치 말을 하지 못하는 것 같았다. 그러나 종묘나 조정에서는 말을 분명하게 하되 오직 조심스러웠다. 조정에서 지위가 낮은 하대부들과 이야기할 때는 강직한 모습을 보였고 지위가 높은 상대부와 이야기할 때는 부드럽지만 분명하게 이야기하였다. 군주가 계실 때는 공경스러운 태도를 보이면서도 그 모습이 적절하였다.

孔子於鄕黨, 恂恂如也, 似不能言者. 其在宗廟朝廷, 便便言, 唯謹爾.

공자어향당, 순순여야, 사불능언자. 기재종묘조정, 편편언, 유근이.

朝, 與下大夫言, 侃侃如也, 與上大夫言, 誾誾如也. 君在, 踧踖如也,

조, 여하대부언, 간간여야, 여상대부언, 은은여야. 군재, 축적여야,

與與如也.

여여여야.

2. 군주가 불러 손님을 접대할 때는 얼굴색을 바로잡고 발걸음은 머뭇거리는 듯 신중하였다. 함께 서 있는 사람들과 읍할 때는 방향에 따라 손을 좌우로 돌려 읍하였으며, 옷의 앞뒤 자락을 가지런히 하였다. 빠른 걸음으로 나아갈 때는 새가 날개를 편 듯하였다. 손님이 가고 나면 반드시 임금에게 돌아와 "손님이 뒤돌아보지 않았습니다."라고 보고하였다.

君召使擯, 色勃如也. 足躩如也. 揖所與立, 左右手, 衣前後, 襜如也.

군소사빈, 색발여야, 족곽여야. 읍소여립, 좌우수, 의전후, 첨여야.

趨進, 翼如也. 賓退, 必復命曰, "賓不顧矣."

추진, 익여야. 빈퇴, 필복명왈, "빈불고의."

3. 궁전의 문에 들어서면 몸을 굽혀 조정의 문이 좁아 들어가기 어려운 듯하였다. 문 가운데 서 있지 않았으며 오고갈 때 문지방을 밟지 않았다. 군주의 앞을 지날 때는 얼굴색을 바로잡았고 발걸음은 머뭇거리는 듯 신중하였고 말을 잘하지 못하는 듯하였다. 옷자락을 잡고 당에 오를 때는 몸을 굽혀 공경스러운 태도를 보이고 숨을 죽

여 마치 숨을 쉬지 않는 사람처럼 하였다. 나와서 섬돌 한 계단을 내려와서는 얼굴빛을 펴시어 편안하고 기쁜 듯하였다. 섬돌 계단을 다 내려와서는 빠른 걸음으로 걸으니 마치 새가 날개를 편 듯하였다. 본래 자리로 돌아와서는 더욱 공경스러운 태도를 취하였다.

入公門, 鞠躬如也, 如不容. 立不中門, 行不履閾. 過位, 色勃如也,

입공문, 국궁여야, 여불용. 입부중문, 행불리역. 과위, 색발여야,

足躩如也, 其言似不足者. 攝齊升堂, 鞠躬如也, 屛氣似不息者. 出,

족곽여야, 기언사부족자. 섭자승당, 국궁여야, 병기사불식자. 출,

降一等, 逞顔色, 怡怡如也. 沒階, 趨進, 翼如也. 復其位, 踧踖如也.

강일등, 정안색, 이이여야. 몰계, 추진, 익여야. 복기위, 축적여야.

4. 신분의 표시인 규(圭)를 잡을 때는 몸을 굽혀 그것이 무거워 잡고 있기 어려운 듯 공경스러운 태도를 취하였다. 규를 올릴 때는 읍하는 높이까지 올리고 내릴 때는 남에게 물건을 줄 때의 높이까지 내렸으며, 얼굴빛은 바로잡고 두려워하는 듯이 하였고, 발걸음은 뒤꿈치를 끄는 듯 좁게 떼놓았다. 예물을 올릴 때는 부드러운 얼굴빛을 하였고, 사적으로 예를 진행할 때는 더욱 온화하게 하였다.

執圭, 鞠躬如也, 如不勝. 上如揖, 下如授. 勃如戰色, 足蹜蹜如有循.

집규, 국궁여야, 여불승. 상여읍, 하여수. 발여전색, 족축축여유순.

享禮, 有容色. 私覿, 愉愉如也.

향례, 유용색. 사적, 유유여야.

5. 군자는 제사 때 쓰는 옷깃 색깔인 진보라색이나 주홍색 깃을 평상복에 달지 않고, 붉은색과 자주색은 바른 색이 아니므로 이 빛깔로 평상복을 만들지 않았다. 더울 때는 홑겹 고운 갈포나 거친 갈포로 된 옷을 입고 반드시 속옷 위에 겉옷을 더 입어 드러냈다. 검은 속옷에는 밖에 양가죽 옷을 입었고, 흰 속옷에는 사슴 가죽 옷을 입었으며, 노란 속옷에는 여우 가죽 옷을 입었다. 평소에 입는 가죽 옷은 길게 하지만 오른쪽 소매는 짧게 하였다. 잠을 잘 때는 반드시 잠옷이 있었는데 그 길이가 키의 한 배 반이었고, 여우나 담비의 두터운 가죽을 깔고 지냈다. 상을 마치면 평소처럼 패옥을 달고 다녔으며, 조정이나 제사 때 입는 옷이 아니면 반드시 천을 꿰매어 옷을 만들어 입었다. 염소 가죽이나 검은 관은 길한 일에 입는 것이므로 이를 입고서는 조문하지 않았다. 매월 초하루에는 반드시 조복을 입고 조회하였으며, 재계할 때는 반드시 삼베로 만든 깨끗한 옷을 입었다.

君子不以紺緅飾, 紅紫不以爲褻服. 當署, 袗絺綌, 必表而出之. 緇衣, 군자불이감추식, 홍자불이위설복. 당서, 진치격, 필표이출지. 치의,

羔裘, 素衣, 麑裘, 黃衣, 狐裘. 褻裘長, 短右袂. 必有寢衣, 長一身有

고구, 소의, 예구, 황의, 호구. 설구장, 단우몌. 필유침의, 장일신유

半. 狐貉之厚以居. 去喪, 無所不佩. 非帷裳, 必殺之. 羔裘玄冠不以

반. 호맥지후이거. 거상, 무소불패. 비유상, 필쇄지. 고구현관불이

弔. 吉月, 必朝服而朝. 齊必有明衣, 布.

조. 길월, 필조복이조. 재필유명의, 포.

6. 재계할 때는 반드시 음식을 평소와는 다르게 하였고,
거처도 반드시 평소의 자리를 옮겨 다르게 하였다. 밥은
곱게 찧은 쌀일수록 좋아하였고, 생선회는 가늘게 썰수
록 좋아하였다. 밥이 쉰 것과 생선 상한 것과 고기가 부
패한 것을 먹지 않았다. 색깔이 나쁜 것은 먹지 않았고,
잘못 조리된 것도 먹지 않았으며, 제철 음식이 아닌 것
은 먹지 않았고, 썬 것이 반듯하지 않으면 먹지 않았고,
간이 맞지 않아도 먹지 않았다. 고기가 아무리 많아도
밥 먹을 생각이 나지 않을 정도로는 먹지 않았고, 술 마
실 때 일정한 양을 정하지는 않았지만 술에 취해 난잡해
지지는 않았다. 사온 술이나 사온 육포는 먹지 않았고,
생강 먹는 것을 피하지는 않았으나 너무 많이 먹지는 않
았다. 군주의 제사를 돕고 받아온 고기는 하루를 넘기지
않았고, 보통 제사에 쓴 고기는 사흘을 넘기지 않되 사

흘을 넘기면 먹지 않았다. 밥을 먹을 때는 말을 하지 않았고, 잠자리에 누워서도 말을 하지 않았다. 비록 거친 밥과 나물국이라도 식사 전에 반드시 간략한 감사의 제사를 지냈는데, 이는 언제나 엄숙하고 경건하게 하였다.

齊必變食, 居必遷坐. 食不厭精, 膾不厭細. 食饐而餲, 魚餒而肉敗,

재필변식, 거필천좌. 식불염정, 회불염세. 식의이애, 어뇌이육패,

不食. 色惡, 不食. 臭惡, 不食. 失飪, 不食. 不時, 不食. 割不正, 不食.

불식. 색악, 불식. 취악, 불식. 실임, 불식. 불시, 불식. 할부정, 불식.

不得其醬, 不食. 肉雖多, 不使勝食氣. 唯酒無量, 不及亂. 沽酒市脯

부득기장, 불식. 육수다, 불사승식기. 유주무량, 불급란. 고주시포

不食. 不撤薑食, 不多食. 祭於公, 不宿肉. 祭肉, 不出三日. 出三日,

불식. 불철강식, 부다식. 제어공, 불숙육. 제육, 불출삼일. 출삼일,

不食之矣. 食不語, 寢不言. 雖疏食菜羹, 瓜祭, 必齊如也.

불식지의. 식불어, 침불언. 수소사채갱, 과제, 필재여야.

7. 자리가 바르지 않으면 앉지 않았다. 마을 사람들과 술을 마실 때 노인 어른이 나간 다음에야 나갔다.

席不正, 不坐. 鄕人飮酒, 杖者出, 斯出矣.

석부정, 부좌. 향인음주, 장자출, 사출의.

8. 마을 사람들이 역신을 몰아내는 예식인 나례를 지낼 때

는 조회 때 입는 옷을 입고 동쪽 섬돌에 서 있었다.

鄕人儺, 朝服而立於阼階.

향인나, 조복이립어조계.

9. 다른 나라 사람에게 안부를 묻기 위해 사람을 보낼 때는
   절을 두 번 하고 보냈다.

問人於他邦, 再拜而送之.

문인어타방, 재배이송지.

10. 노나라 대부인 계강자가 약을 보내오자 절을 하고 받
    으며, "내가 약을 잘 몰라서 감히 맛보지 못하겠다."고
    말하였다.

康子饋藥, 拜而受之. 曰, "丘未達, 不敢嘗."

강자궤약, 배이수지. 왈, "구미달, 불감상."

11. 마구간에 불이 났을 때 공자가 퇴근하여 "사람은 다치
    지 않았는가?" 하고 말했을 뿐 말에 대해 묻지 않았다.

廐焚. 子退朝曰, "傷人乎?" 不問馬.

구분. 자퇴조왈, "상인호?" 불문마.

12. 군주가 음식을 내려주시면 반드시 자리를 바로잡고

먼저 그것을 맛보았다. 군주가 날고기를 주시면 반드시 익혀서 조상에게 제물로 바쳤다. 군주가 살아 있는 짐승을 주시면 반드시 그것을 길렀다. 군주를 옆에 모시고 식사할 때는 군주가 제사를 지내면 먼저 밥을 먹었다.

君賜食, 必正席先嘗之. 君賜腥, 必熟而薦之. 君賜生, 必畜之. 侍食

군사식, 필정석선상지. 군사성, 필숙이천지. 군사생, 필축지. 시식

於君, 君祭, 先飯.

어군, 군제, 선반.

13. 병이 나서 군주가 문병을 오면, 머리를 동쪽으로 향한 채 조복을 덧입고 그 위에 큰 허리띠를 걸쳤다.

疾, 君視之, 東首, 加朝服, 拖紳.

질, 군시지, 동수, 가조복, 타신.

14. 군주가 명을 내려 부르면 수레가 준비되기를 기다리지 않고 급히 달려갔다.

君命召, 不俟駕行矣.

군명소, 불사가행의.

15. 노나라 주공의 사당인 태묘에 들어가서는 모든 일에

대해 상세하게 물었다.[27)]

入太廟, 每事問.

입태묘, 매사문.

16. 친구가 죽었는데 장례를 돌봐줄 사람이 없으면, "내 집에 빈소를 차린다."고 말하였다.

朋友死, 無所歸, 曰, "於我殯."

붕우사, 무소귀, 왈, "어아빈."

17. 친구가 보낸 물건이 비록 수레나 말처럼 귀한 것일지라도 제사에 쓰인 고기가 아니면 절을 하지 않았다.

朋友之饋, 雖車馬, 非祭肉, 不拜.

붕우지궤, 수거마, 비제육, 불배.

18. 잠을 잘 때는 시체처럼 온몸을 펴고 반듯하게 눕지 않았고, 집에 머무를 때는 얼굴을 꾸미지 않았다.

寢不尸, 居不容.

침불시, 거불용.

19. 상복을 입은 사람을 만나면 아무리 친한 사람이라도 반드시 얼굴색을 바로잡았고, 관복을 입은 사람과 장

님을 만나면 편안한 자리에서 만나더라도 반드시 예를 갖추는 태도를 취하였다. 상복 입은 사람과 국가의 지도나 문서를 짊어진 사람에게는 몸을 굽혀 경의를 표하였다. 성대한 음식을 받으면 반드시 얼굴빛을 바로잡고 일어났다. 심한 천둥이나 거센 바람이 불어도 반드시 얼굴빛을 바로잡았다.

見齊衰者, 雖狎, 必變. 見冕者與瞽者, 雖褻, 必以貌. 凶服者式之. 式
견자최자, 수압, 필변. 견면자여고자, 수설, 필이모. 흉복자식지. 식
負版者. 有盛饌, 必變色而作. 迅雷風烈必變.
부판자. 유성찬, 필변색이작. 신뢰풍렬필변.

20. 수레에 오르면 반드시 똑바로 서서 손잡이 끈을 잡았다. 수레 안에서는 주변을 둘러보지 않았고, 말을 빨리 하지 않았으며, 직접 손가락으로 무엇인가를 가리키지도 않았다.

升車, 必正立, 執綏. 車中, 不內顧, 不疾言, 不親指.
승거, 필정립, 집수. 거중, 불내고, 부질언, 불친지.

21. 새들도 사람의 기색을 살핀 후 날아올라 빙 돌다가 다시 내려앉는다. 공자가 때마침 까투리를 보고 "산의 다리 위에 있는 까투리가 때를 만났구나, 때를 만났구

나!"라고 말하였다. 그래서 자로는 공자가 까투리 고기를 먹고자 하는 것으로 오해하여 이를 잡아 요리하여 바치자, 공자가 세 번 냄새만 맡고 일어났다.[28]

色斯擧矣, 翔而後集. 曰, "山梁雌雉, 時哉時哉!" 子路共之, 三嗅而作.

색사거의, 상이후집. 왈, "산량자치, 시재시재!" 자로공지, 삼후이작.

제11편 선진(先進)

1. 공자: 먼저 예악을 학습한 뒤 벼슬길에 나가려는 사람은 벼슬을 하지 않고 있고, 먼저 벼슬을 한 뒤에 예악을 학습하려는 사람은 벼슬길에 나가 군자라고 자처한다. 내가 만약 사람을 쓴다면 먼저 예악을 학습한 사람을 쓸 것이다.

   子曰, "先進於禮樂, 野人也, 後進於禮樂, 君子也. 如用之, 則吾從
   자왈, "선진어례악, 야인야, 후진어례악, 군자야. 여용지, 즉오종
   先進."
   선진."

2. 공자: 진나라와 채나라에서 나를 따라다니며 고생했던 그

리운 제자들이 아직 모두 내 문하에 도착하지 못하였다.

子曰, "從我於陳蔡者, 皆不及門也."

자왈, "종아어진채자, 개불급문야."

3. 공자의 제자 중 덕행에 관해서는 안연·민자건·염백
   우·중궁이 뛰어나며, 말을 잘하는 것으로는 재아와 자
   공이 뛰어나며, 정치에 관해서는 염유와 계로(자로)가
   뛰어나고, 문헌에 관해서는 자유와 자하가 뛰어나다.

德行, 顔淵閔子騫冉伯牛仲弓. 言語, 宰我子貢. 政事, 冉有季路. 文

덕행, 안연민자건염백우중궁. 언어, 재아자공. 정사, 염유계로. 문

學, 子游子夏.

학, 자유자하.

4. 공자: 안회는 나를 자극해서 도와주는 제자가 아니다.
   이는 내 말에 대해 다 이해하고 기뻐하지 않는 것이 없
   기 때문이다.

子曰, "回也非助我者也, 於吾言無所不說."

자왈, "회야비조아자야, 어오언무소불열."

5. 공자: 효성스럽구나, 민자건은! 사람들이 그의 부모와
   형제의 말에 흠잡을 수가 없다.

子曰, "孝哉閔子騫! 人不間於其父母昆弟之言."

자왈, "효재민자건! 인불간어기부모곤제지언."

6. 남용이 『시경』에 나오는 말조심을 강조한 시 「백규」를 세 차례 반복하여 읊조리자 공자가 형님의 딸을 그에게 시집보냈다.

南容三復白圭, 孔子以其兄之子妻之.

남용삼복백규, 공자이기형지자처지.

7. 노나라 대부인 계강자가 "제자 중에 누가 학문을 좋아합니까?" 하고 묻자 공자가 이렇게 대답하였다. "안회라는 제자가 학문을 좋아하였는데, 불행하게도 단명하여 죽고 이제는 없습니다." [29]

季康子問, "弟子孰爲好學?" 孔子對曰, "有顔回者好學, 不幸短命死

계강자문, "제자숙위호학?" 공자대왈, "유안회자호학, 불행단명사

矣, 今也則亡."

의, 금야즉망."

8. 안연이 죽자, 그의 아버지인 안로가 공자의 수레로 외관(덧널)을 만들자고 청하니, 공자가 이렇게 말하였다. "재주가 있건 없건 각각 자기 아들만을 이야기하는 것

이겠지. 내 아들 리가 죽었을 때도 관은 있었지만 외관
은 없었다. 내가 수레로 외관을 만들고 대신 걸어 다니
는 일을 하지 않은 것은 나는 대부와 같은 신분으로 그
저 걸어서 다닐 수만은 없었기 때문이다.

顔淵死, 顔路請子之車以爲之槨. 子曰, "才不才, 亦各言其子也. 鯉也
안연사, 안로청자지거이위지곽. 자왈, "재부재, 역각언기자야. 이야
死, 有棺而無槨. 吾不徒行以爲之槨. 以吾從大夫之後, 不可徒行也."
사, 유관이무곽. 오부도행이위지곽. 이오종대부지후, 불가도행야."

9. 안연이 죽자 공자가 "아아! 하늘이 나를 버렸구나, 하늘
   이 나를 버렸구나!"라고 하면서 제자의 죽음을 탄식하
   였다.

顔淵死. 子曰, "噫! 天喪予! 天喪予!"
안연사. 자왈, "희! 천상여! 천상여!"

10. 안연이 죽자 공자가 비통하게 울었다. 공자를 모시던
    제자가 "선생님께서 너무 슬퍼하십니다."라고 말하자,
    공자가 "내가 그렇게 슬퍼하였는가? 내가 안연 같은
    제자를 위하여 슬퍼하지 않으면 누구를 위하여 슬퍼하
    겠는가?"라고 말하였다.

顔淵死, 子哭之慟. 從者曰, "子慟矣!" 曰, "有慟乎? 非夫人之爲慟而

안연사, 자곡지통. 종자왈, "자통의!" 왈, "유통호?비부인지위통이
誰爲?"

수위?"

11. 안연이 죽자 공자의 문인들이 그를 성대하게 장례 치
르고자 하였다. 공자가 "안 된다."고 하였는데도 문인
들이 성대하게 장례를 치렀다. 그러자 공자가 이렇게
말하였다. "안회가 나를 아버지처럼 여겼는데, 나는 그
를 아들처럼 여기지 못하였구나. 나 때문이 아니다. 모
두 너희들 때문이다."

顏淵死, 門人欲厚葬之. 子曰, "不可." 門人厚葬之. 子曰, "回也視予
안연사, 문인욕후장지. 자왈, "불가." 문인후장지. 자왈, "회야시여
猶父也, 予不得視猶子也. 非我也, 夫二三子也."
유부야, 여부득시유자야. 비아야, 부이삼자야."

12. 자로가 귀신을 섬기는 것에 대해 묻자 공자가 "사람도
제대로 섬기지 못하는데 어찌 귀신을 섬길 수 있겠는
가?"라고 답하였다. 다시 "감히 죽음에 대해 묻고자 합
니다."라고 말하자, "살아 있는 것도 잘 알지 못하는데
어찌 죽음을 알 수 있겠는가?"라고 답하였다.

季路問事鬼神. 子曰, "未能事人, 焉能事鬼?" 曰, "敢問死." 曰, "未

계로문사귀신. 자왈, "미능사인, 언능사귀?" 왈, "감문사." 왈, "미
知生, 焉知死?"

지생, 언지사?"

13. 공자를 모시고 옆에 있을 때 민자건은 부드러운 모습
    이었고, 자로는 굳건한 모습이었으며, 염유와 자공은
    자유로운 모습이었다. 공자는 이 모습을 보고 기뻐하
    였다. 그러고는 "자로와 같은 사람은 제명에 죽지 못할
    것이다."라고 말하였다.[30]

    閔子侍側, 誾誾如也, 子路, 行行如也, 冉有子貢, 侃侃如也. 子樂.

    민자시측, 은은여야, 자로, 행행여야, 염유자공, 간간여야. 자락.

    "若由也, 不得其死然."

    "약유야, 부득기사연."

14. 노나라 사람이 재물을 넣어두던 창고인 장부를 수선하
    였는데, 민자건이 "옛날 것을 그대로 쓰면 어떠한가?
    어찌 반드시 다시 지어야만 하는가?"라고 말하자, 공
    자가 "저 사람은 말을 잘하지는 않지만 말을 하면 꼭
    도리에 맞는다."고 하였다.

    魯人爲長府. 閔子騫曰, "仍舊貫, 如之何? 何必改作?" 子曰, "夫人不

    노인위장부. 민자건왈, "잉구관, 여지하? 하필개작?" 자왈, "부인불

言, 言必有中."

언, 언필유중."

15. 공자가 "자로가 연주하는 좋지 못한 거문고 소리가 어
  째서 나의 문하에서 들리는가?"라고 말하자, 문인들은
  공자가 자로를 꾸짖은 것으로 생각하여 자로를 공경하
  지 않았다. 그러자 공자는 "자로의 학문은 대청에는 올
  라섰지만 방에까지 들어오지는 못하였다."라고 자로
  에게 장점이 많음을 이야기하였다.

  子曰, "由之瑟, 奚爲於丘之門?" 門人不敬子路. 子曰, "由也升堂矣,

  자왈, "유지슬, 해위어구지문?" 문인불경자로. 자왈, "유야승당의,

  未入於室也."

  미입어실야."

16. 자공이 "사(자장)와 상(자하)은 누가 더 현명합니까?"
  하고 묻자, 공자는 "자장은 지나치고 자하는 미치지 못
  한다."고 답하였다. 그러자 다시 "그렇다면 자장이 낫
  다는 것입니까?" 하고 묻자, 공자가 "지나친 것은 미
  치지 못하는 것과 같다."고 말하였다.

  子貢問, "師與商也孰賢?" 子曰, "師也過, 商也不及." 曰, "然則師愈

  자공문, "사여상야숙현?" 자왈, "사야과, 상야불급." 왈, "연즉사유

與?" 子曰, "過猶不及."

여?" 자왈, "과유불급."

17. 노나라 대부인 계씨가 주공보다도 부유한데 염구가 그를 위하여 세금을 많이 거두어 그를 더욱 부유하게 해 주었다. 그러자 공자가 이렇게 말하였다. "염구는 우리의 무리가 아니다. 너희 제자들은 북을 올려 그를 공격해도 괜찮다."

季氏富於周公, 而求也爲之聚斂而附益之. 子曰, "非吾徒也. 小子鳴

계씨부어주공, 이구야위지취렴이부익지. 자왈, "비오도야. 소자명

鼓而攻之, 可也."

고이공지, 가야."

18. 제자인 고시(高柴)는 어리석고, 증자는 둔하고, 자장은 외형만 치중하고, 자로는 거칠다. 공자가 제자들을 이야기하면서 이렇게 말하였다. "안회는 거의 도를 터득하였지만 자주 쌀통이 빌 정도로 궁핍하였고, 자공은 천명을 이해하지 못하였지만 재산을 늘리는 재주가 있고 예측을 하면 자주 들어맞았다."

柴也愚, 參也魯, 師也辟, 由也喭. 子曰, "回也其庶乎, 屢空. 賜不受

시야우, 참야로, 사야벽, 유야언. 자왈, "회야기서호, 누공. 사불수

命, 而貨殖焉, 億則屢中."

명, 이화식언, 억즉루중."

19. 자장이 선한 사람의 도리에 대해 묻자, 공자는 "선한
    사람도 옛사람의 자취를 밟지 않으면 훌륭한 경지에까
    지 이르지는 못한다."고 말하였다. 공자는 또한 선한
    사람을 판단하는 근거에 대해 이렇게 말하였다. "말하
    는 내용이 독실한가? 군자다운가? 얼굴색만 장중하게
    꾸미는 사람인가?"[31]

    子張問善人之道. 子曰, "不踐迹, 亦不入於室." 子曰, "論篤是與, 君
    자장문선인지도. 자왈, "불천적, 역불입어실." 자왈, "논독시여, 군

    子者乎? 色莊者乎?"
    자자호? 색장자호?"

20. 자로가 "가르침을 들으면 그것을 바로 실천해야 합니
    까?" 하고 묻자, 공자가 "부모 형제가 있는데, 어떻게
    들으면 바로 그것을 실천할 수 있겠는가?"라고 답하였
    다. 염유가 "가르침을 들으면 그것을 바로 실천해야 합
    니까?" 하고 묻자, 공자가 "가르침을 들으면 바로 그것
    을 실행해야 한다."고 답하였다. 이 이야기를 듣고 공
    서화가 물었다. "자로가 가르침을 들으면 바로 실행해

야 하는지 여쭈었을 때는 선생님께서 '부모 형제가 있다.' 고 말씀하시고는, 다시 염유가 가르침을 들으면 바로 실행해야 하는지를 여쭈었을 때는 '들으면 바로 그것을 실천하라.' 고 말씀하셨습니다. 제가 두 가지 서로 다른 답변이 잘 이해가 되지 않아서, 선생님께 그 이유를 묻고자 합니다." 그러자 공자가 이렇게 답하였다. "염유는 소극적으로 행동하는 경향이 있으므로 그를 적극적으로 나아가게 한 것이고, 자로는 의욕이 남보다 앞서므로 그를 억제시켜 뒤로 물러서게 한 것이다."

子路問, "聞斯行諸?" 子曰, "有父兄在, 如之何其聞斯行之?" 冉有問,

자로문, "문사행저?" 자왈, "유부형재, 여지하기문사행지?" 염유문,

"聞斯行諸?" 子曰, "聞斯行之." 公西華曰, "由也問聞斯行諸, 子曰,

"문사행저?" 자왈, "문사행지." 공서화왈, "유야문문사행저, 자왈,

'有父兄在', 求也問聞斯行諸, 子曰, '聞斯行之'. 赤也惑, 敢問." 子

'유부형재', 구야문문사행저, 자왈, '문사행지'. 적야혹, 감문." 자

曰, "求也退, 故進之, 由也兼人, 故退之."

왈, "구야퇴, 고진지, 유야겸인, 고퇴지."

21. 공자가 광 지방에서 포위되어 곤란을 겪은 적이 있었는데, 당시 안회(안연)가 뒤처져서 왔다. 공자가 "나는 네가 죽은 줄 알았다."라고 말하자, 안회가 "선생님께

서 계신데 제가 어찌 감히 죽을 수 있겠습니까?"라고
말하였다.

子畏於匡, 顏淵後. 子曰, "吾以女爲死矣." 曰, "子在, 回何敢死?"

자외어광, 안연후. 자왈, "오이녀위사의." 왈, "자재, 회하감사?"

22. 계씨의 아들 자연이 "자로와 염유는 대신이라고 할 만
합니까?" 하고 묻자, 공자가 말하였다. "나는 당신이
특별한 것에 대해 물을 것이라고 생각하였는데 겨우
자로와 염유에 대해 물으십니까? 이른바 대신이란 올
바른 도리로 군주를 섬기다가 안 되면 그만두는 것입
니다. 지금 자로와 염유는 숫자만 채우는 정도의 신하
라 할 만합니다." 다시 "그렇다면 군주의 말을 잘 순종
하는 자입니까?" 하고 묻자, 공자는 "아버지와 군주를
시해하는 것 같은 일은 정말 순종하지 않을 것입니다."
라고 답하였다.

季子然問, "仲由冉求可謂大臣與?" 子曰, "吾以子爲異之問, 曾由與

계자연문, "중유염구가위대신여?" 자왈, "오이자위이지문, 증유여

求之問. 所謂大臣者, 以道事君, 不可則止. 今由與求也, 可謂具臣

구지문. 소위대신자, 이도사군, 불가즉지. 금유여구야, 가위구신

矣." 曰, "然則從之者與?" 子曰, "弑父與君, 亦不從也."

의." 왈, "연즉종지자여?" 자왈, "시부여군, 역부종야."

23. 자로가 자고를 비 지방의 책임자로 삼으려 하자, 공자가 "남의 아들을 해치는 것이다."라고 말하였다. 그러자 자로가 "백성이 있고 사직이 있는데, 어찌 반드시 글을 읽어야만 학문을 했다고 할 수 있습니까?" 하고 반발하였다. 이에 대해 공자가 "내가 이래서 말만 그럴 듯하게 잘하는 사람을 미워한다."라고 자로를 질타하였다.

子路使子羔爲費宰. 子曰, "賊夫人之子." 子路曰, "有民人焉, 有社稷
자로사자고위비재. 자왈, "적부인지자." 자로왈, "유민인언, 유사직
焉, 何必讀書, 然後爲學?" 子曰, "是故惡夫佞者."
언, 하필독서, 연후위학?" 자왈, "시고오부녕자."

24. 자로, 증석, 염유, 공서화가 공자를 옆에서 모시고 앉아 있었는데, 공자가 이렇게 말하였다. "내가 너희들보다 조금 나이를 먹었다고 해서 나를 어려워하지 마라. 평소에 지낼 때 너희들은 '나를 알아주지 않는다.' 고 말하곤 하였는데, 만약 너희들을 알아준다면 어떻게 하겠는가?" 그러자 자로가 나서서 대답하였다. "수레 천 대를 낼 수 있는 제후의 나라가 큰 나라 사이에 끼어 군대의 침략을 받고 그로 인하여 기근이 생긴다면, 저는 이런 나라를 다스려 삼 년 정도면 백성들을 용감

하게 만들고 또 그들로 하여금 올바른 도리를 실천할 줄 알도록 만들겠습니다." 이 말을 들은 공자가 빙그레 웃으며 "염유야, 너는 어떠하냐?" 하고 물었다. 염유는 이렇게 대답하였다. "사방 육칠십 리나 오륙십 리되는 작은 나라를 제가 다스려 삼 년 정도면 백성들을 풍족하게 만들어줄 것입니다. 다만 예악에 대해서는 저보다 뛰어난 군자의 힘을 빌리고자 합니다." 다시 공자가 "공서화야, 너는 어떠하냐?" 하고 묻자, 공서화는 이렇게 대답하였다. "제가 이런 일을 잘할 수 있다고 말하는 것이 아니라, 배우기를 원하는 내용입니다. 종묘의 제사나 군주들이 회합을 할 때, 검은 예복과 갓을 쓰고 작은 일이나마 돕고자 합니다." 끝으로 공자가 "증석아, 너는 어떠하냐?" 하고 묻자, 증석이타던 거문고 소리를 줄이다가 마침내 멈추더니 거문고를 놓고 일어나 "저는 앞서 이야기한 세 사람과 다릅니다."라고 대답하였다. 공자가 "무엇을 망설이는가? 각자 자기 뜻을 이야기하는 것일 뿐인데."라고 이야기할 것을 종용하자, 증석이 이렇게 대답하였다. "늦봄에 봄옷이 완성되면 갓을 쓴 어른 대여섯 명과 어린 동자 예닐곱 명과 함께 기수강 가에서 목욕하고 하늘에 제사 지내는 곳인 무우 근처에서 바람을 쐬며 노닐다가 노래하면서 돌아오고 싶습니다." 그러자 공자가 한숨을 내쉬며 "나도 증석의 생각에 동의한다."라고 말하였다. 앞의 세 사람이 그 자리를 떠나고 증석이 뒤에 남았는데, 증석이 "저 세 사람의 말이 어떻습니까?" 하고 묻자 공자는 "각자 자기 생각을 말했을 뿐이다."라고 말하였다. 다시 "선생님께서는 어째서 자로의 말에는 웃으셨습니까?" 하고 묻자, 공자는 "나라를 다스리는 것은 예를 가지고 하는 것인데, 그의 말에 겸손함이 없어서 웃은 것이다."라고 말하였다. "그렇다면 염유의 생각은 나라를 다스리는 것에 대한 이야기가 아닌가요?" 하고 묻자, 공자는 "어찌 사방 육칠십 리나 오륙십 리 정도라고 해서 나라를 다스리는 것이 아니겠는가?"라고 대답하였다. 증석이 또 "공서화의 생각은 나라를 다스리는 것이 아니지요?" 하고 묻자, 공자가 이렇게 대답하였다. "종묘의 제사나 군주들의 회동이 제후의 일이 아니면 무엇이겠는가? 공서적이 하고자 하는 일이 하찮은 작은 일이라면 누가 하는 일이 큰일이겠는가?"

子路曾晳冉有公西華侍坐. 子曰, "以吾一日長乎爾, 毋吾以也. 居則
자로증석염유공서화시좌. 자왈, "이오일일장호이, 무오이야. 거즉
曰, '不吾知也!' 如或知爾, 則何以哉?" 子路率爾而對曰, "千乘之國,

왈, '불오지야!' 여혹지이, 즉하이재?" 자로솔이이대왈, "천승지국, 攝乎大國之間, 加之以師旅, 因之以饑饉, 由也爲之, 比及三年, 可使 섭호대국지간, 가지이사려, 인지이기근, 유야위지, 비급삼년, 가사 有勇, 且知方也." 夫子哂之. "求! 爾何如?" 對曰, "方六七十, 如五六 유용, 차지방야." 부자신지. "구! 이하여?" 대왈, "방륙칠십, 여오륙 十, 求也爲之, 比及三年, 可使足民. 如其禮樂, 以俟君子." "赤! 爾何 십, 구야위지, 비급삼년, 가사족민. 여기례악, 이사군자." "적! 이하 如?" 對曰, "非曰能之, 願學焉. 宗廟之事, 如會同, 端章甫, 願爲小相 여?" 대왈, "비왈능지, 원학언. 종묘지사, 여회동, 단장보, 원위소상 焉." "點! 爾何如?" 鼓瑟希, 鏗爾, 舍瑟而作, 對曰, "異乎三子者之 언." "점! 이하여?" 고슬희, 갱이, 사슬이작, 대왈, "이호삼자자지 撰." 子曰, "何傷乎? 亦各言其志也." 曰, "莫春者, 春服旣成, 冠者五 찬." 자왈, "하상호? 역각언기지야." 왈, "모춘자, 춘복기성, 관자오 六人, 童子六七人, 浴乎沂, 風乎舞雩, 詠而歸." 夫子喟然歎曰, "吾 륙인, 동자륙칠인, 욕호기, 풍호무우, 영이귀." 부자위연탄왈, "오 與點也!" 三子者出, 曾晳後. 曾晳曰, "夫三子者之言何如?" 子曰, 여점야!" 삼자자출, 증석후. 증석왈, "부삼자자지언하여?" 자왈, "亦各言其志也已矣." 曰, "夫子何哂由也?" 曰, "爲國以禮, 其言不 "역각언기지야이의." 왈, "부자하신유야?" 왈, "위국이례, 기언불 讓, 是故哂之." "唯求則非邦也與?" "安見方六七十如五六十而非邦 양, 시고신지." "유구즉비방야여?" "안견방륙칠십여오륙십이비방

也者?"唯赤則非邦也與?""宗廟會同, 非諸侯而何? 赤也爲之小, 孰

야자?""유적즉비방야여?""종묘회동, 비제후이하? 적야위지소, 숙

能爲之大?"

능위지대?"

제12편 안연(顔淵)

1. 안연이 인에 대해 묻자, 공자가 말하였다. "자신의 사욕을 이겨내어 사람 사이의 조화를 이루는 예로 돌아가는 것이 인이다. 하루라도 자신의 사욕을 이겨내고 예로 돌아간다면 천하가 인으로 귀의할 것이다. 인을 행하는 것이 자신에게 달린 것이지 남에게 달린 것이겠는가?" 안연이 다시 "자세한 항목을 듣고자 합니다."라고 하자, 공자가 말하였다. "예가 아니면 보지 말고, 예가 아니면 듣지 말고, 예가 아니면 말하지 말고, 예가 아니면 움직이지 마라." 그러자 안연이 이렇게 말하였다. "제가 비록 총명하지는 못하지만 선생님 말씀을 실천하겠습니다."

顔淵問仁. 子曰, "克己復禮爲仁. 一日克己復禮, 天下歸仁焉. 爲仁由
안연문인. 자왈, "극기복례위인. 일일극기복례, 천하귀인언. 위인유
己, 而由人乎哉?" 顔淵曰, "請問其目." 子曰, "非禮勿視, 非禮勿聽,
기, 이유인호재?" 안연왈, "청문기목." 자왈, "비례물시, 비례물청,
非禮勿言, 非禮勿動." 顔淵曰, "回雖不敏, 請事斯語矣."
비례물언, 비례물동." 안연왈, "회수불민, 청사사어의."

2. 중궁이 인에 대해 묻자 공자가 이렇게 말하였다. "집 밖
에 나가면 큰 손님을 만나는 것처럼 공경스러운 몸가짐
을 하고, 백성을 부릴 때는 큰 제사를 주관하는 것처럼
신중하게 하라. 자기가 바라지 않는 것을 다른 사람이
하도록 시켜서는 안 된다. 나라 안에서도 원망을 듣지
않고 집 안에서도 원망을 듣지 않아야 한다." 그러자 중
궁이 이렇게 말하였다. "제가 비록 총명하지는 못하지
만 선생님 말씀을 실천하도록 하겠습니다."

仲弓問仁. 子曰, "出門如見大賓, 使民如承大祭. 己所不欲, 勿施於
중궁문인. 자왈, "출문여견대빈, 사민여승대제. 기소불욕, 물시어
人. 在邦無怨, 在家無怨." 仲弓曰, "雍雖不敏, 請事斯語矣."
인. 재방무원, 재가무원." 중궁왈, "옹수불민, 청사사어의."

3. 사마우가 인에 대해 묻자, 공자가 "인한 사람은 말을 신

중하게 한다."라고 말하였다. 그러자 다시 "말을 신중하게만 하면 인하다고 말할 수 있습니까?" 하고 묻자, 공자가 "그것을 행하기 어렵다면 말을 하는 데 신중하지 않을 수 있겠는가?"라고 답하였다.

司馬牛問仁. 子曰, "仁者, 其言也訒." 曰, "其言也訒, 斯謂之仁已
사마우문인. 자왈, "인자, 기언야인." 왈, "기언야인, 사위지인이

乎?" 子曰, "爲之難, 言之得無訒乎?"
호?" 자왈, "위지난, 언지득무인호?"

4. 사마우가 군자에 대해 묻자, 공자가 "군자는 근심하지 않고 두려워하지 않는다."고 답하였다. 다시 "근심하지 않고 두려워하지 않기만 하면 군자라고 말할 수 있습니까?" 하고 묻자, 공자가 이렇게 말하였다. "자기 스스로 돌아보아 거리낌이 없는데 무엇을 근심하고 무엇을 두려워하겠는가?"

司馬牛問君子. 子曰, "君子不憂不懼." 曰, "不憂不懼, 斯謂之君子已
사마우문군자. 자왈, "군자불우불구." 왈, "불우불구, 사위지군자이

乎?" 子曰, "內省不疚, 夫何憂何懼?"
호?" 자왈, "내성불구, 부하우하구?"

5. 사마우가 근심스럽게 말하였다. "사람들은 모두 형제가

있는데 저만 없습니다." 그러자 자하가 이렇게 말하였다. "나는 이렇게 들었다, 죽고 사는 것은 천명에 달려 있고 부하고 귀한 것은 하늘에 달려 있다고. 군자가 스스로 한결같은 태도를 지켜 잘못됨이 없으며 다른 사람에게 공손하고 예에 맞으면 온 천하 사람들이 모두 형제와 같은 것인데, 군자가 어찌 형제 없는 것을 걱정하겠는가?"

司馬牛憂曰, "人皆有兄弟, 我獨亡." 子夏曰, "商聞之矣, 死生有命,
사마우우왈, "인개유형제, 아독무." 자하왈, "상문지의, 사생유명,
富貴在天. 君子敬而無失, 與人恭而有禮. 四海之內, 皆兄弟也, 君子
부귀재천. 군자경이무실, 여인공이유례. 사해지내, 개형제야, 군자
何患乎無兄弟也?"
하환호무형제야?"

6. 자장이 명석함에 대해 묻자, 공자가 이렇게 말하였다. "물에 젖어드는 것같이 은근히 서서히 다가오거나 살갗에 부딪치는 것같이 사실처럼 여겨지는 참소에 따르지 않는다면, 명석하다고 일컬을 만하다. 물에 젖어드는 것같이 은근히 서서히 다가오거나 살갗에 부딪치는 것같이 사실처럼 여겨지는 참소에 따르지 않는다면, 멀리까지 내다본다고 일컬을 만하다."

子張問明. 子曰, "浸潤之譖, 膚受之愬, 不行焉, 可謂明也已矣. 浸潤

자장문명. 자왈, "침윤지참, 부수지소, 불행언, 가위명야이의. 침윤

之譖, 膚受之愬, 不行焉, 可謂遠也已矣."

지참, 부수지소, 불행언, 가위원야이의."

7. 자공이 정치에 대해 묻자, 공자가 "먹을 것을 넉넉하게
   해주고, 군비도 풍족하게 해놓고, 백성들이 윗사람을
   믿도록 하는 것이다."라고 답하였다. 자공이 다시 "어쩔
   수 없이 이 세 가지 중에 버려야 할 것이 있다면 어떤 것
   을 먼저 버려야 합니까?" 하고 묻자, 공자가 "군비를 채
   우는 것을 포기해야 한다."고 말하였다. 자공이 또 "어
   쩔 수 없이 나머지 두 가지 중에 버려야 할 것이 있다면
   어떤 것을 먼저 버려야 합니까?" 하고 묻자, 공자가 이
   렇게 답하였다. "먹을 것을 넉넉히 하는 일을 포기해야
   한다. 예로부터 죽음은 언제나 있었지만, 백성들이 믿지
   않으면 정치는 성립될 수 없기 때문이다."

   子貢問政. 子曰, "足食, 足兵, 民信之矣." 子貢曰, "必不得已而去,

   자공문정. 자왈, "족식, 족병, 민신지의." 자공왈, "필부득이이거,

   於斯三者何先?" 曰, "去兵." 子貢曰, "必不得已而去, 於斯二者何

   어사삼자하선?" 왈, "거병." 자공왈, "필부득이이거, 어사이자하

   先?" 曰, "去食. 自古皆有死, 民無信不立."

선?" 왈, "거식. 자고개유사, 민무신불립."

8. 위(衛)나라 대부인 극자성이 "군자는 바탕이 중요할 뿐이지, 외형적 문식을 따져서 무엇 하겠습니까?"라고 말하자, 자공이 이렇게 말하였다. "애석하구나, 그대가 군자에 대해 이야기하는 내용이! 말 네 필이 끄는 수레도 사람의 혀에서 나오는 말은 따라잡을 수 없는 법인데, 그대는 이미 말을 잘못하였습니다. 문식도 바탕과 같고 바탕도 문식과 같은 것이어서 모두 중요한데, 만약 바탕만을 중히 여긴다면 호랑이와 표범 가죽이 개나 양의 가죽과 같은 것이 되는 오류에 빠지게 됩니다."

棘子成曰, "君子質而已矣, 何以文爲?" 子貢曰, "惜乎, 夫子之說君
극자성왈, "군자질이이의, 하이문위?" 자공왈, "석호, 부자지설군
子也! 駟不及舌. 文猶質也, 質猶文也. 虎豹之鞹猶犬羊之鞹."
子也! 사불급설. 문유질야, 질유문야. 호표지곽유견양지곽."

9. 노나라 애공이 공자의 제자인 유약에게 "흉년이 들어 국가의 재정이 부족한데 어떻게 해야 합니까?" 하고 묻자, 유약이 "어째서 십분의 일을 세금으로 거두는 법을 시행하지 않습니까?"라고 대답하였다. 그러자 애공이 "나는 십분의 이를 세금으로 거두어도 부족하다고 생각

하는데, 어떻게 십분의 일만 거둘 수 있겠습니까?"라고 말하였다. 그러자 유약이 이렇게 대답하였다. "백성이 넉넉하다면 어느 군주가 부족하겠습니까? 백성이 부족하다면 어느 군주가 넉넉하겠습니까?"

哀公問於有若曰, "年饑, 用不足, 如之何?" 有若對曰, "盍徹乎?" 曰,
애공문어유약왈, "연기, 용불족, 여지하?" 유약대왈, "합철호?" 왈,

"二, 吾猶不足, 如之何其徹也?" 對曰, "百姓足, 君孰與不足? 百姓不
"이, 오유부족, 여지하기철야?" 대왈, "백성족, 군숙여부족? 백성부

足, 君孰與足?"
족, 군숙여족?"

10. 자장이 덕을 숭상하고 미혹을 구별하는 방법에 대해 묻자, 공자가 이렇게 말하였다. "충성과 신의를 위주로 하고 의로움에 근거한 생활을 하도록 바꾸어가는 것이 덕을 숭상하는 것이다. 사랑하면 그 사람이 살기를 바라고 미워하면 그가 죽기를 바라는데, 이미 그가 살기를 바라다가 또 그가 죽기를 바라는 것이 미혹에 빠진 것이다. 『시경』에 '진실로 부유하게 되지는 못하고 더욱이 이상한 느낌만 줄 뿐이네.' 라고 하였다."[32]

子張問崇德辨惑. 子曰, "主忠信, 徙義, 崇德也. 愛之欲其生, 惡之欲
자장문숭덕변혹. 자왈, "주충신, 사의, 숭덕야. 애지욕기생, 오지욕

其死. 旣欲其生, 又欲其死, 是惑也. '誠不以富, 亦祇以異.'"

기사. 기욕기생, 우욕기사, 시혹야. '성불이부, 역지이이.'"

11. 제나라 경공이 공자에게 정치에 대해 묻자, 공자가 "군주가 군주답고, 신하가 신하다우며, 아버지가 아버지답고 아들이 아들다워야 합니다."라고 대답하였다. 그러자 경공이 이렇게 말하였다. "좋은 말이로다! 진실로 군주가 군주답지 못하고 신하가 신하답지 못하며 아버지가 아버지답지 못하고 아들이 아들답지 못하다면, 비록 곡식이 있다고 한들 내가 그것을 먹을 수 있겠는가?"

齊景公問政於孔子. 孔子對曰, "君君, 臣臣, 父父, 子子." 公曰, "善

제경공문정어공자. 공자대왈, "군군, 신신, 부부, 자자." 공왈, "선

哉! 信如君不君, 臣不臣, 父不父, 子不子, 雖有粟, 吾得而食諸?"

재! 신여군불군, 신불신, 부불부, 자부자, 수유속, 오득이식저?"

12. 공자가 말하였다. "한마디 말로 소송에 대한 일을 판결할 수 있는 사람은 자로일 것이다." 자로는 하겠다고 한 일에 대해서는 머뭇거리지 않고 바로 실천한다.

子曰, "片言可以折獄者, 其由也與?" 子路無宿諾.

자왈, "편언가이절옥자, 기유야여?" 자로무숙낙.

13. 공자: 소송을 처리하는 일에는 나도 다른 사람과 비슷하지만, 그보다는 반드시 백성들에게 소송 자체가 없도록 만들어야 할 것이다.

子曰, "聽訟, 吾猶人也. 必也使無訟乎!"

자왈, "청송, 오유인야. 필야사무송호!"

14. 자로가 정치에 대해 묻자, 공자가 이렇게 말하였다. "평소에 정치에 마음을 두고 나태하게 대하지 말고, 그것을 실천하는 데 있어서는 충심으로 해야 한다.

子張問政. 子曰, "居之無倦, 行之以忠."

자장문정. 자왈, "거지무권, 행지이충."

15. 공자: 글을 넓게 공부하고 예로써 단속한다면 정말 도리에 어긋나지 않을 것이다.

子曰, "博學於文, 約之以禮, 亦可以弗畔矣夫!" [33]

자왈, "박학어문, 약지이례, 역가이불반의부!"

16. 공자: 군자는 남의 장점은 완성되게 하지만 남의 단점은 실현되지 않게 한다. 그러나 소인은 이와 정반대이다.

子曰, "君子成人之美, 不成人之惡. 小人反是."

자왈, "군자성인지미, 불성인지악. 소인반시."

17. 계강자가 공자에게 정치에 대해 묻자, 공자가 이렇게
    답하였다. "정치를 뜻하는 '정(政)'자는 무엇인가를 바
    르게 한다는 '정(正)'의 뜻입니다. 군주인 당신이 백성
    들을 바른 모습으로 이끈다면 어느 누가 감히 바르지
    않겠습니까?"

    季康子問政於孔子. 孔子對曰, "政者, 正也. 子帥以正, 孰敢不正?"
    계강자문정어공자. 공자대왈, "정자, 정야. 자솔이정, 숙감부정?"

18. 계강자가 도둑이 근심되어 공자에게 묻자, 공자가 이
    렇게 답하였다. "만일 군주인 당신이 욕심을 부리지 않
    는다면, 비록 상을 준다고 해도 도둑질은 하지 않을 것
    입니다."

    季康子患盜, 問於孔子. 孔子對曰, "苟子之不欲, 雖賞之不竊."
    계강자환도, 문어공자. 공자대왈, "구자지불욕, 수상지부절."

19. 계강자가 공자에게 정치에 대해 물으면서 "만일 무도
    한 사람들을 죽임으로써 백성들로 하여금 올바른 도리
    로 나아가게 한다면 어떻겠습니까?" 하고 말하자, 공
    자가 이렇게 답하였다. "그대는 정치를 하는 데 어찌

사람 죽이는 방법을 쓰려고 하십니까? 그대가 선해지기를 바라면 백성들도 선해질 것입니다. 비유하자면 군자의 덕은 바람과 같고 소인의 덕은 풀과 같은데, 풀이란 그 위로 바람이 불면 반드시 눕게 마련입니다."

季康子問政於孔子曰, "如殺無道, 以就有道, 何如?" 孔子對曰, "子爲政, 焉用殺? 子欲善而民善矣. 君子之德風, 小人之德草. 草上之風, 必偃."

계강자문정어공자왈, "여살무도, 이취유도, 하여?" 공자대왈, "자위정, 언용살? 자욕선이민선의. 군자지덕풍, 소인지덕초. 초상지풍, 필언."

20. 자장이 "선비는 어떠해야 통달했다고 말할 수 있습니까?" 하고 묻자, 공자가 반문하였다. "무엇을 말하는가, 네가 말하는 통달이라는 것이?" 자장이 "나라에서도 반드시 명성이 나고 집안에서도 반드시 명성이 나는 것입니다."라고 대답하였다. 그러자 공자가 이렇게 말하였다. "네가 말하는 것은 명성이지 통달에 관한 것이 아니다. 통달한 사람이란 바탕이 곧으면서도 의리를 좋아하고, 말을 잘 살피면서도 남의 얼굴색을 관찰하고, 사려 깊게 생각하면서 남보다 자신을 낮추는 사람이니, 이러한 행동을 통하여 나라에서 반드시 통달

하고 집안에서도 통달하게 된다. 명성을 바라는 사람
은 안색은 인한 것 같지만 행동은 인에서 벗어나며, 그
런 식으로 살아가면서도 이에 대해 조금도 의심이 없
는 사람이니, 이러한 행동을 통하여 나라에서 반드시
명성이 나고 집안에서도 명성이 난다."

子張問, "士何如斯可謂之達矣?" 子曰, "何哉, 爾所謂達者?" 子張對
자장문, "사하여사가위지달의?" 자왈, "하재, 이소위달자?" 자장대

曰, "在邦必聞, 在家必聞." 子曰, "是聞也, 非達也. 夫達也者, 質直
왈, "재방필문, 재가필문." 자왈, "시문야, 비달야. 부달야자, 질직

而好義, 察言而觀色, 慮以下人. 在邦必達, 在家必達. 夫聞也者, 色
이호의, 찰언이관색, 여이하인. 재방필달, 재가필달. 부문야자, 색

取仁而行違, 居之不疑. 在邦必聞, 在家必聞."
취인이행위, 거지불의. 재방필문, 재가필문."

21. 번지가 하늘에 제사 지내는 곳인 무우 제단 아래에서
    공자를 따라 노닐다가, "덕을 숭상하는 것, 마음속의
    악을 제거하는 것, 미혹을 분별해내는 것에 대해 묻고
    자 합니다."라고 하자, 공자가 이렇게 말하였다. "훌륭
    한 질문이다. 할 일을 먼저 하고 얻을 것을 뒤로 하는
    것이 덕을 숭상하는 것이 아니겠는가? 자신의 악한 생
    각을 다스리고 남의 나쁜 점을 공격하지 않는다면 마

음속의 악을 제거하는 것이 아니겠는가? 하루아침의 분노 때문에 자신을 잊고 그 피해가 부모에게까지 미친다면 미혹된 것이 아니겠는가?"

樊遲從遊於舞雩之下, 曰, "敢問崇德, 脩慝, 辨惑." 子曰, "善哉問!
번지종유어무우지하, 왈, "감문숭덕, 수특, 변혹." 자왈, "선재문!
先事後得, 非崇德與? 攻其惡, 無攻人之惡, 非脩慝與? 一朝之忿, 忘
선사후득, 비숭덕여? 공기악, 무공인지악, 비수특여? 일조지분, 망
其身以及其親, 非惑與?"
기신이급기친, 비혹여?"

22. 번지가 인에 대해 묻자 공자가 "사람을 사랑하는 것이다."라고 말하였다. 다시 지혜에 대해 묻자 "사람을 아는 것이다."라고 말하였다. 번지가 공자의 말을 이해하지 못하자, 공자는 "정직한 사람을 등용하고 부정한 사람들을 내치면 부정한 사람들을 정직하게 만들 수 있다."고 말하였다. 번지가 공자의 앞에서 물러나와 자하를 보고 "이전에 제가 공자 선생님을 뵙고 지혜에 대해 여쭈어보았더니 선생님께서 '정직한 사람을 등용하고 부정한 사람을 내치면 부정한 사람들을 정직하게 만들 수 있다.'고 하셨는데 무슨 말씀입니까?" 하고 물었다. 그러자 자하는 이렇게 말하였다. "풍부한 의미를 담고

있는 말씀이시다. 순임금이 천하를 다스릴 때 많은 사람 중에서 고요(皐陶)를 골라 등용하자 불인한 사람들이 멀리 사라졌다. 탕임금이 천하를 다스릴 때 많은 사람 중에서 이윤(伊尹)을 골라 등용하자 불인한 사람들이 멀리 사라졌다."

樊遲問仁. 子曰, "愛人." 問知. 子曰, "知人." 樊遲未達. 子曰, "擧直
번지문인. 자왈, "애인." 문지. 자왈, "지인." 번지미달. 자왈, "거직
錯諸枉, 能使枉者直." 樊遲退, 見子夏曰, "鄕也吾見於夫子而問知,
조제왕, 능사왕자직." 번지퇴, 견자하왈, "향야오견어부자이문지,
子曰, '擧直錯諸枉, 能使枉者直', 何謂也?" 子夏曰, "富哉言乎! 舜
자왈, '거직조제왕, 능사왕자직', 하위야?" 자하왈, "부재언호! 순
有天下, 選於衆, 擧皐陶, 不仁者遠矣. 湯有天下, 選於衆, 擧伊尹, 不
유천하, 선어중, 거고요, 불인자원의. 탕유천하, 선어중, 거이윤, 불
仁者遠矣."
인자원의."

23. 지공이 친구를 사귀는 방법에 대해 묻자, 공자가 이렇게 말하였다. "충심으로 말해주고 잘 인도해주되, 나의 말을 듣지 않으면 그만두어 스스로 욕되지 말아야 한다."

子貢問友. 子曰, "忠告而善道之, 不可則止, 毋自辱焉."
자공문우. 자왈, "충고이선도지, 불가즉지, 무자욕언."

24. 증자: 군자는 학문을 통해 친구를 만나며, 친구를 통해 더욱 인하도록 노력한다.

曾子曰, "君子以文會友, 以友輔仁."

증자왈, "군자이문회우, 이우보인."

제13편 자로(子路)

1. 자로가 정치에 대해 묻자, 공자가 "백성들보다 앞장서고 백성을 위해 수고를 아끼지 않아야 한다."라고 말하였다. 더 많은 가르침을 청하자, "앞에서 말한 것을 실천하는 데 게으름을 피워서는 안 된다."고 답하였다.

   子路問政. 子曰, "先之勞之." 請益. 曰, "無倦."

   자로문정. 자왈, "선지로지." 청익. 왈, "무권."

2. 중궁이 계씨 집안의 총괄 책임자가 되어 정치에 대해 묻자, 공자가 "여러 관리보다 먼저 모범을 보이고, 관리들의 작은 잘못은 용서해주며, 현명한 인재를 관리로 등용해야 한다."고 말하였다. 그러자 다시 "어떻게 현명한

인재인지를 알아서 등용합니까?" 하고 묻자, 공자가 이렇게 말하였다. "네가 아는 현명한 사람을 등용해라. 그러면 네가 알지 못하는 현명한 사람들을 다른 사람들이 가만히 있지 않고 너에게 천거하지 않겠는가?"

仲弓爲季氏宰, 問政. 子曰, "先有司, 赦小過, 擧賢才." 曰, "焉知賢才
중궁위계씨재, 문정. 자왈, "선유사, 사소과, 거현재." 왈, "언지현재
而擧之?" 曰, "擧爾所知. 爾所不知, 人其舍諸?"
이거지?" 왈, "거이소지. 이소불지, 인기사저?"

3. 자로가 "위나라 군주가 선생님을 모시고 정치를 하고자 한다면 선생님께서는 무엇을 먼저 행하시겠습니까?" 하고 묻자, 공자가 "반드시 이름을 바로잡을 것이다."라고 말하였다. 이에 자로가 "이런 생각만 하시다니, 선생님의 현실 감각이 떨어지십니다! 어째서 그것을 바로잡고자 하시는 것입니까?"라고 말하자, 공자가 이렇게 말하였다. "말을 함부로 하는구나, 자로야! 군자는 자기가 알지 못하는 것에 대해서는 말하지 않고 제쳐두는 법이다. 이름이 바르지 않으면 말이 자연스럽지 못하며, 말이 자연스럽지 못하면 어떤 일도 제대로 이루어질 수 없다. 일이 제대로 이루어지지 못하면 예악이 일어나지 못하며, 예악이 일어나지 못하면 형벌을 적절하게 쓸 수

없게 되며, 형벌을 적절하게 쓸 수 없게 되면 백성들은 어떻게 해야 할지 몰라 손발을 둘 곳이 없게 된다. 그러므로 군자는 어떤 것에 대해 이름을 정하면 반드시 말로 할 수 있어야 하고, 말을 한다면 반드시 실천할 수 있어야 한다. 이렇게 함으로써 군자는 자기 말에 대해 구차한 상황이 없어야 하는 것이다.

子路曰, "衛君待子而爲政, 子將奚先?" 子曰, "必也正名乎!" 子路曰,
자로왈, "위군대자이위정, 자장해선?" 자왈, "필야정명호!" 자로왈,
"有是哉, 子之迂也! 奚其正?" 子曰, "野哉, 由也! 君子於其所不知,
"유시재, 자지우야! 해기정?" 자왈, "야재, 유야! 군자어기소불지,
蓋闕如也. 名不正, 則言不順, 言不順, 則事不成, 事不成, 則禮樂不
개궐여야. 명부정, 즉언불순, 언불순, 즉사불성, 사불성, 즉례악불
興, 禮樂不興, 則刑罰不中, 刑罰不中, 則民無所錯手足. 故君子名之
흥, 예악불흥, 즉형벌부중, 형벌부중, 즉민무소조수족. 고군자명지
必可言也, 言之必可行也. 君子於其言, 無所苟而已矣."
필가언야, 언지필가행야. 군자어기언, 무소구이이의."

4. 번지가 농사짓는 법을 배우고자 청하니 공자가 "농사에 관한 한 나는 늙은 농부보다 못하다."고 말하였다. 다시 채소밭 가꾸는 법을 배우고자 청하니 공자는 "채소밭 가꾸는 법에 관한 한 늙은 채소 농사꾼보다 못하다."고

말하였다. 번지가 나가자 공자가 이렇게 말하였다. "소인이구나, 번지는! 윗사람이 예를 좋아하면 백성들 중에 어느 누구도 감히 공경하지 않는 사람이 없으며, 윗사람이 의리를 좋아하면 백성들 중에 어느 누구도 감히 복종하지 않는 사람이 없으며, 윗사람이 신의를 좋아하면 백성들 중에 어느 누구도 감히 성실한 행동을 하지 않는 사람이 없다. 이렇게 된다면, 사방의 백성들이 그 자식들을 포대기에 업고 올 텐데, 어디에 농사짓는 법을 쓸 수 있겠는가?"

樊遲請學稼. 子曰, "吾不如老農." 請學爲圃. 曰, "吾不如老圃." 樊遲
번지청학가. 자왈, "오불여로농." 청학위포. 왈, "오불여로포." 번지
出. 子曰, "小人哉, 樊須也! 上好禮, 則民莫敢不敬, 上好義, 則民莫
출. 자왈, "소인재, 번수야! 상호례, 즉민막감불경, 상호의, 즉민막
敢不服, 上好信, 則民莫敢不用情. 夫如是, 則四方之民襁負其子而至
감불복, 상호신, 즉민막감불용정. 부여시, 즉사방지민강부기자이지
矣, 焉用稼?"
의, 언용가?"

5. 공자: 『시경』의 시 삼백 수를 모두 외웠지만 그에게 정치를 맡겨도 제대로 일을 하지 못하고, 사방의 다른 나라에 사신으로 가서도 혼자 응대할 수 없다면, 아무리

시를 많이 외웠다고 한들 또 무슨 소용이 있겠는가?

子曰, "誦詩三百, 授之以政, 不達, 使於四方, 不能專對, 雖多, 亦奚

자왈, "송시삼백, 수지이정, 부달, 사어사방, 불능전대, 수다, 역해

以爲?"

이위?"

6. 공자: 군주 자신이 올바르면 명령을 내리지 않아도 모든
   일이 군주의 뜻에 따라 행해지며, 군주 자신이 올바르지
   않으면 비록 명령을 내린다고 해도 백성들이 군주의 뜻
   을 따르지 않는다.

   子曰, "其身正, 不令而行, 其身不正, 雖令不從."

   자왈, "기신정, 불령이행, 기신부정, 수령부종."

7. 공자: 노나라와 위나라의 정치는 형제처럼 비슷하게 혼
   란스럽다.

   子曰, "魯衛之政, 兄弟也."

   자왈, "노위지정, 형제야."

8. 공자가 위나라 왕족인 대부 형(荊)에 대해 이렇게 논평
   하였다. "집안을 잘 다스려 재산을 약간 모았을 때 '그
   럭저럭 모아졌다.' 고 말하고, 조금 부유해졌을 때 '그럭

저럭 갖추어졌다.' 고 말하고, 정말 부유해지자 '그럭저
럭 아름답다.' 고 말하였다."

子謂衛公子荊, "善居室. 始有, 曰, '苟合矣.' 少有, 曰, '苟完矣.' 富
자위위공자형, "선거실. 시유, 왈, '구합의.' 소유, 왈, '구완의.' 부
有, 曰, '苟美矣.' "
유, 왈, '구미의.' "

9. 공자가 위나라로 갈 때 염유가 수레를 몰았다. 공자가
   "참 사람이 많구나!" 하고 감탄하였다. 염유가 "이미 사
   람이 많다면 여기에 무엇을 더해야 합니까?" 하고 묻
   자, 공자가 "그들을 부유하게 만들어야 한다."라고 말하
   였다. "이미 부유해졌다면 여기에 무엇을 더해야 합니
   까?" 하고 다시 묻자, 공자가 "그들을 가르쳐야 한다."
   라고 말하였다.

   子適衛, 冉有僕. 子曰, "庶矣哉!" 冉有曰, "旣庶矣, 又何加焉?" 曰,
   자적위, 염유복. 자왈, "서의재!" 염유왈, "기서의, 우하가언?" 왈,
   "富之." 曰, "旣富矣, 又何加焉?" 曰, "敎之."
   "부지." 왈, "기부의, 우하가언?" 왈, "교지."

10. 공자: 만일 나를 써주는 사람이 있다면 일 년이면 괜찮
    아질 것이고, 삼 년이면 업적을 이룰 수 있을 것이다.

子曰, "苟有用我者, 期月而已可也, 三年有成."

자왈, "구유용아자, 기월이이가야, 삼년유성."

11. 공자: "선한 사람이 나라를 백 년 동안 다스린다면 잔
   악한 사람들을 물리치고 살인을 없앨 수 있을 것이다."
   라는 말이 있는데, 이 말은 정말 옳다!

   子曰, " '善人爲邦百年, 亦可以勝殘去殺矣.' 誠哉是言也!"

   자왈, " '선인위방백년, 역가이승잔거살의.' 성재시언야!"

12. 공자: 천명을 받아 성인이 세상을 다스리게 되더라도 반
   드시 한 세대는 지나야 어진 정치가 이루어질 것이다.

   子曰, "如有王者, 必世而後仁."

   자왈, "여유왕자, 필세이후인."

13. 공자: 진실로 자기 자신을 바르게 한다면 정치를 하는
   데 무슨 어려움이 있겠는가? 자기 자신을 바르게 할 수
   없다면 어떻게 다른 사람을 바르게 할 수 있겠는가?

   子曰, "苟正其身矣, 於從政乎何有? 不能正其身, 如正人何?"

   자왈, "구정기신의, 어종정호하유? 불능정기신, 여정인하?"

14. 염유가 퇴근하자, 공자가 "어째서 이렇게 늦었는가?"

하고 물었다. "정무가 있었습니다."라고 답하자, 공자
가 이렇게 말하였다. "그것은 계씨 집안일이다. 만약
정무가 있었다면, 비록 나는 등용되지는 않았지만 나
도 그 일에 대해서 들었을 것이다."

冉子退朝. 子曰, "何晏也?" 對曰, "有政." 子曰, "其事也. 如有政, 雖
염자퇴조. 자왈, "하안야?" 대왈, "유정." 자왈, "기사야. 여유정, 수

不吾以, 吾其與聞之."
불오이, 오기여문지."

15. 노나라 군주인 정공이 "한 마디 말로 나라를 흥하게 할
수 있는 것이 있습니까?" 하고 묻자, 공자가 말하였다.
"말이란 그처럼 기대할 수 있는 것이 아니기는 합니다.
다만 사람들이 흔히 하는 말 중에 '군주 노릇 하기 어
렵고 신하 노릇 하기 쉽지 않다.' 라는 말이 있는데, 만
일 군주 노릇 하기가 어렵다는 것을 안다면, 아마도 한
마디로 나라를 흥하게 할 수 있는 말에 가까울 것입니
다." 그러자 정공이 다시 "한 마디 말로 나라를 망하게
할 수 있는 것이 있습니까?" 하고 묻자, 공자가 말하였
다. "말이란 그처럼 기대할 수 있는 것이 아니기는 합
니다. 다만 사람들이 흔히 하는 말 중에 '나에게는 군
주 노릇 하는 것보다 더 즐거운 것이 없다. 오직 내 말

이면 어느 누구도 어기는 사람이 없다.' 라는 말이 있는데, 만일 군주의 말이 선한 것이어서 어느 누구도 어기지 않는다면 정말 좋은 것입니다. 그러나 군주의 말이 선하지 않는데도 어느 누구도 어기지 않는다면, 아마도 한 마디로 나라를 망하게 할 수 있는 말에 가까울 것입니다."

定公問, "一言而可以興邦, 有諸?" 孔子對曰, "言不可以若是其幾也.
정공문, "일언이가이흥방, 유저?" 공자대왈, "언불가이약시기기야.
人之言曰, '爲君難, 爲臣不易.' 如知爲君之難也, 不幾乎一言而興邦
인지언왈, '위군난, 위신불이.' 여지위군지난야, 불기호일언이흥방
乎?" 曰, "一言而喪邦, 有諸?" 孔子對曰, "言不可以若是其幾也. 人
호?" 왈, "일언이상방, 유저?" 공자대왈, "언불가이약시기기야. 인
之言曰, '予無樂乎爲君, 唯其言而莫予違也.' 如其善而莫之違也, 不
지언왈, '여무락호위군, 유기언이막여위야.' 여기선이막지위야, 불
亦善乎? 如不善而莫之違也, 不幾乎一言而喪邦乎?"
역선호? 여불선이막지위야, 불기호일언이상방호?"

16. 초나라 대부인 섭공이 정치에 대해 묻자, 공자가 말하였다. "가까이 있는 사람들을 기쁘게 만들고 멀리 있는 사람들을 찾아오게 만드는 것입니다."

葉公問政. 子曰, "近者說, 遠者來."

섭공문정. 자왈, "근자열, 원자래."

17. 자하가 노나라 거보 읍의 책임자가 되어 정치에 대해
    묻자, 공자가 말하였다. "너무 빨리 이루어지기를 바라
    지 말고, 작은 이익을 따지지 마라. 빨리 이루어지기를
    바라면 오히려 달성하지 못하며, 작은 이익을 따지면
    큰일을 이룰 수 없다."

    子夏爲莒父宰, 問政. 子曰, "無欲速, 無見小利. 欲速則不達, 見小利則
    자하위거보재, 문정. 자왈, "무욕속, 무견소리. 욕속즉부달, 견소리즉
    大事不成."
    대사불성."

18. 섭공이 공자에게 "우리 마을의 정직한 사람은, 그 아
    버지가 양을 훔치자 아들이 이에 대해 증언하였습니
    다."라고 말하자, 공자가 말하였다. "우리 마을의 정직
    한 사람은 이와는 다릅니다. 그런 일이 있으면 아버지
    는 아들을 위해 감추고 아들은 아버지를 위해 감추지
    만, 정직함은 그 사이에 있는 것입니다."

    葉公語孔子曰, "吾黨有直躬者, 其父攘羊, 而子證之." 孔子曰, "吾黨
    섭공어공자왈, "오당유직궁자, 기부양양, 이자증지." 공자왈, "오당
    之直者異於是, 父爲子隱, 子爲父隱. 直在其中矣."
    지직자이어시, 부위자은, 자위부은. 직재기중의."

지직자이어시, 부위자은, 자위부은. 직재기중의."

19. 번지가 인에 대해 묻자, 공자가 말하였다. "평소에는
공손하고 일을 할 때는 신중하며 다른 사람과 사귈 때
는 진심으로 대하는 것이다. 이는 비록 오랑캐 땅에 갈
지라도 버릴 수 없는 덕목이다.

樊遲問仁. 子曰, "居處恭, 執事敬, 與人忠. 雖之夷狄, 不可棄也."

번지문인. 자왈, "거처공, 집사경, 여인충. 수지이적, 불가기야."

20. 자공이 "어떻게 해야 선비라고 부를 수 있습니까?" 하
고 묻자, 공자가 말하였다. "자신의 행동에 대해 부끄
러움이 있고, 사방의 다른 나라에 사신으로 가서 군주
의 명령을 욕되게 하지 않는다면 선비라 부를 수 있을
것이다." 다시 "그 다음 등급에 대해 묻고자 합니다."
라고 하자, 공자는 "친척들이 효성스럽다 부르고 마을
에서 공손하다 부르는 사람이다."라고 말하였다. 또다
시 "그 아래 등급에 대해 묻고자 합니다."라고 하자,
공자는 "말은 반드시 진실하게 하고 행동은 반드시 성
과를 만들어낸다면, 완고한 소인이기는 하지만 또한
다음 등급이라고 할 수 있을 것이다."라고 말하였다.
마지막으로 "지금의 정치를 하는 사람들은 어떻습니

까?" 하고 묻자, 공자는 "아아! 그 자질구레하고 하찮
은 사람들을 따져서 무엇 하겠는가?"라고 말하였다.

子貢問曰, "何如斯可謂之士矣?" 子曰, "行己有恥, 使於四方, 不辱
자공문왈, "하여사가위지사의?" 자왈, "행기유치, 사어사방, 불욕
君命, 可謂士矣." 曰, "敢問其次." 曰, "宗族稱孝焉, 鄕黨稱弟焉."
군명, 가위사의." 왈, "감문기차." 왈, "종족칭효언, 향당칭제언."
曰, "敢問其次." 曰, "言必信, 行必果, 硜硜然小人哉! 抑亦可以爲次
왈, "감문기차." 왈, "언필신, 행필과, 갱갱연소인재! 억역가이위차
矣." 曰, "今之從政者何如?" 子曰, "噫! 斗筲之人, 何足算也?"
의." 왈, "금지종정자하여?" 자왈, "희! 두소지인, 하족산야?"

21. 공자: 중도를 행하는 사람과 함께할 수 없다면, 아쉽지
만 과격하거나 고집이 센 사람과 함께하겠다. 과격한
사람은 옳은 일에 진취성이 있고, 고집이 센 사람은 옳
지 않다고 생각되는 일은 절대로 하지 않는 경향이 있
기 때문이다.

子曰, "不得中行而與之, 必也狂狷乎! 狂者進取, 狷者有所不爲也."
자왈, "부득중행이여지, 필야광견호! 광자진취, 견자유소불위야."

22. 공자가 말하였다. "남쪽 사람들 말에 '사람에게 변함
없는 마음이 없다면 무당이나 의사도 될 수 없다.'는

말이 있는데, 옳은 말이다! 『역경』에도 자신의 덕을 일
정하게 지키지 못하면 수치스러운 일이 이어질 수 있
다고 하였다." 또 공자가 말하였다. "일정함이 없는 사
람에게는 수치스러운 일만 이어질 것이므로 점치는 것
은 아무런 의미가 없다."[34]

子曰, "南人有言曰, '人而無恒, 不可以作巫醫.' 善夫! 不恒其德, 或

자왈, "남인유언왈, '인이무항, 불가이작무의.' 선부! 불항기덕, 혹

承之羞." 子曰, "不占而已矣."

승지수." 자왈, "부점이이의."

23. 공자: 군자는 남과 조화를 이루지만 이익에 따라 남과
   동일한 행동을 하지 않으며, 소인은 이익에 따라 남과
   동일한 행동을 하기는 하지만 남과 조화를 이루지 못
   한다.

   子曰, "君子和而不同, 小人同而不和."

   자왈, "군자화이부동, 소인동이불화."

24. 자공이 "마을 사람들이 모두 어떤 사람을 좋아한다면
   그 사람은 좋은 사람입니까?" 하고 묻자, 공자가 "아
   직 속단해서는 안 된다."라고 말하였다. 다시 "마을 사
   람들이 모두 미워하면 그 사람은 나쁜 사람입니까?"

하고 묻자, 공자가 말하였다. "아직 속단해서는 안 된
다. 진정으로 좋은 사람이란 마을 사람들 중 선한 사람
들이 모두 좋아하고 선하지 못한 사람들이 모두 미워
하는 사람이라고 할 수 있다."

子貢問曰, "鄕人皆好之, 何如?" 子曰, "未可也." "鄕人皆惡之, 何

자공문왈, "향인개호지, 하여?" 자왈, "미가야." "향인개오지, 하

如?" 子曰, "未可也, 不如鄕人之善者好之, 其不善者惡之."

여?" 자왈, "미가야, 불여향인지선자호지, 기불선자오지."

25. 공자: 군자는 섬기기는 쉽지만 기쁘게 하기는 어렵다.
이는 그를 기쁘게 할 때 도리에 맞게 하지 않으면 그가
기뻐하지 않기 때문이다. 그러나 그가 사람을 부릴 때
는 부리려는 사람의 그릇에 맞게 부린다. 반면에 소인
은 섬기기는 어렵지만 기쁘게 하기는 쉽다. 이는 그를
기쁘게 할 때 도리에 맞지 않은 방법으로 해도 그가 기
뻐하기 때문이다. 그러나 그가 사람을 부릴 때는 부리
려는 사람이 재주를 모두 다 갖추고 있기를 요구한다.

子曰, "君子易事而難說也. 說之不以道, 不說也, 及其使人也, 器之.

자왈, "군자이사이난열야. 열지불이도, 불열야, 급기사인야, 기지.

小人難事而易說也. 說之雖不以道, 說也, 及其使人也, 求備焉."

소인난사이이열야. 열지수불이도, 열야, 급기사인야, 구비언."

26. 공자: 군자는 태연하지만 교만하지 않고, 소인은 교만
하지만 태연하지 않다.

子曰, "君子泰而不驕, 小人驕而不泰."

자왈, "군자태이불교, 소인교이불태."

27. 공자: 강직함, 굳셈, 질박함, 어눌함은 인에 가깝다.

子曰, "剛毅木訥, 近仁."

자왈, "강의목눌, 근인."

28. 자로가 "어떻게 해야 선비라고 부를 수 있습니까?" 하
고 묻자, 공자가 말하였다. "선하게 되도록 간절히 권
하며 즐거워하는 모습을 보여야 선비라고 부를 수 있
다. 친구 간에는 선하게 되도록 간절하게 권하며, 형제
간에는 즐거워하는 모습을 보여야 한다."

子路問曰, "何如斯可謂之士矣?" 子曰, "切切偲偲, 怡怡如也, 可謂

자로문왈, "하여사가위지사의?" 자왈, "절절시시, 이이여야, 가위

士矣. 朋友切切偲偲, 兄弟怡怡."

사의. 붕우절절시시, 형제이이."

29. 공자: 선한 사람이 백성들을 가르친 것이 칠 년 정도
면, 전쟁터에 나가게 할 수 있을 것이다.

子曰, "善人教民七年, 亦可以卽戎矣."

자왈, "선인교민칠년, 역가이즉융의."

30. 공자: 백성들을 가르치지 않고 전쟁터에 내보내는 것
은 그들을 버리는 것이라 하겠다.

子曰, "以不教民戰, 是謂棄之."

자왈, "이불교민전, 시위기지."

제14편 헌문(憲問)

1. 제자인 원헌이 부끄러움에 대해 묻자, 공자가 "나라에
   도가 있어 잘 다스려질 때 봉급만 받고 별 일을 하지 않
   는 것과, 나라에 도가 없어 혼란스러울 때 봉급만 받고
   지내는 것은 부끄러운 일이다."라고 말하였다. 다시 "이
   기기를 좋아하고, 자랑하고, 원망하고, 욕심내는 일을
   하지 않는다면 인하다고 할 수 있습니까?" 하고 묻자,
   공자가 말하였다. "그러한 것이 어려운 일이기는 하지
   만, 인이라고 하는 것에는 동의하지 못한다."

   憲問恥. 子曰, "邦有道, 穀, 邦無道, 穀, 恥也." "克伐怨欲不行焉, 可
   헌문치. 자왈, "방유도, 곡, 방무도, 곡, 치야." "극벌원욕불행언, 가
   以爲仁矣?" 子曰, "可以爲難矣, 仁則吾不知也."

이위인의?" 자왈, "가이위난의, 인즉오부지야."

2. 공자: 선비가 편안하게 살아가는 것에만 마음을 둔다면
   선비라고 하기에는 부족하다.

   子曰, "士而懷居, 不足以爲士矣."

   자왈, "사이회거, 부족이위사의."

3. 공자: 나라에 도가 행해지고 있다면 올바른 말과 올바른
   행동을 해야 하지만, 나라에 도가 행해지고 있지 않다면
   행동은 올바르게 하고 말은 겸손하게 해야 한다.

   子曰, "邦有道, 危言危行, 邦無道, 危行言孫."

   자왈, "방유도, 위언위행, 방무도, 위행언손."

4. 공자: 덕을 갖춘 사람은 반드시 그에 걸맞게 말을 잘하
   지만, 말을 잘한다고 해서 반드시 덕을 갖추고 있지는
   않다. 어진 사람은 반드시 그에 걸맞게 용기가 있지만,
   용기가 있다고 해서 반드시 어짊을 갖추고 있지는 않다.

   子曰, "有德者必有言, 有言者不必有德. 仁者必有勇, 勇者不必有仁."

   자왈, "유덕자필유언, 유언자불필유덕. 인자필유용, 용자불필유인."

5. 남궁괄(남용)이 공자에게 물었다. "옛날 유궁(有窮) 나라

의 군주인 예는 활을 잘 쏘았고 오는 육지에서 배를 끌 정도로 힘이 좋았지만, 모두 제명에 죽지 못하였습니다. 우임금과 후직은 몸소 농사를 지었지만, 천하를 다스렸습니다." 공자는 아무런 대답을 하지 않았다. 남궁괄이 나가자 공자가 이렇게 말하였다. "군자로구나, 이 사람은! 덕을 숭상하는구나, 이 사람은!"

南宮适問於孔子曰, "羿善射, 奡盪舟, 俱不得其死然. 禹稷躬稼而有

남궁괄문어공자왈, "예선사, 오탕주, 구부득기사연. 우직궁가이유

天下." 夫子不荅. 南宮适出, 子曰, "君子哉若人! 尙德哉若人!"

천하." 부자부답. 남궁괄출, 자왈, "군자재약인! 상덕재약인!"

6. 공자: 군자이면서 인하지 못한 사람은 있겠지만, 소인이면서 인한 사람은 있어 본 적이 없다.

子曰, "君子而不仁者有矣夫, 未有小人而仁者也."

자왈, "군자이불인자유의부, 미유소인이인자야."

7. 공자: 어떤 사람을 사랑한다고 해서 그 사람을 수고롭지 않게 할 수 있겠는가? 군주에게 충성한다고 해서 군주를 깨우쳐주지 않을 수 있겠는가?

子曰, "愛之, 能勿勞乎? 忠焉, 能勿誨乎?"

자왈, "애지, 능물로호? 충언, 능물회호?"

8. 공자: 정나라에서 외교 문서를 작성할 때는 대부 비심이 초고를 쓰고, 대부 세숙이 그에 대해 의견을 제시하고, 외교관 자우가 자구를 수정하고, 동리 지역 출신인 대부 자산이 윤색하였다.

子曰, "爲命, 裨諶草創之, 世叔討論之, 行人子羽脩飾之, 東里子産

자왈, "위명, 비심초창지, 세숙토론지, 행인자우수식지, 동리자산

潤色之."

윤색지."

9. 어떤 사람이 자산의 사람됨에 대해 묻자 공자가 "남에게 은혜를 베푼 사람이다."라고 답하였다. 또 자서에 대해 묻자, "그 사람이야 그 사람이지."라고 그저 그런 사람일 뿐이라고 말하였다. 다시 관중에 대해 묻자, 이렇게 말하였다. "이 사람은, 제나라 대부인 백씨가 소유하던 삼백 호 정도의 변 지방을 빼앗아 백씨가 죽을 때까지 거친 밥을 먹었는데도 원망하는 말을 하지 않았을 정도의 인물이다."

或問子産. 子曰, "惠人也." 問子西. 曰, "彼哉! 彼哉!" 問管仲. 曰,

혹문자산. 자왈, "혜인야." 문자서. 왈, "피재! 피재!" 문관중. 왈,

"人也. 奪伯氏騈邑三百, 飯疏食, 沒齒無怨言."

"인야. 탈백씨변읍삼백, 반소사, 몰치무원언."

10. 공자: 가난하면서 원망하지 않기는 어려워도, 부유하면서 교만하지 않기는 쉽다.

子曰, "貧而無怨難, 富而無驕易."

자왈, "빈이무원난, 부이무교이."

11. 공자: 노나라 대부인 맹공작은 조나라나 위나라와 같은 큰 나라에서는 가신의 우두머리가 되기에 충분하지만, 등나라나 설나라와 같은 작은 나라의 대부가 되기에는 부족하다.

子曰, "孟公綽爲趙魏老則優, 不可以爲滕薛大夫."

자왈, "맹공작위조위로즉우, 불가이위등설대부."

12. 자로가 완성된 인간에 대해 묻자, 공자가 말하였다. "장무중의 지혜, 맹공작의 무욕, 변장자의 용기, 염구의 재능을 갖고, 여기에 예악으로 꾸미게 된다면, 또한 완성된 인간이 될 수 있을 것이다." 또 공자가 말하였다. "지금의 완성된 인간은 어찌 반드시 그래야만 하겠는가? 이익을 눈앞에 두고 의리를 생각하며, 국가의 위태로움을 보면 목숨을 바치고, 오래된 약속일지라도 평소에 한 것처럼 잊지 않는다면, 또한 성인이 될 수 있을 것이다."

子路問成人. 子曰, "若臧武仲之知, 公綽之不欲, 卞莊子之勇, 冉求

자로문성인. 자왈, "약장무중지지, 공작지불욕, 변장자지용, 염구

之藝, 文之以禮樂, 亦可以爲成人矣." 曰, "今之成人者何必然? 見利

지예, 문지이례악, 역가이위성인의." 왈, "금지성인자하필연? 견리

思義, 見危授命, 久要不忘平生之言, 亦可以爲成人矣."

사의, 견위수명, 구요불망평생지언, 역가이위성인의."

13. 공자가 위나라 사람인 공명가에게 위나라 대부인 공숙
    문자에 대해 물었다. "정말인가? 그 사람은 말도 잘하
    지 않고 함부로 웃지도 않으며 남의 물건을 멋대로 취
    하지 않는가?" 공명가가 이렇게 대답하였다. "그에 대
    해 이야기해준 사람이 지나쳤습니다. 그 사람은 적절
    한 때에야 말하니 다른 사람이 그가 말하는 것을 싫어
    하지 않고, 즐거운 연후에야 웃으니 다른 사람이 그가
    웃는 것을 싫어하지 않으며, 의로운 연후에야 취하니
    다른 사람이 그가 취하는 것을 싫어하지 않습니다." 그
    러자 공자가 "그가 그러한가? 정말 그가 그럴 수 있는
    가?"라고 말하였다.

    子問公叔文子於公明賈曰, "信乎, 夫子不言不笑不取乎?" 公明賈對

    자문공숙문자어공명가왈, "신호, 부자불언불소불취호?" 공명가대

    曰, "以告者過也. 夫子時然後言, 人不厭其言, 樂然後笑, 人不厭其

왈, "이고자과야. 부자시연후언, 인불염기언, 낙연후소, 인불염기

笑, 義然後取, 人不厭其取." 子曰, "其然? 豈其然乎?"

소, 의연후취, 인불염기취." 자왈, "기연? 기기연호?"

14. 공자: 장무중이 방 지방을 근거로 노나라에 자신의 후
    계자를 세워줄 것을 요구하였는데, 비록 군주를 협박
    한 것은 아니라고 말하지만 나는 그 말을 믿을 수 없다.
    子曰, "臧武仲以防求爲後於魯, 雖曰不要君, 吾不信也."
    자왈, "장무중이방구위후어로, 수왈불요군, 오불신야."

15. 공자: 진나라 문공은 속임수를 쓰고 바르지 못하였으
    나, 제나라 환공은 바르고 속임수를 쓰지 않았다.
    子曰, "晉文公譎而不正, 齊桓公正而不譎."
    자왈, "진문공휼이부정, 제환공정이불휼."

16. 자로가 "환공이 공자 규를 죽이자 그를 모시던 소홀은
    공자 규를 위해 죽었는데, 관중은 죽지 않았습니다. 인
    하지 못한 것이 아닙니까?" 하고 묻자, 공자가 말하였
    다. "환공은 제후들을 규합하되, 무력으로 하지 않았던
    것은 바로 관중의 능력 때문이다. 그의 인함이고, 그의
    인함이다."

子路曰, "桓公殺公子糾, 召忽死之, 管仲不死. 曰未仁乎?" 子曰, "桓
자로왈, "환공살공자규, 소홀사지, 관중불사. 왈미인호?" 자왈, "환

公九合諸侯, 不以兵車, 管仲之力也. 如其仁, 如其仁."
공규합제후, 불이병거, 관중지력야. 여기인, 여기인."

17. 자공이 "관중은 인자가 아닙니다. 환공이 공자 규를 죽
였을 때 관중은 죽지 못하고 환공을 돕기까지 하였습
니다."라고 말하자, 공자가 말하였다. "관중이 환공을
도와서 제후들의 패자가 되게 하였고, 천하를 한 번 바
로잡았기에 백성들이 지금까지 그 혜택을 누리고 있
다. 만약 관중이 없었다면 우리는 오랑캐처럼 머리를
풀어헤치고 옷섶을 왼쪽으로 했을 것이다. 어찌 보통
의 남녀가 하찮은 신의를 지키기 위하여 스스로 도랑
이나 개천에서 목을 매고 죽어 아무도 그를 알지 못하
게 하겠는가?"

子貢曰, "管仲非仁者與? 桓公殺公子糾, 不能死, 又相之." 子曰, "管
자공왈, "관중비인자여? 환공살공자규, 불능사, 우상지." 자왈, "관

仲相桓公, 霸諸侯, 一匡天下, 民到于今受其賜. 微管仲, 吾其被髮左
중상환공, 패제후, 일광천하, 민도우금수기사. 미관중, 오기피발좌

衽矣. 豈若匹夫匹婦之爲諒也, 自經於溝瀆而莫之知也?"
임의. 기약필부필부지위량야, 자경어구독이막지지야?"

18. 공숙문자의 신하인 대부 선이 문자의 추천에 의해 대부가 되어 함께 군주의 조정에 올랐다. 공자가 이 이야기를 듣고 "문자가 '문(文)'이라는 시호를 쓸 만하다."라고 말하였다.

公叔文子之臣大夫僎與文子同升諸公. 子聞之, 曰, "可以爲文矣."

공숙문자지신대부선여문자동승저공. 자문지, 왈, "가이위문의."

19. 공자가 위나라 군주인 영공의 무도함을 이야기하자, 노나라 계강자가 "그렇다면 어째서 나라를 잃지 않습니까?" 하고 물었다. 그러자 공자가 말하였다. "위나라 대부인 중숙어가 손님 접대를 담당하고, 축타가 종묘의 제사를 담당하며, 왕손가가 군대 일을 맡고 있습니다. 이와 같으니 어찌 나라를 잃겠습니까?"

子言衛靈公之無道也, 康子曰, "夫如是, 奚而不喪?" 孔子曰, "仲叔圉治賓客, 祝鮀治宗廟, 王孫賈治軍旅. 夫如是, 奚其喪?"

자언위령공지무도야, 강자왈, "부여시, 해이불상?" 공자왈, "중숙어치빈객, 축타치종묘, 왕손가치군려. 부여시, 해기상?"

20. 공자: 자신의 말에 대해 부끄러워하지 않는다면, 그 말을 실천하기는 어렵다.

子曰, "其言之不怍, 則爲之也難."

자왈, "기언지부작, 즉위지야난."

21. 제나라 대부인 진성자가 제나라의 군주인 간공을 시해하였다. 공자가 목욕재계하고 조정에 나가 노나라의 군주인 애공에게 "진항(진성자)이 그 군주를 시해하였으니 그를 토벌하기를 청합니다."라고 말하였다. 애공이 "저 맹손씨, 숙손씨, 계손씨 세 대부에게 말하라."고 하자, 공자가 "나는 대부의 자리에 있었기에 이 사실을 군주에게 고하지 않을 수 없었는데, 군주께서는 세 대부에게 말하라고 하신다."라고 말하였다. 세 대부에게 가서 말하자 안 된다고 하였다. 그러자 공자는 이렇게 말하였다. "내가 대부의 자리에 있었기에 감히 말하지 않을 수 없었다."

陳成子弑簡公. 孔子沐浴而朝, 告於哀公曰, "陳恆弑其君, 請討之."
진성자시간공. 공자목욕이조, 고어애공왈, "진항시기군, 청토지."
公曰, "告夫三子!" 孔子曰, "以吾從大夫之後, 不敢不告也. 君曰告夫
공왈, "고부삼자!" 공자왈, "이오종대부지후, 불감불고야. 군왈고부
三子者!" 之三子告, 不可. 孔子曰, "以吾從大夫之後, 不敢不告也."
삼자자!" 지삼자고, 불가. 공자왈, "이오종대부지후, 불감불고야."

22. 자로가 군주를 섬기는 것에 대해 묻자, 공자가 말하였

다. "속이지 말아야 하며, 얼굴을 마주하고 간언을 해야 한다."

子路問事君. 子曰, "勿欺也, 而犯之."

자로문사군. 자왈, "물기야, 이범지."

23. 공자: 군자는 이치를 따르므로 시간이 지날수록 높은 차원으로 발전하고, 소인은 욕심만 채우고자 하므로 낮은 차원으로 발전한다.

子曰, "君子上達, 小人下達."

자왈, "군자상달, 소인하달."

24. 공자: 옛날의 배우는 사람들은 자신의 인격 수양을 위해서 하는데, 지금의 배우는 사람들은 남의 평가를 위해서 한다.

子曰, "古之學者爲己, 今之學者爲人."

자왈, "고지학자위기, 금지학자위인."

25. 거백옥이 공자에게 사람을 보냈는데, 공자가 그와 함께 앉아서 "거백옥 선생은 무엇을 하시는가?" 하고 물었다. 사신이 "선생께서는 자신의 잘못을 적게 하고자 하시지만 아직 잘 안 되는 것 같습니다."라고 대답하

자, 공자는 "훌륭한 사신이야! 훌륭한 사신이야!"라고
말하였다.

蘧伯玉使人於孔子. 孔子與之坐而問焉, 曰, "夫子何爲?" 對曰, "夫
거백옥사인어공자. 공자여지좌이문언, 왈, "부자하위?" 대왈, "부

子欲寡其過而未能也." 使者出. 子曰, "使乎! 使乎!"
자욕과기과이미능야." 사자출. 자왈, "사호! 사호!"

26. 공자가 "어떤 지위에 있지 않으면 그 지위에서 해야 할
    일에 대해 논의하지 마라."고 말하였다.[35] 증자도 "군
    자는 생각의 범위가 자신의 지위를 벗어나지 않아야
    한다."고 말하였다.

子曰, "不在其位, 不謀其政." 曾子曰, "君子思不出其位."
자왈, "부재기위, 불모기정." 증자왈, "군자사불출기위."

27. 공자: 군자는 자신의 말이 자신의 행동보다 지나친 것
    을 부끄러워한다.

子曰, "君子恥其言而過其行."
자왈, "군자치기언이과기행."

28. 공자가 말하였다. "군자의 도에는 세 가지가 있는데,
    나는 그중에 할 수 있는 것이 없다. 인한 사람은 근심

하지 않으며, 지혜로운 사람은 미혹되지 않으며, 용기 있는 사람은 두려워하지 않는다." 이 말에 대해 자공은 이렇게 말하였다. "공자 선생님께서 자신의 삶의 방식을 겸허하게 말씀하신 것이다."

子曰, "君子道者三, 我無能焉, 仁者不憂, 知者不惑, 勇者不懼." 子
자왈, "군자도자삼, 아무능언, 인자불우, 지자불혹, 용자불구." 자
貢曰, "夫子自道也."
공왈, "부자자도야."

29. 자공이 다른 사람을 비난하자, 공자가 말하였다. "자공은 현명한가? 나는 남을 비난할 겨를이 없는데."

子貢方人. 子曰, "賜也賢乎哉? 夫我則不暇."
자공방인. 자왈, "사야현호재? 부아즉불가."

30. 공자: 다른 사람이 나를 알아주지 않는다고 근심하지 말고, 내가 그럴 만한 능력이 없음을 근심하라.

子曰, "不患人之不己知, 患其不能也."
자왈, "불환인지불기지, 환기불능야."

31. 공자: 남이 속일 것이라 미리 짐작하지 말고, 남이 믿지 않을 것이라 미리 억측하지 마라. 다만 그러한 것들

을 미리 깨닫는 사람이라면 현명한 사람일 것이다.

子曰, "不逆詐, 不億不信, 抑亦先覺者, 是賢乎!"

자왈, "불역사, 불억불신, 억역선각자, 시현호!"

32. 미생무가 공자를 이렇게 평가하였다. "공자는 무엇 때
문에 그처럼 미련이 많은가? 말재주나 부리려는 것은
아닌가?" 이에 대해 공자가 말하였다. "내가 감히 말
재주를 부리려는 것이 아니라, 세상의 완고함을 아파
하기 때문이다."

微生畝謂孔子曰, "丘何爲是栖栖者與? 無乃爲佞乎?" 孔子曰, "非敢

미생무위공자왈, "구하위시서서자여? 무내위녕호?" 공자왈, "비감

爲佞也, 疾固也."

위녕야, 질고야."

33. 공자: 천리마는 그 힘이 좋다고 칭찬하는 것이 아니라,
길들여져서 잘 달리는 능력을 갖게 되었음을 칭찬하는
것이다.

子曰, "驥不稱其力, 稱其德也."

자왈, "기불칭기력, 칭기덕야."

34. 어떤 사람이 "원한을 덕으로 갚으면 어떻습니까?" 하

고 묻자, 공자가 이렇게 말하였다. "어떻게 덕에 대해 보답하려는가? 정직함으로 원한을 갚고, 덕으로 덕을 갚아야 한다."

或曰, "以德報怨, 何如?" 子曰, "何以報德? 以直報怨, 以德報德."

혹왈, "이덕보원, 하여?" 자왈, "하이보덕? 이직보원, 이덕보덕."

35. 공자가 "어느 누구도 나를 알아주지 않는구나!"라고 말하였다. 자공이 "무엇 때문에 선생님을 알아주는 사람이 없습니까?" 하고 묻자, 공자가 말하였다. "하늘을 원망하지 않고 사람을 탓하지 않는다. 아래로 일상적인 인간의 일을 배워 위로 심오한 하늘의 이치를 통달하니, 나를 알아주는 것은 하늘일 것이다."

子曰, "莫我知也夫! 子貢曰, "何爲其莫知子也?" 子曰, "不怨天, 不尤人, 下學而上達. 知我者其天乎!"

우인, 하학이상달. 지아자기천호!"

36. 노나라 사람 공백료가 계손씨에게 자로를 모함하였다. 노나라 대부인 자복경백이 이 사실을 공자에게 알리며 "계손씨는 분명히 공백료에게 미혹되어 있습니다. 내 힘으로 아직 공백료를 죽여 저자거리에 늘어놓도록 만

들 수 있습니다."라고 하였다. 그러자 공자가 말하였다. "올바른 도리가 장차 행해지는 것도 운명이고 올바른 도리가 장차 없어지는 것도 운명인데, 공백료가 하늘이 준 운명을 어떻게 할 수 있겠는가?"

公伯寮愬子路於季孫. 子服景伯以告, 曰, "夫子固有惑志於公伯寮,
공백료소자로어계손. 자복경백이고, 왈, "부자고유혹지어공백료,
吾力猶能肆諸市朝." 子曰, "道之將行也與, 命也, 道之將廢也與, 命
오력유능사저시조." 자왈, "도지장행야여, 명야, 도지장폐야여, 명
也. 公伯寮其如命何!"
야. 공백료기여명하!"

37. 공자가 말하였다. "현명한 사람은 무도한 세상을 피하고, 그 다음 사람은 어지러운 나라를 피하고, 그 다음 사람은 군주의 얼굴빛을 보고 피하며, 그 다음 사람은 군주의 말을 듣고 피한다." 또 공자가 말하였다. "그처럼 피하여 은거한 사람이 일곱 사람이었다."

子曰, "賢者辟世, 其次辟地, 其次辟色, 其次辟言." 子曰, "作者七人矣."
자왈, "현자피세, 기차피지, 기차피색, 기차피언." 자왈, "작자칠인의."

38. 자로가 노나라 성문 밖에서 하룻밤을 묵은 적이 있었다. 다음 날 아침 성문을 지키는 문지기가 자로에게 어

디에서 왔는지 물었다. 자로가 공자의 문중에서 왔다고 대답하자, 문지기가 이렇게 말하였다. "바로 그 안되는 줄 알면서도 그것을 하고 있는 분 말이군요!"

子路宿於石門. 晨門曰, "奚自?" 子路曰, "自孔氏." 曰, "是知其不可

자로숙어석문. 신문왈, "해자?" 자로왈, "자공씨." 왈, "시지기불가

而爲之者與?"

이위지자여?"

39. 공자가 위나라에서 악기인 경쇠를 치고 있었는데, 삼태기를 걸머지고 공자의 문 앞을 지나가는 사람이 있었다. 그 사람이 말하길, "다른 생각이 있구나, 경쇠를 때리는 소리에!"라고 하더니, 조금 후에 다시 "비천하구나, 저 고집스러운 것처럼 들리는 소리여! 자기를 알아주는 사람이 없다면 그만둘 뿐이다. 물이 깊으면 옷을 입고 건너고 물이 얕으면 옷을 걷고 건너는 것인데."라고 말하였다. 공자가 이를 듣고 "과감하구나, 그렇게 산다면 어려울 게 없을 것이다!"라고 말하였다.

子擊磬於衛, 有荷蕢而過孔氏之門者, 曰, "有心哉, 擊磬乎!" 旣而曰,

자격경어위, 유하궤이과공씨지문자, 왈, "유심재, 격경호!" 기이왈,

"鄙哉, 硜硜乎! 莫己知也, 斯已而已矣. 深則厲, 淺則揭." 子曰, "果

"비재, 갱갱호! 막기지야, 사이이이의. 심즉려, 천즉게." 자왈, "과

哉! 末之難矣."

재! 말지난의."

40. 자장이 "『서경』에 '상나라 고종이 부모님의 상을 치르는 삼 년 동안 말을 하지 않았다.' 라는 기록이 있는데 무슨 말입니까?" 하고 묻자, 공자가 말하였다. "어찌 꼭 고종만이겠는가? 옛날 사람들은 모두 그렇게 하였다. 군주가 돌아가시면 모든 관리가 삼 년 동안 자기 직무를 자발적으로 수행하면서 재상의 명령을 따랐다."

子張曰, "書云, '高宗諒陰, 三年不言.' 何謂也?" 子曰, "何必高宗,

자장왈, "서운, '고종량음, 삼년불언.' 하위야?" 자왈, "하필고종,

古之人皆然. 君薨, 百官總己以聽於冢宰三年."

고지인개연. 군훙, 백관총기이청어총재삼년."

41. 공자: 윗사람이 예를 좋아하면, 백성들은 각자 할 일을 알기 때문에 부리기가 쉽다.

子曰, "上好禮, 則民易使也."

자왈, "상호례, 즉민이사야."

42. 자로가 군자에 대해 묻자, 공자가 "공경함으로써 자기를 수양한다."라고 말하였다. 다시 "그와 같을 뿐입니까?"

하고 묻자, "자기를 수양하여 다른 사람을 편안하게 한
다."라고 말하였다. 또 "그와 같을 뿐입니까?" 하고 묻자,
공자가 이렇게 말하였다. "자기를 수양하여 백성을 편안
하게 하는 것인데, 자기를 수양하여 백성을 편안하게 하
는 것은 요임금 순임금도 그 일을 제대로 하지 못할까 걱
정하셨다."

子路問君子. 子曰, "脩己以敬." 曰, "如斯而已乎?" 曰, "脩己以安
자로문군자. 자왈, "수기이경." 왈, "여사이이호?" 왈, "수기이안

人." 曰, "如斯而已乎?" 曰, "脩己以安百姓. 脩己以安百姓, 堯舜其
인." 왈, "여사이이호?" 왈, "수기이안백성. 수기이안백성, 요순기

猶病諸?"

유병저?"

43. 공자의 친구인 원양이 쭈그리고 앉아 공자를 기다렸는
데, 공자가 "어려서 겸손하거나 공손하지도 않고, 장
년이 되어 칭찬할 만한 것도 없고 늙어서는 죽지도 않
으니, 이러한 사람은 도적과 같은 존재이다."라고 말하
면서 지팡이로 그의 정강이를 때렸다.

原壤夷俟. 子曰, "幼而不孫弟, 長而無述焉, 老而不死, 是爲賊." 以
원양이사. 자왈, "유이불손제, 장이무술언, 노이불사, 시위적." 이

杖叩其脛.

장고기경.

44. 공자가 살던 마을인 궐당의 어린아이가 주인의 명을
전하면서 손님을 접대하고 있는데, 어떤 사람이 "자신
을 발전시키려는 사람인가요?" 하고 묻자, 공자가 이
렇게 말하였다. "나는 그가 어른들과 같은 자리에 머물
며 윗사람들과 함께 가는 것을 보니, 자신의 발전을 구
하려는 것이 아니라 빨리 성과를 이루고자 하는 사람
이라고 생각한다."

闕黨童子將命. 或問之曰, "益者與?" 子曰, "吾見其居於位也, 見其
궐당동자장명. 혹문지왈, "익자여?" 자왈, "오견기거어위야, 견기
與先生並行也. 非求益者也, 欲速成者也."
여선생병행야. 비구익자야, 욕속성자야."

제15편 위령공(衛靈公)

1. 위나라 영공이 공자에게 군대 편성 방법에 대해 묻자, 공자가 이렇게 답하였다. "제사에 관한 일은 일찍부터 들어 알고 있지만, 군사에 관한 일은 아직 배워본 적이 없습니다."

衛靈公問陳於孔子. 孔子對曰, "俎豆之事, 則嘗聞之矣, 軍旅之事,

위령공문진어공자. 공자대왈, "조두지사, 즉상문지의, 군려지사,

未之學也."

미지학야."

2. 다음 날 마침내 위나라를 떠났다. 진나라에서 양식이 떨어지고 수행하던 제자들이 병들어 일어나지 못하였다.

공자성적도 중 "진나라에서 양식이 떨어짐(在陳絶糧)".

그러자 자로가 화가 나서 공자를 뵙고 "군자에게도 곤궁해지는 때가 있습니까?" 하고 묻자, 공자가 말하였다. "군자라야 정말 곤궁할 수 있으니, 소인이 곤궁하면 멋대로 행동하게 된다."[36)

明日遂行, 在陳絶糧, 從者病, 莫能興. 子路慍見曰, "君子亦有窮乎?"

명일수행, 재진절량, 종자병, 막능흥. 자로온견왈, "군자역유궁호?"

子曰, "君子固窮, 小人窮斯濫矣."

자왈, "군자고궁, 소인궁사람의."

3. 공자가 말하였다. "자공아, 너는 내가 많이 배워서 그것을 아는 사람이라고 생각하느냐?" 자공이 "그렇습니다. 아닙니까?"라고 답하자, 공자가 말하였다. "아니다. 나는 한 가지 도리로써 모든 것을 관통하고 있다."

子曰, "賜也, 女以予爲多學而識之者與?" 對曰, "然, 非與?" 曰, "非

자왈, "사야, 여이여위다학이식지자여?" 대왈, "연, 비여?" 왈, "비

也, 予一以貫之."

야, 여일이관지."

4. 공자: 자로야, 정말 덕을 아는 사람이 드물구나!

子曰, "由! 知德者鮮矣."

자왈, "유! 지덕자선의."

5. 공자: 크게 무슨 일을 하지 않았는데도 세상을 잘 다스
렸던 사람은 순임금일 것이다. 무엇을 하셨는가? 자신
을 공손하게 하면서 남쪽을 향해 천자의 자리에 앉아 계
셨을 뿐이다.

子曰, "無爲而治者其舜也與? 夫何爲哉? 恭己正南面而已矣."

자왈, "무위이치자기순야여? 부하위재? 공기정남면이이의."

6. 자장이 올바른 행실에 대해 묻자, 공자가 말하였다. "말
의 내면에 깊은 뜻과 진실이 담겨 있고 행동이 독실하고
공경스럽다면 오랑캐 나라에 가더라도 통할 것이지만,
말의 내면에 깊은 뜻이나 진실이 담겨 있지 않고 행동이
독실하거나 공경스럽지도 않다면 자기 고향에서조차 통

할 수 있겠는가? 서 있을 때는 그러한 언행이 눈앞에 펼쳐져 있는 듯해야 하고 수레에 타고 있을 때는 그러한 언행이 멍에에 가로놓여 있는 듯해야 하니, 그렇게 된 이후에야 어디서나 통할 수 있다." 그러자 자장이 이 말을 자신의 신조로 삼고 싶어 허리띠 자락에 써넣었다.

子張問行. 子曰, "言忠信, 行篤敬, 雖蠻貊之邦, 行矣. 言不忠信, 行

자장문행. 자왈, "언충신, 행독경, 수만맥지방, 행의. 언불충신, 행

不篤敬, 雖州里, 行乎哉? 立則見其參於前也, 在輿則見其倚於衡也,

부독경, 수주리, 행호재? 입즉견기참어전야, 재여즉견기의어형야,

夫然後行." 子張書諸紳.

부연후행." 자장서저신.

7. 공자: 위나라 대부인 사어는 정말 곧구나! 나라에 올바른 정치가 행해질 때도 화살처럼 곧고, 나라에 올바른 정치가 행해지지 않을 때도 화살처럼 곧았다. 위나라 대부인 거백옥은 정말 군자로구나! 나라에 올바른 정치가 행해질 때는 벼슬을 하다가, 나라에 올바른 정치가 행해지지 않을 때는 자신의 재능을 감추고 숨을 수 있었다.

子曰, "直哉史魚! 邦有道, 如矢, 邦無道, 如矢. 君子哉蘧伯玉! 邦有

자왈, "직재사어! 방유도, 여시, 방무도, 여시. 군자재거백옥! 방유

道, 則仕, 邦無道, 則可卷而懷之."

道, 則仕, 방무도, 則可卷而懷之."

도, 즉사, 방무도, 즉가권이회지."

8. 공자: 함께 이야기할 만한데도 이야기하지 않으면 그 사
람을 잃게 되고, 함께 이야기할 만하지 않은데도 이야기
하면 말을 잘못한 것이다. 지혜로운 사람은 사람을 잃지
않으며, 말을 잘못하지도 않는다.

子曰, "可與言而不與言, 失人, 不可與言而與之言, 失言. 知者不失
자왈, "가여언이불여언, 실인, 불가여언이여지언, 실언. 지자불실
人, 亦不失言."
인, 역불실언."

9. 공자: 뜻있는 선비와 인한 사람은 자신의 삶을 추구하기
위하여 인을 해치는 일이 없고, 자신을 희생하여 인을
이루는 일은 있다.

子曰, "志士仁人, 無求生以害仁, 有殺身以成仁."
자왈, "지사인인, 무구생이해인, 유살신이성인."

10. 자공이 인을 행하는 법을 묻자, 공자가 말하였다. "장
인이 자신의 일을 잘하고자 하면 먼저 자신의 도구를
예리하게 만드는 것처럼, 어떤 나라에 처해서는 그 나
라의 현명한 대부를 섬기고 어진 선비를 벗으로 사귀

어야 한다."

子貢問爲仁. 子曰, "工欲善其事, 必先利其器. 居是邦也, 事其大夫之

자공문위인. 자왈, "공욕선기사, 필선리기기. 거시방야, 사기대부지

賢者, 友其士之仁者."

현자, 우기사지인자."

11. 안연이 나라를 다스리는 방법을 묻자, 공자가 말하였
다. "하나라의 역법을 쓰고, 은나라의 수레를 타고, 주
나라의 관을 쓰며, 음악은 순임금 때의 소 음악을 중시
하고, 정나라의 음탕한 소리를 내치며, 말만 잘하는 사
람을 멀리한다. 정나라의 소리는 음탕하고, 말만 잘하
는 사람은 위태롭기 때문이다.

顏淵問爲邦. 子曰, "行夏之時, 乘殷之輅, 服周之冕, 樂則韶舞. 放鄭

안연문위방. 자왈, "행하지시, 승은지로, 복주지면, 악즉소무. 방정

聲, 遠佞人. 鄭聲淫, 佞人殆."

성, 원녕인. 정성음, 영인태."

12. 공자: 사람이 멀리 내다보는 생각이 없으면 반드시 가
까이에서 근심할 일이 생긴다.

子曰, "人無遠慮, 必有近憂."

자왈, "인무원려, 필유근우."

13. 공자: 끝이로구나! 나는 아직까지 덕 있는 사람을 좋아
하길 여색을 좋아하듯이 하는 사람을 보지 못하였다.

子曰, "已矣乎! 吾未見好德如好色者也."

자왈, "이의호! 오미견호덕여호색자야."

14. 공자: 노나라 대부인 장문중은 벼슬자리를 도적질한
사람이다. 노나라 대부인 유하혜가 현명하다는 사실을
알면서도 그를 추천하여 함께 조정에 서지 않았다.

子曰, "臧文仲其竊位者與! 知柳下惠之賢而不與立也."

자왈, "장문중기절위자여! 지류하혜지현이불여립야."

15. 공자: 자기 자신에게는 엄격하게 책망하고 남에게는
가볍게 책망한다면 원망이 멀어질 것이다.

子曰, "躬自厚而薄責於人, 則遠怨矣."

자왈, "궁자후이박책어인, 즉원원의."

16. 공자: 어찌할까, 어찌할까 하며 자신의 올바른 길을 추
구하지 않는 사람이라면 나도 어떻게 가르칠 방법이
없다.

子曰, "不曰如之何如之何者, 吾末如之何也已矣."

자왈, "불왈여지하여지하자, 오말여지하야이의."

17. 공자: 여러 사람이 하루 종일 함께 머물며 하는 말이 의로움에 대한 것이 아니고 하찮은 재주 부리기나 좋아한다면 덕에 들어가기 어렵다.

子曰, "羣居終日, 言不及義, 好行小慧, 難矣哉!"

자왈, "군거종일, 언불급의, 호행소혜, 난의재!"

18. 공자: 군자는 의로움을 행동의 기본 바탕으로 하고, 예에 맞게 행동하며, 겸손하게 말을 하고, 신의로써 완성해나간다. 이러한 사람이 진정한 군자이다.

子曰, "君子義以爲質, 禮以行之, 孫以出之, 信以成之. 君子哉!"

자왈, "군자의이위질, 예이행지, 손이출지, 신이성지. 군자재!"

19. 공자: 군자는 자신의 무능함을 걱정하고, 다른 사람이 자신을 알아주지 않는 것은 걱정하지 않는다.

子曰, "君子病無能焉, 不病人之不己知也."

자왈, "군자병무능언, 불병인지불기지야."

20. 공자: 군자는 죽은 후에도 자신의 이름이 칭송되지 않을 것을 걱정한다.

子曰, "君子疾沒世而名不稱焉."

자왈, "군자질몰세이명불칭언."

21. 공자: 군자는 자기완성을 기준으로 행동하고, 소인은 남의 평가를 기준으로 행동한다.

　　子曰, "君子求諸己, 小人求諸人."

　　자왈, "군자구저기, 소인구저인."

22. 공자: 군자는 자신의 행동에 대해 긍지를 가지고 있으나 자신만을 내세워 남과 다투지 않으며, 여러 사람과 잘 어울릴 뿐 사욕에 따른 패거리를 짓지 않는다.

　　子曰, "君子矜而不爭, 羣而不黨."

　　자왈, "군자긍이부쟁, 군이부당."

23. 공자: 군자는 어떤 사람의 말만 듣고 그 사람을 등용하지 않으며, 어떤 사람의 됨됨이만을 기준으로 그가 한 좋은 말까지 버리지는 않는다.

　　子曰, "君子不以言舉人, 不以人廢言."

　　자왈, "군자불이언거인, 불이인폐언."

24. 자공이 "한 마디 말로 평생 동안 실천할 만한 것이 있습니까?" 하고 묻자, 공자가 말하였다. "그것은 '서(恕)'라는 덕목이다. 자기가 싫어하는 것은 남에게도 하지 않는 것이다."

子貢問曰, "有一言而可以終身行之者乎?" 子曰, "其恕乎! 己所不欲,

자공문왈, "유일언이가이종신행지자호?" 자왈, "기서호! 기소불욕,

勿施於人."

물시어인."

25. 공자: 내가 다른 사람에 대해 이유도 없이 누구를 헐뜯
거나 칭찬하겠는가? 만약 내가 칭찬한 사람이 있다면
그 사람에 대해 시험해본 것이 있을 것이다. 세상 사람
들이란 하·은·주 삼대 이후로 올바른 도리를 가지고
행동해온 사람들이기 때문에 함부로 비난하거나 칭찬
할 수 없는 것이다.

子曰, "吾之於人也, 誰毀誰譽? 如有所譽者, 其有所試矣. 斯民也, 三

자왈, "오지어인야, 수훼수예? 여유소예자, 기유소시의. 사민야, 삼

代之所以直道而行也."

대지소이직도이행야."

26. 공자: 나는 그래도 역사가가 확실하지 않은 부분은 비
워두고 넘어가는 진지한 자세와, 말을 가진 사람이 남
에게 빌려주어 타도록 하는 아름다운 풍속을 볼 수 있
었는데, 지금은 그러한 모습이 없어졌다.

子曰, "吾猶及史之闕文也. 有馬者借人乘之, 今亡矣夫!"

자왈, "오유급사지궐문야. 유마자차인승지, 금망의부!"

27. 공자: 교묘하게 꾸며낸 말은 덕을 어지럽히고, 사소한 일을 참지 못하면 큰일을 어지럽힌다.

子曰, "巧言亂德. 小不忍, 則亂大謀."

자왈, "교언란덕. 소불인, 즉란대모."

28. 공자: 많은 사람이 미워하더라도 반드시 직접 잘 살펴 보아야 하며, 많은 사람이 좋아하더라도 반드시 직접 잘 살펴보아야 한다.

子曰, "衆惡之, 必察焉, 衆好之, 必察焉."

자왈, "중오지, 필찰언, 중호지, 필찰언."

29. 공자: 사람이 깨달으면 이를 통해 도의 경지가 넓어지는 것이지, 도 그 자체가 사람을 넓혀주는 것은 아니다.

子曰, "人能弘道, 非道弘人."

자왈, "인능홍도, 비도홍인."

30. 공자: 잘못을 하고서도 고치지 않는 것, 이것이 바로 잘못이라 할 수 있다.

子曰, "過而不改, 是謂過矣."

자왈, "과이불개, 시위과의."

31. 공자: 내가 일찍이 하루 종일 먹을 것도 먹지 않고 밤
새 잠도 자지 않은 채 생각에 몰두해보았으나, 아무런
이익이 없었고 공부하는 것보다 못하였다.

子曰, "吾嘗終日不食, 終夜不寢, 以思, 無益, 不如學也."

자왈, "오상종일불식, 종야불침, 이사, 무익, 불여학야."

32. 공자: 군자는 도리를 추구할 뿐 먹을 것을 추구하지 않
는다. 밭을 갈아도 때로는 그 가운데 배고플 수 있지
만, 공부를 하면 봉급이 그 가운데 저절로 있게 된다.
군자는 도리를 얻는 것에 대해 걱정하지 가난을 걱정
하지는 않는다.

子曰, "君子謀道不謀食. 耕也, 餒在其中矣, 學也, 祿在其中矣. 君子

자왈, "군자모도불모식. 경야, 뇌재기중의, 학야, 녹재기중의. 군자

憂道不憂貧."

우도불우빈."

33. 공자: 지혜가 나라를 다스릴 만해도 인으로 그것을 지
킬 수 없다면 설령 나라를 얻었다고 해도 반드시 잃게
된다. 지혜가 나라를 다스릴 만하고 인이 그것을 지킬

수 있어도 장중한 태도로 백성들을 대하지 않으면 백성들이 공경하지 않는다. 지혜가 나를 다스릴 만하고 인이 그것을 지킬 수 있고 장중한 태도로 백성들을 대해도 백성을 움직이는 데 있어서 정해진 절차를 따르지 않으면, 아직 훌륭한 정치는 아니다.

子曰, "知及之, 仁不能守之, 雖得之, 必失之. 知及之, 仁能守之. 不莊以涖之, 則民不敬. 知及之, 仁能守之, 莊以涖之, 動之不以禮, 未善也."

자왈, "지급지, 인불능수지, 수득지, 필실지. 지급지, 인능수지. 부장이리지, 즉민불경. 지급지, 인능수지, 장이리지, 동지불이례, 미선야."

34. 공자: 군자는 사소한 일에 대해서까지는 알지 못하지만 큰일을 맡을 수 있고, 소인은 큰일을 맡을 수는 없지만 사소한 일에 대해서는 알 수 있다.

子曰, "君子不可小知而可大受也, 小人不可大受而可小知也."

자왈, "군자불가소지이가대수야, 소인불가대수이가소지야."

35. 공자: 백성들에게 인이 갖는 의미는 물이나 불보다 더 중요하다. 나는 물이나 불 때문에 죽는 경우를 본 적이 있지만, 인을 실천하다가 죽는 경우는 아직 본 적이 없다.

子曰, "民之於仁也, 甚於水火. 水火, 吾見蹈而死者矣, 未見蹈仁而
자왈, "민지어인야, 심어수화. 수화, 오견도이사자의, 미견도인이
死者也."
사자야."

36. 공자: 인을 실천하는 것에 대해서는 스승에게도 양보
하지 않는다.

子曰, "當仁, 不讓於師."
자왈, "당인, 불양어사."

37. 공자: 군자는 곧고 바르지만 자기 믿음만을 고집하지
는 않는다.

子曰, "君子貞而不諒."
자왈, "군자정이불량."

38. 공자: 군주를 섬길 때 자신의 일을 공경히 수행할 뿐
봉급을 앞세우지 않는다.

子曰, "事君, 敬其事而後其食."
자왈, "사군, 경기사이후기식."

39. 공자: 가르치는 데는 신분상의 차별을 두지 않는다.

子曰, "有教無類."

자왈, "유교무류."

40. 공자: 추구하는 도리가 같지 않으면 함께 어떤 일을 도
모하지 않는다.

子曰, "道不同, 不相爲謀."

자왈, "도부동, 불상위모."

41. 공자: 말이란 뜻이 전달되면 그뿐이다.

子曰, "辭達而已矣."

자왈, "사달이이의."

42. 장님 악사인 면이 계단에 이르자, 공자가 "계단입니
다."라고 말하고, 좌석에 이르자 "좌석입니다."라고 말
하였다. 모두 자리에 앉자 공자는 그에게 "누구는 어디
에 있고 누구는 어디에 있습니다."라고 말해주었다. 악
사 면이 나가자 자장이 "장님 악사와 말할 때의 타당한
방법입니까?" 하고 묻자, 공자가 말하였다. "그렇다.
본래 장님 악사를 돕는 타당한 방법이다."

師冕見, 及階, 子曰, "階也." 及席, 子曰, "席也." 皆坐, 子告之曰,

사면견, 급계, 자왈, "계야." 급석, 자왈, "석야." 개좌, 자고지왈,

"某在斯, 某在斯." 師冕出. 子張問曰, "與師言之道與?" 子曰, "然,

"모재사, 모재사." 사면출. 자장문왈, "여사언지도여?" 자왈, "연,

固相師之道也."

고상사지도야."

제16편 계씨(季氏)

1. 계씨가 전유국을 정벌하려고 하였다. 염유와 자로가 공자를 뵙고 "계씨가 장차 전유국에 대해 일을 내려고 합니다."라고 말하자, 공자가 말하였다. "염유야, 이것은 너의 잘못이 아닌가? 저 전유라는 나라는 옛날 선왕 때 동몽산에서 제사를 주관하도록 하였고, 이는 모두 우리 영토 안에 있어 결국 우리 사직을 모시는 신하인데 정벌을 해서 무얼 하겠다는 것인가?" 염유가 "계씨가 그 일을 하려는 것일 뿐, 저희 두 신하는 모두 바라지 않는 것입니다."라고 말하자, 공자가 말하였다. "염구야, 옛날에 주임이라는 사람이 말하기를, '힘을 다해 벼슬에 나아가되, 능력이 없어 할 수 없다면 그만두어야 한다.'

라고 하였다. 나라가 위태로운데도 지탱해주지 못하고 나라가 넘어가는데도 부축해주지 못한다면, 그런 신하를 어디에 쓸 수 있겠는가? 그리고 네 말도 잘못되었다. 호랑이나 외뿔소가 우리에서 뛰쳐나왔다거나 국가의 소중한 보물인 거북이나 옥이 함 속에서 훼손되었다면 이것이 누구의 잘못이겠는가?" 그러자 염유가 "지금 전유국은 성곽이 견고하고 게다가 계씨의 식읍인 비 지방에 가까이 있어서 만약 지금 그 나라를 빼앗지 않으면 후에 반드시 자손들의 근심거리가 될 것입니다."라고 말하였다. 이에 공자가 이렇게 말하였다. "염구야, 군자는 자신이 그것을 바란다고 말하지 않은 채 그것에 대해 꼭 변명만을 늘어놓는 것을 미워한다. 내가 듣기에 국가를 다스리는 사람은 백성들이 적은 것을 걱정하지 않고 백성들이 가진 재물이 고르지 않은 것을 걱정하며, 백성들이 빈곤한 것을 걱정하지 않고 백성들이 편안하지 않을까를 걱정한다. 재물이 고르면 빈곤하지 않게 되고, 조화를 이루고 있으면 백성이 적지 않게 되며, 편안하면 나라가 기울어지는 일이 없게 된다. 이렇기 때문에 먼 곳에 있는 사람들이 복종하지 않으면 문화와 도덕을 닦아서 그들을 오게 하며, 이미 왔다면 그들을 편안하게 만든다. 지금 자로와 염구는 계씨를 돕고 있지만, 먼 곳에 있는 사람이 복종하지 않아도 가까이 오게 할 수 없고 나라가 무너지고 분열되는데도 그것을 지키지 못하면서 나라 안에서 무력을 동원하려고 획책하고 있다. 나는 계씨의 걱정거리가 전유국에 있는 것이 아니고 제집 담장 안에 있다고 생각한다."

季氏將伐顓臾. 冉有季路見於孔子曰, "季氏將有事於顓臾." 孔子曰,
계씨장벌전유. 염유계로견어공자왈, "계씨장유사어전유." 공자왈,

"求! 無乃爾是過與? 夫顓臾, 昔者先王以爲東蒙主, 且在邦域之中矣,
"구! 무내이시과여? 부전유, 석자선왕이위동몽주, 차재방역지중의,

是社稷之臣也. 何以伐爲?" 冉有曰, "夫子欲之, 吾二臣者皆不欲也."
시사직지신야. 하이벌위?" 염유왈, "부자욕지, 오이신자개불욕야."

孔子曰, "求! 周任有言曰, '陳力就列, 不能者止.' 危而不持, 顚而不
공자왈, "구! 주임유언왈, '진력취렬, 불능자지.' 위이부지, 전이불

扶, 則將焉用彼相矣? 且爾言過矣, 虎兕出於柙, 龜玉毁於櫝中, 是誰
부, 즉장언용피상의? 차이언과의, 호시출어합, 귀옥훼어독중, 시수

之過與?" 冉有曰, "今夫顓臾, 固而近於費. 今不取, 後世必爲子孫
지과여?" 염유왈, "금부전유, 고이근어비. 금불취, 후세필위자손

憂." 孔子曰, "求! 君子疾夫舍曰欲之而必爲之辭. 丘也聞有國有家
우." 공자왈, "구! 군자질부사왈욕지이필위지사. 구야문유국유가

者, 不患寡而患不均, 不患貧而患不安. 蓋均無貧, 和無寡, 安無傾.
자, 불환과이환불균, 불환빈이환불안. 개균무빈, 화무과, 안무경.

夫如是, 故遠人不服, 則脩文德以來之. 旣來之, 則安之. 今由與求也,

부여시, 고원인불복, 즉수문덕이래지. 기래지, 즉안지. 금유여구야,

相夫子, 遠人不服, 而不能來也, 邦分崩離析, 而不能守也, 而謀動干

상부자, 원인불복, 이불능래야, 방분붕리석, 이불능수야, 이모동간

戈於邦內. 吾恐季孫之憂, 不在顓臾, 而在蕭牆之內也."

과어방내. 오공계손지우, 부재전유, 이재소장지내야."

2. 공자: 천하가 올바른 도리에 따라 다스려질 때는 예악과
   정벌이 천자로부터 나오게 된다. 천하가 올바른 도리에
   따라 다스려지지 않을 때는 예악과 정벌이 제후로부터
   나오게 된다. 그것이 제후로부터 나오게 되면 십 대 정
   도에 나라를 잃지 않는 경우가 거의 없고, 대부로부터
   나오게 되면 오 대 정도에 나라를 잃지 않는 경우가 거
   의 없으며, 가신들이 나라의 명령을 장악하게 되면 삼
   대 정도에 나라를 잃지 않는 경우가 거의 없다. 천하가
   올바른 도리에 따라 다스려질 때는 정치가 대부에 의해
   이루어지지 않으며, 천하가 올바른 도리에 따라 다스려
   질 때는 일반 서민들은 정치에 대해 이런저런 이야기를
   하지 않는다.

孔子曰, "天下有道, 則禮樂征伐自天子出, 天下無道, 則禮樂征伐自

공자왈, "천하유도, 즉례악정벌자천자출, 천하무도, 즉례악정벌자

諸侯出. 自諸侯出, 蓋十世希不失矣, 自大夫出, 五世希不失矣, 陪臣

제후출. 자제후출, 개십세희불실의, 자대부출, 오세희불실의, 배신

執國命, 三世希不失矣. 天下有道, 則政不在大夫. 天下有道, 則庶人

집국명, 삼세희불실의. 천하유도, 즉정부재대부. 천하유도, 즉서인

不議."

불의."

3. 공자: 봉급을 주는 권한, 즉 관리의 임명 권한이 군주의
   손을 떠난 지 오 대가 되었고, 정치가 대부의 손에 들어
   간 지 사 대가 되었다. 그래서 노나라의 권력을 쥐고 있
   던 삼환씨의 자손들도 이제는 쇠약해져 버렸다.

   孔子曰, "祿之去公室五世矣, 政逮於大夫四世矣, 故夫三桓之子孫

   공자왈, "녹지거공실오세의, 정체어대부사세의, 고부삼환지자손

   微矣."

   미의."

4. 공자: 도움이 되는 세 종류의 벗이 있고, 해가 되는 세
   종류의 벗이 있다. 정직한 사람을 벗하고, 신의가 두터
   운 사람을 벗하고, 견문이 풍부한 사람을 벗하면 도움이
   된다. 편벽된 생각을 하는 사람을 벗하고, 부드러운 척
   아첨하는 사람을 벗하고, 말만 그럴듯하게 둘러대는 사

람을 벗하면 해가 된다.

孔子曰, "益者三友, 損者三友. 友直, 友諒, 友多聞, 益矣. 友便辟, 友

공자왈, "익자삼우, 손자삼우. 우직, 우량, 우다문, 익의. 우편벽, 우

善柔, 友便佞, 損矣."

선유, 우편녕, 손의."

5. 공자: 도움이 되는 세 종류의 좋아함이 있고, 해가 되는
   세 종류의 좋아함이 있다. 예악을 조절하기를 좋아하고
   남의 좋은 점을 말하기를 좋아하고 현명한 벗을 많이 사
   귀기를 좋아하면 도움이 된다. 교만하게 즐기기를 좋아
   하고 멋대로 놀기를 좋아하고 잔치하는 즐거움에 빠지
   기를 좋아하면 해가 된다.

孔子曰, "益者三樂, 損者三樂. 樂節禮樂, 樂道人之善, 樂多賢友, 益

공자왈, "익자삼락, 손자삼락. 낙절례악, 낙도인지선, 낙다현우, 익

矣. 樂驕樂, 樂佚遊, 樂宴樂, 損矣."

의. 낙교락, 낙일유, 낙안락, 손의."

6. 공자: 군자를 모실 때 저지르기 쉬운 세 가지 잘못이 있
   다. 말할 때가 되지 않았는데도 앞서 말하는 것을 조급
   하다고 하며, 말할 때가 되었는데도 말하지 않는 것을
   감춘다고 하며, 얼굴색을 살피지도 않은 채 마구 말하는

것을 눈치 없다고 한다.

孔子曰, "侍於君子有三愆, 言未及之而言謂之躁, 言及之而不言謂之

공자왈, "시어군자유삼건, 언미급지이언위지조, 언급지이불언위지

隱, 未見顔色而言謂之瞽."

은, 미견안색이언위지고."

7. 공자: 군자에게는 세 가지 경계해야 할 일이 있다. 젊었
   을 때는 아직 혈기가 정해지지 않아 왕성하기 때문에 여
   색에 빠지는 것을 경계해야 한다. 장성했을 때는 혈기가
   한창 강성할 때여서 싸움에 빠지는 것을 경계해야 한다.
   노년이 되었을 때는 혈기가 이미 쇠퇴하였기에 물욕에
   빠지는 것을 경계해야 한다.

孔子曰, "君子有三戒, 少之時, 血氣未定, 戒之在色, 及其壯也, 血氣

공자왈, "군자유삼계, 소지시, 혈기미정, 계지재색, 급기장야, 혈기

方剛, 戒之在鬪, 及其老也, 血氣旣衰, 戒之在得."

방강, 계지재투, 급기로야, 혈기기쇠, 계지재득."

8. 공자: 군자는 세 가지 두려워해야 할 것이 있다. 천명을
   두려워해야 하고, 지위가 높은 사람을 두려워해야 하
   고, 성인의 말을 두려워해야 한다. 소인은 천명을 알지
   못하기에 두려워하지 않고, 지위가 높은 사람에게 버릇

없이 굴고, 성인의 말을 우습게 여긴다.

孔子曰, "君子有三畏, 畏天命, 畏大人, 畏聖人之言. 小人不知天命

공자왈, "군자유삼외, 외천명, 외대인, 외성인지언. 소인부지천명

而不畏也, 狎大人, 侮聖人之言."

이불외야, 압대인, 모성인지언."

9. 공자: 태어나면서부터 모든 것을 알고 있는 사람이 최상
   의 경지에 있으며, 배워서 아는 사람이 그 다음 단계이
   며, 어떤 곤란한 상황에 처한 뒤에야 배우는 사람이 그
   다음 단계이다. 곤란을 겪고서도 배우려고 하지 않는다
   면 이러한 사람이 가장 하등의 사람이다.

孔子曰, "生而知之者上也, 學而知之者次也, 困而學之, 又其次也,

공자왈, "생이지지자상야, 학이지지자차야, 곤이학지, 우기차야,

困而不學, 民斯爲下矣."

곤이불학, 민사위하의."

10. 공자: 군자에게는 아홉 가지 생각해야 할 것이 있다.
    보는 것에 있어서는 분명할 것을 생각하고, 듣는 것에
    있어서는 똑똑할 것을 생각하고, 안색에 있어서는 온
    화할 것을 생각하고, 태도에 있어서는 공손할 것을 생
    각하고, 말에 대해서는 진심일 것을 생각하고, 어떤 일

을 하는 데 있어서는 한결같을 것을 생각하고, 의문에 대해서는 질문할 것을 생각하고, 화가 날 때는 그로 인해 생길 수 있는 어려움을 생각하고, 이득을 보게 되면 의로움을 생각한다.

孔子曰, "君子有九思, 視思明, 聽思聰, 色思溫, 貌思恭, 言思忠, 事

공자왈, "군자유구사, 시사명, 청사총, 색사온, 모사공, 언사충, 사

思敬, 疑思問, 忿思難, 見得思義."

사경, 의사문, 분사난, 견득사의."

11. 공자: "선한 것을 보면 마치 따라잡을 수 없을 것처럼 부지런히 쫓고, 선하지 못한 것을 보면 마치 끓는 물을 손으로 만졌을 때처럼 빨리 피한다."고 하였는데, 나는 이런 말도 들었고 이렇게 실천하는 사람도 보았다. "은 거하면서 자신의 뜻을 추구하고 의로움을 행하여 자신의 뜻을 달성한다."고 하였는데, 나는 이런 말을 들어보기는 하였지만 실제로 그것을 실천하는 사람은 보지 못하였다.

孔子曰, "見善如不及, 見不善如探湯. 吾見其人矣, 吾聞其語矣. 隱居

공자왈, "견선여불급, 견불선여탐탕. 오견기인의, 오문기어의. 은거

以求其志, 行義以達其道. 吾聞其語矣, 未見其人也."

이구기지, 행의이달기도. 오문기어의, 미견기인야."

12. 제나라 경공에게는 말이 사천 필이나 있었지만 그가 죽는 날 백성들은 어느 누구도 그를 칭송하지 않았다. 백이와 숙제는 수양산에서 굶어 죽었지만 사람들이 지금까지도 그를 칭송한다. 이것이 바로 덕의 중요성을 말하는 것이리라.[37]

齊景公有馬千駟, 死之日, 民無德而稱焉. 伯夷叔齊餓于首陽之下, 民

제경공유마천사, 사지일, 민무덕이칭언. 백이숙제아우수양지하, 민

到于今稱之. 其斯之謂與?

도우금칭지. 기사지위여?

13. 진항이 공자의 아들인 백어에게 "그대는 남과는 다른 가르침을 들은 적이 있습니까?" 하고 묻자, 백어가 대답하였다. "아직 그런 적이 없습니다. 예전에 아버님께서 혼자 서 계실 때 제가 빠른 걸음으로 마당을 지나가는데, '시를 배웠는가?' 하고 물으셨습니다. '아직 배우지 않았습니다.' 라고 대답하자, '시를 배우지 않으면 다른 사람과 말할 수 없다.' 고 말씀하셨고 그래서 제가 그 자리에서 물러난 뒤 시를 공부하였습니다. 또 다른 날 혼자 서 계실 때 제가 빠른 걸음으로 마당을 지나가는데, '예를 배웠는가?' 하고 물으셨습니다. '아직 배우지 않았습니다.' 라고 대답하자, '예를 배우지

않으면 다른 사람 사이에 제대로 설 수 없다.'고 말씀
하셨습니다. 그래서 제가 그 자리에서 물러난 뒤 예를
공부하였습니다. 이상의 두 가지를 들은 적이 있습니
다." 그러자 진항이 물러나와 기뻐하며 말하였다. "하
나를 물어 세 가지를 얻었다. 시를 공부해야 한다는 것
을 알았고, 예를 공부해야 한다는 것을 알았으며, 또
군자는 자신의 아들을 멀리한다는 것도 들었다."

陳亢問於伯魚曰, "子亦有異聞乎?" 對曰, "未也. 嘗獨立, 鯉趨而過
진항문어백어왈, "자역유이문호?" 대왈, "미야. 상독립, 이추이과
庭. 曰, '學詩乎?' 對曰, '未也.' '不學詩, 無以言.' 鯉退而學詩. 他
정. 왈, '학시호?' 대왈, '미야.' '불학시, 무이언.' 이퇴이학시. 타
日, 又獨立, 鯉趨而過庭. 曰, '學禮乎?' 對曰, '未也.' '不學禮, 無以
일, 우독립, 이추이과정. 왈, '학례호?' 대왈, '미야.' '불학례, 무이
立.' 鯉退而學禮. 聞斯二者." 陳亢退而喜曰, "問一得三, 聞詩聞禮,
립.' 이퇴이학례. 문사이자." 진항퇴이희왈, "문일득삼, 문시문례,
又聞君子之遠其子也."
우문군자지원기자야."

14. 군주의 아내를 군주가 부를 때는 '부인'이라고 하고,
　　부인이 스스로를 말할 때는 '소동'(작은 아이)이라고
　　하며, 나라 사람들이 부를 때는 '군부인'(군주의 부인)

이라고 하고, 다른 나라 사람들에게 말할 때는 '과소
군'(우리 작은 군주)이라 하며, 다른 나라 사람들이 부
를 때는 역시 '군부인'이라고 한다.

邦君之妻, 君稱之曰夫人, 夫人自稱曰小童, 邦人稱之曰君夫人, 稱諸

방군지처, 군칭지왈부인, 부인자칭왈소동, 방인칭지왈군부인, 칭저

異邦曰寡小君, 異邦人稱之亦曰君夫人.

이방왈과소군, 이방인칭지역왈군부인.

제17편 양화(陽貨)

1. 양화가 공자를 만나고 싶어 했으나 공자가 만나려 하지
않자, 공자에게 돼지를 선물로 보내고 답방을 기대하고
있었다. 그런데 공자는 그가 없는 틈을 이용해 인사를 하
고 돌아오는 길에 마주쳤다. 양화가 공자에게 "오십시오,
당신과 하고 싶은 말이 있습니다. 자신의 보물 같은 능력
을 감춘 채 나라를 어지럽게 버려둔다면 인하다고 할 수
있습니까?" 하고 말하자, 공자가 "그렇게 말할 수 없습니
다."라고 답하였다. 다시 양화가 "정치에 종사하기를 좋
아하면서도 자주 그 시기를 놓치면 지혜롭다고 할 수 있
습니까?" 하고 말하자, 공자가 "그렇게 말할 수 없습니
다."라고 답하였다. 끝으로 양화가 "해와 달은 지나가며

세월은 나와 함께하지 않습니다."라고 말하자, 공자가 말
하였다. "그렇습니다. 나도 장차 벼슬을 할 것입니다."

陽貨欲見孔子, 孔子不見, 歸孔子豚. 孔子時其亡也, 而往拜之. 遇諸
양화욕견공자, 공자불견, 귀공자돈. 공자시기무야, 이왕배지. 우저

塗. 謂孔子曰, "來! 予與爾言. 曰, 懷其寶而迷其邦, 可謂仁乎?" 曰,
도. 위공자왈, "내! 여여이언. 왈, 회기보이미기방, 가위인호?" 왈,

"不可." "好從事而亟失時, 可謂知乎?" 曰, "不可." "日月逝矣, 歲不
"불가." "호종사이기실시, 가위지호?" 왈, "불가." "일월서의, 세불

我與." 孔子曰, "諾, 吾將仕矣."
아여." 공자왈, "낙, 오장사의."

2. 공자: 타고난 본성은 서로 비슷하나 살면서 터득한 습성
   은 서로 차이가 많이 난다. 가장 지혜로운 사람과 가장
   어리석은 사람은 그 사람됨이 좀처럼 바뀌지 않는다.[38]

   子曰, "性相近也, 習相遠也." 子曰, "唯上知與下愚不移."
   자왈, "성상근야, 습상원야." 자왈, "유상지여하우불이."

3. 공자가 제자 자유가 책임자로 있는 무성에 갔다가 거문
   고를 타면서 부르는 노랫소리를 들었다. 공자는 빙그레
   웃으면서 "닭을 잡는 데 어찌 소 잡는 데 쓰는 칼을 쓰
   는 것처럼 작은 고을을 다스리면서 큰 도를 쓰는가?"

라고 말하였다. 자유가 답하였다. "예전에 제가 선생님
께 듣기로 '통치자가 올바른 도리를 배우면 백성을 사
랑하게 되고 백성들이 올바른 도리를 배우면 그들을 부
리기 쉽다.'고 하셨기에 예약을 통해 다스리고 있습니
다." 그러자 공자가 말하였다. "제자들아! 자유의 말이
옳다. 내가 앞에 한 말은 농담이다."

子之武城, 聞弦歌之聲. 夫子莞爾而笑曰, "割雞焉用牛刀?" 子游對
자지무성, 문현가지성. 부자완이이소왈, "할계언용우도?" 자유대
曰, "昔者偃也聞諸夫子曰, '君子學道則愛人, 小人學道則易使也.'"
왈, "석자언야문저부자왈, '군자학도즉애인, 소인학도즉이사야.'"
子曰, "二三者! 偃之言是也. 前言戲之耳."
자왈, "이삼자! 언지언시야. 전언희지이."

4. 공산불요가 비 지방을 거점으로 반란을 일으켜서 공자
   를 모시고자 하였는데, 공자가 가고자 하였다. 자로가
   불쾌해하면서 말하였다. "가지 마십시오. 하필이면 공
   산씨에게 가려고 하십니까?" 그러자 공자가 말하였다.
   "나를 부르는 사람이 어찌 괜히 불렀겠는가? 만약 나를
   써주는 사람이 있다면 나는 그 나라를 동방에서 이상적
   인 정치가 이루어지는 주나라로 만들 것이다."

   公山弗擾以費畔, 召, 子欲往. 子路不說, 曰, "末之也已, 何必公山氏

공산불요이비반, 소, 자욕왕. 자로불열, 왈, "말지야이, 하필공산씨
之之也?" 子曰, "夫召我者, 而豈徒哉? 如有用我者, 吾其爲東周乎?"
지지야?" 자왈, "부소아자, 이기도재? 여유용아자, 오기위동주호?"

5. 자장이 공자에게 인에 대해 물었다. 공자가 "다섯 가지
를 천하에서 실천할 수 있다면 인하다고 할 것이다."라
고 말하였다. 자장이 다섯 가지의 구체적인 내용을 묻
자, 공자가 말하였다. "공손함, 너그러움, 진실함, 민첩
함, 은혜로움이다. 공손하면 남의 모욕을 받지 않고, 너
그러우면 많은 사람의 마음을 얻고, 진실하면 다른 사람
이 자신을 믿게 되고, 민첩하면 어떤 일이든 결과를 얻
을 수 있고, 은혜로우면 다른 사람을 부릴 수 있다."

子張問仁於孔子. 孔子曰, "能行五者於天下爲仁矣." "請問之." 曰,

자장문인어공자. 공자왈, "능행오자어천하위인의." "청문지." 왈,

"恭寬信敏惠. 恭則不侮, 寬則得衆, 信則人任焉, 敏則有功, 惠則足

"공관신민혜. 공즉불모, 관즉득중, 신즉인임언, 민즉유공, 혜즉족

以使人."

이사인."

6. 진나라 대부인 필힐이 공자를 초청하려고 하자, 공자가
가려고 하였다. 그러자 자로가 말하였다. "예전에 제가

선생님으로부터 '자기 자신에게 좋지 못한 일을 자신이 직접 하는 사람에게 군자는 가까이 가지 않는다.'고 들었습니다. 필힐이 중모 지방을 거점으로 반란을 일으켰는데, 선생님께서 가려고 하시는 것은 무엇 때문입니까?" 이에 공자가 말하였다. "그렇다. 이전에 그런 말을 한 적이 있다. 정말 견고하다고 하지 않겠는가, 아무리 갈아도 얇아지지 않는다면. 정말 희다고 하지 않겠는가, 아무리 물을 들여도 검어지지 않는다면. 내가 어찌 조롱박 같아야 하겠는가? 어찌 한곳에만 매달려 있고 남들이 먹지 못하게 할 수 있겠는가?"

佛肸召, 子欲往. 子路曰, "昔者由也聞諸夫子曰, '親於其身爲不善
필힐소, 자욕왕. 자로왈, "석자유야문저부자왈, '친어기신위불선
者, 君子不入也.' 佛肸以中牟畔, 子之往也, 如之何?" 子曰, "然, 有
자, 군자불입야.' 필힐이중모반, 자지왕야, 여지하?" 자왈, "연, 유
是言也. 不曰堅乎, 磨而不磷, 不曰白乎, 涅而不緇. 吾豈匏瓜也哉?
시언야. 불왈견호, 마이불린, 불왈백호, 열이불치. 오개포과야재?
焉能繫而不食?"
언능계이불식?"

7. 공자가 말하였다. "자로야, 너는 여섯 가지 덕과 그것에 수반되는 여섯 가지 폐단에 대해 들어보았는가?" 자로

가 "아직 들어보지 못하였습니다."라고 대답하자, 공자가 말하였다. "앉아라, 내가 너에게 말해주겠다. 인을 좋아하되 배우기를 좋아하지 않으면 그 폐단은 어리석어지는 것이다. 지혜를 좋아하되 배우기를 좋아하지 않으면 그 폐단은 방탕해지는 것이다. 믿음을 좋아하되 배우기를 좋아하지 않으면 그 폐단은 남에게 해가 되는 것이다. 정직을 좋아하되 배우기를 좋아하지 않으면 그 폐단은 너무 각박해지는 것이다. 용기를 좋아하되 배우기를 좋아하지 않으면 그 폐단은 난폭해지는 것이다. 굳센 것을 좋아하되 배우기를 좋아하지 않으면 그 폐단은 과격해지는 것이다."

子曰, "由也! 女聞六言六蔽矣乎?" 對曰, "未也." "居! 吾語女. 好仁
자왈, "유야! 여문륙언륙폐의호?" 대왈, "미야." "거! 오어녀. 호인
不好學, 其蔽也愚, 好知不好學, 其蔽也蕩, 好信不好學, 其蔽也賊,
불호학, 기폐야우, 호지불호학, 기폐야탕, 호신불호학, 기폐야적,
好直不好學, 其蔽也絞, 好勇不好學, 其蔽也亂, 好剛不好學, 其蔽也狂."
호직불호학, 기폐야교, 호용불호학, 기폐야란, 호강불호학, 기폐야광."

8. 공자가 말하였다. "제자들은 어찌 시를 공부하지 않는가? 시는 사람의 감흥을 일으킬 수 있게 해주며, 세상의 풍속을 살필 수 있게 해주며, 사람들과 어울릴 수 있

게 해주며, 적절한 원망을 나타낼 수 있게 해주며, 가까
이는 아버지를 섬기고 멀리는 군주를 섬길 수 있게 해
주며, 새와 짐승과 초목의 이름을 많이 알게 해준다."
또 공자는 아들 백어에게 시 공부와 관련하여 이렇게
말하였다. "너는 『시경』 중 「주남」과 「소남」을 공부하
였느냐? 「주남」과 「소남」을 공부하지 않으면 마치 담장
을 마주하고 서 있는 것처럼 어떤 진전도 이룰 수 없을
것이다."

子曰, "小子何莫學夫詩? 詩, 可以興, 可以觀, 可以羣, 可以怨. 邇之

자왈, "소자하막학부시? 시, 가이흥, 가이관, 가이군, 가이원. 이지

事父, 遠之事君, 多識於鳥獸草木之名." 子謂伯魚曰, "女爲周南召南

사부, 원지사군, 다식어조수초목지명." 자위백어왈, "여위주남소남

矣乎? 人而不爲周南召南, 其猶正牆面而立也與?"

의호? 인이불위주남소남, 기유정장면이립야여?"

9. 공자: 예의, 예의 하고 말하지만, 그것이 어찌 의례에 쓰
이는 구슬이나 비단 같은 물건만을 가리키겠는가? 음
악, 음악 하고 말하지만, 그것이 어찌 음악에 쓰이는 종
이나 북만을 가리키겠는가?

子曰, "禮云禮云, 玉帛云乎哉? 樂云樂云, 鐘鼓云乎哉?"

자왈, "예운례운, 옥백운호재? 악운악운, 종고운호재?"

10. 공자: 외견상으로는 위엄이 있는 듯하지만 내면이 유약한 것은, 소인들에 비유하자면 벽을 뚫고 담장을 넘는 도둑과 같이 남을 속이는 것이다.

子曰, "色厲而內荏, 譬諸小人, 其猶穿窬之盜也與?"

자왈, "색려이내임, 비저소인, 기유천유지도야여?"

11. 공자: 한 고을에서 그럴듯하게 행동하며 근엄한 체하는 사이비 군자는, 궁극적으로 덕을 해치는 도둑과 같은 자이다.

子曰, "鄕愿, 德之賊也."

자왈, "향원, 덕지적야."

12. 공자: 길에서 들은 말을 옳고 그름에 대한 판단도 없이 길에서 그대로 이야기하는 것은, 스스로 쌓아가야 할 덕을 버리는 행위와 같다.

子曰, "道聽而塗說, 德之棄也."

자왈, "도청이도설, 덕지기야."

13. 공자: 비천한 사람이 군자를 섬길 수 있겠는가? 무엇인가를 얻지 못했을 때는 그것을 얻을 것만 걱정하다가, 이미 그것을 얻으면 또 그것을 잃을까 걱정한다. 그래서

그것을 잃을까 걱정하게 되면 못하는 짓이 없게 된다.

子曰, "鄙夫可與事君也與哉? 其未得之也, 患得之. 旣得之, 患失之.

자왈, "비부가여사군야여재? 기미득지야, 환득지. 기득지, 환실지.

苟患失之, 無所不至矣."

구환실지, 무소부지의."

14. 공자: 옛날에는 사람들에게 세 가지 병폐가 있었는데,
지금은 풍속이 더 나빠져서 그것조차도 없어져 버린
듯하다. 옛날의 큰 뜻을 갖고 있던 사람은 작은 일에
얽매이지 않았는데 지금의 큰 뜻을 갖고 있는 사람은
그저 멋대로 행동할 뿐이다. 옛날의 긍지가 있던 사람
은 엄하여 모가 났었는데 지금의 긍지가 있는 사람은
사납고 화를 잘 낸다. 옛날의 어리석은 사람은 솔직하
였는데 지금의 어리석은 사람은 남을 속이려 할 따름
이다.

子曰, "古者民有三疾, 今也或是之亡也. 古之狂也肆, 今之狂也蕩,

자왈, "고자민유삼질, 금야혹시지망야. 고지광야사, 금지광야탕,

古之矜也廉, 今之矜也忿戾, 古之愚也直, 今之愚也詐而已矣."

고지긍야렴, 금지긍야분려, 고지우야직, 금지우야사이이의."

15. 공자: 교묘한 말과 위선된 얼굴 표정으로 남의 환심을

사려는 사람 중에는 인(仁)한 사람이 거의 없다.[39]

子曰, "巧言令色, 鮮矣仁."

자왈, "교언령색, 선의인."

16. 공자: 자주색이 붉은색의 자리를 빼앗는 것을 미워하고, 음란한 정나라 음악이 아악의 자리를 빼앗는 것을 미워하며, 그럴듯한 말재주가 나라를 전복하는 것을 미워한다.

子曰, "惡紫之奪朱也, 惡鄭聲之亂雅樂也, 惡利口之覆邦家者."

자왈, "오자지탈주야, 오정성지란아악야, 오리구지복방가자."

17. 공자가 "나는 말을 하지 않으려 한다."라고 말하자, 자공이 "선생님께서 말씀을 하지 않으시면 저희 제자들은 무엇을 배워 전해야 합니까?" 하고 물었다. 그러자 공자가 말하였다. "하늘이 무엇을 말씀하시는가? 사계절이 운행되고 만물이 생겨나는 것이 모두 하늘의 이치인데, 하늘이 또 달리 무엇을 말씀하시는가?"

子曰, "予欲無言." 子貢曰, "子如不言, 則小子何述焉?" 子曰, "天何言哉? 四時行焉, 百物生焉, 天何言哉?"

자왈, "여욕무언." 자공왈, "자여불언, 즉소자하술언?" 자왈, "천하언재? 사시행언, 백물생언, 천하언재?"

18. 노나라 사람인 유비가 공자를 뵙고자 하였는데, 공자
가 거절하면서 병을 핑계로 하였다. 말을 전하는 사람
이 문을 나서자 공자는 거문고를 타면서 노래하여 그
가 들을 수 있도록 하였다.[40]

孺悲欲見孔子, 孔子辭以疾. 將命者出戶, 取瑟而歌, 使之聞之.

유비욕견공자, 공자사이질. 장명자출호, 취슬이가, 사지문지.

19. 재아가 물었다. "부모님이 돌아가신 후의 삼년상을 생
각해보면, 일 년만 해도 이미 충분한 듯합니다. 군자가
삼 년 동안 예를 지키지 않으면 예가 반드시 무너질 것
이고, 삼 년 동안 음악을 다스리지 않으면 음악이 반드
시 무너질 것입니다. 옛 곡식이 다 없어지고 새 곡식이
이미 익게 되며 불씨를 얻는 데 쓰는 나무도 새로 바뀔
정도의 기간이니 일 년이면 끝내도 될 것입니다." 그러
자 공자가 "그렇게 해서 쌀밥을 먹고 비단옷을 입으면
네 마음이 편하겠느냐?" 하고 묻자, 재아가 "편안합니
다."라고 말하였다. 이에 공자가 말하였다. "네가 편안
하다면 그렇게 해라! 군자는 상을 당하여 맛있는 것을
먹어도 달게 느끼지 못하며 음악을 들어도 즐겁지 않고
좋은 곳에 머물러도 편안하지 못하기 때문에 그렇게 하
지 않는 것이다. 그런데 지금 네가 편안하다면 그렇게

해라!" 재아가 그 자리를 떠나자 공자가 말하였다. "재
아는 어질지 못하구나! 자식이 태어나 삼 년이 지나야
부모의 품을 벗어날 수 있다. 그래서 삼년상이라는 것
은 천하 사람들이 공통적으로 치르는 상이다. 재아도
부모로부터 삼 년 동안의 사랑은 받았을 텐데……."

宰我問, "三年之喪, 期已久矣. 君子三年不爲禮, 禮必壞, 三年不爲

재아문, "삼년지상, 기이구의. 군자삼년불위례, 예필괴, 삼년불위

樂, 樂必崩. 舊穀旣沒, 新穀旣升, 鑽燧改火, 期可已矣." 子曰, "食夫

악, 악필붕. 구곡기몰, 신곡기승, 찬수개화, 기가이의." 자왈, "식부

稻, 衣夫錦, 於女安乎?" 曰, "安." "女安則爲之! 夫君子之居喪, 食旨

도, 의부금, 어녀안호?" 왈, "안." "여안즉위지! 부군자지거상, 식지

不甘, 聞樂不樂, 居處不安, 故不爲也. 今女安則爲之!" 宰我出. 子曰,

불감, 문악불락, 거처불안, 고불위야. 금녀안즉위지!" 재아출. 자왈,

"予之不仁也! 子生三年, 然後免於父母之懷. 夫三年之喪, 天下之通

"여지불인야! 자생삼년, 연후면어부모지회. 부삼년지상, 천하지통

喪也, 予也有三年之愛於其父母乎!"

상야, 여야유삼년지애어기부모호!"

20. 공자: 하루 종일 배불리 먹고 어떤 것에도 마음 쓰는
일이 없다면 곤란하다. 차라리 장기나 바둑이라도 있
지 않은가? 그것이라도 하는 것이 아무 일도 안 하는

것보다는 낫다.

子曰, "飽食終日, 無所用心, 難矣哉! 不有博奕者乎? 爲之猶賢乎已."

자왈, "포식종일, 무소용심, 난의재! 불유박혁자호? 위지유현호이."

21. 자로가 "군자는 용기를 숭상합니까?" 하고 묻자, 공자
가 말하였다. "높은 지위에 있는 군자는 의로움을 최고
로 중시해야 한다. 군자가 용기만 있고 의로움이 없다
면 난리를 일으키게 되고, 소인이 용기만 있고 의로움
이 없다면 도둑질을 하게 된다.

子路曰, "君子尙勇乎?" 子曰, "君子義以爲上, 君子有勇而無義爲亂,

자로왈, "군자상용호?" 자왈, "군자의이위상, 군자유용이무의위란,

小人有勇而無義爲盜."

소인유용이무의위도."

22. 자공이 "군자도 미워하는 것이 있습니까?" 하고 묻자,
공자가 말하였다. "미워하는 것이 있다. 다른 사람의
나쁜 점을 말하는 것을 미워하고, 낮은 지위에 있으면
서 윗사람을 헐뜯는 것을 미워하고, 용기만 있고 예가
없는 사람을 미워하고, 과감하기만 할 뿐 융통성 없이
막혀 있는 사람을 미워한다." 그리고 공자가 다시 "자
공아, 너도 미워하는 것이 있느냐?" 하고 묻자, 자공이

말하였다. "남의 생각을 미리 알아내는 것을 지혜롭다고 여기는 것을 미워하고, 겸손하지 않은 것을 용기 있는 일이라 생각하는 것을 미워하고, 남을 공격하는 것을 정직한 것이라 생각하는 것을 미워합니다."

子貢曰, "君子亦有惡乎?" 子曰, "有惡, 惡稱人之惡者, 惡居下流而

자공왈, "군자역유오호?" 자왈, "유오, 오칭인지악자, 오거하류이

訕上者, 惡勇而無禮者, 惡果敢而窒者." 曰, "賜也亦有惡乎?" "惡徼

산상자, 오용이무례자, 오과감이질자." 왈, "사야역유오호?" "오요

以爲知者, 惡不孫以爲勇者, 惡訐以爲直者."

이위지자, 오불손이위용자, 오알이위직자."

23. 공자: 여자와 소인만은 다루기 어렵다. 가깝게 잘 대해주면 불손해지고, 그렇다고 멀리하면 원망을 한다.

子曰, "唯女子與小人爲難養也, 近之則不孫, 遠之則怨."

자왈, "유녀자여소인위난양야, 근지즉불손, 원지즉원."

24. 공자: 일찍 자신을 잘 수양하지 않아 나이 사십이 되어서도 남에게 미움을 받는다면, 그런 사람은 끝장이다.

子曰, "年四十而見惡焉, 其終也已."

자왈, "연사십이견오언, 기종야이."

제18편 미자(微子)

1. 은나라 주(紂) 임금이 포학한 정치를 행하자, 미자는 벼슬을 버리고 떠났고, 기자는 여러 차례 간언을 하다가 종노릇을 하게 되었으며, 비간은 간언을 하다 죽었다. 공자가 "은나라에 세 명의 어진 이가 있었다."고 말하였다.

微子去之, 箕子爲之奴, 比干諫而死. 孔子曰, "殷有三仁焉."

미자거지, 기자위지노, 비간간이사. 공자왈, "은유삼인언."

2. 유하혜가 형벌을 관장하는 벼슬을 하다가 세 번 쫓겨났다. 어떤 사람이 "그대는 완전히 이 나라를 떠날 수 없었습니까?" 하고 말하자, 유하혜가 답하였다. "올바른 도리로 사람을 섬긴다면 어디를 간들 세 번 쫓겨나지 않

겠는가? 바르지 않은 도리로 사람을 섬긴다면 어찌 꼭
부모의 나라를 떠나게 되겠는가?"

柳下惠爲士師, 三黜. 人曰, "子未可以去乎?" 曰, "直道而事人, 焉往

유하혜위사사, 삼출. 인왈, "자미가이거호?" 왈, "직도이사인, 언왕

而不三黜? 枉道而事人, 何必去父母之邦?"

이불삼출? 왕도이사인, 하필거부모지방?"

3. 제나라 경공이 공자의 대우에 관하여 "노나라에서 제일
   높은 계씨만큼은 내가 해줄 수 없고, 계씨와 맹씨의 중
   간으로 대우하겠다."고 말하더니, 다시 "내가 늙어서 공
   자를 쓸 수 없다."고 말하자, 공자가 제나라를 떠났다.

   齊景公待孔子曰, "若季氏, 則吾不能, 以季孟之間待之." 曰, "吾老

   제경공대공자왈, "약계씨, 즉오불능, 이계맹지간대지." 왈, "오로

   矣, 不能用也." 孔子行.

   의, 불능용야." 공자행.

4. 제나라 사람들이 노나라에 여인 악단을 보내주자 계환
   자가 이를 받고 사흘 동안이나 조회를 하지 않았다. 그
   러자 공자가 노나라를 떠났다.

   齊人歸女樂, 季桓子受之, 三日不朝, 孔子行.

   제인귀녀악, 계환자수지, 삼일부조, 공자행.

5. 초나라 미치광이 접여가 노래를 부르며 공자의 수레 앞을 지나가면서 말하였다. "봉황새여, 봉황새여! 어찌 덕이 그리도 쇠하였는가? 이미 지난 일은 다시 말할 수 없고, 앞으로 다가올 일은 쫓아갈 수 있다네. 그만두어라, 그만두어라! 지금의 정치를 하는 사람들은 위태롭다네!" 공자가 수레에서 내려 그와 이야기를 나누고자 하였지만 접여가 빠른 걸음으로 공자를 피해버려 그와 이야기를 나눌 수 없었다.

楚狂接輿歌而過孔子曰, "鳳兮鳳兮! 何德之衰? 往者不可諫, 來者猶

초광접여가이과공자왈, "봉혜봉혜! 하덕지쇠? 왕자불가간, 내자유

可追. 已而已而! 今之從政者殆而!" 孔子下, 欲與之言. 趨而辟之, 不

가추. 이이이이! 금지종정자태이!" 공자하, 욕여지언. 추이피지, 부

得與之言.

득여지언.

6. 초나라의 두 은자인 장저와 걸닉이 나란히 밭을 갈고 있었는데, 공자가 그 근처를 지나다가 자로를 시켜 나루터를 묻게 하였다. 장저가 "저 수레 고삐를 잡은 사람은 누구요?" 하고 묻자, 자로가 "공자 선생님이십니다."라고 답하였다. 다시 "노나라 공구 선생이신가요?" 하고 묻자, "그렇습니다."라고 말하였다. 그러자 그는 "그렇다

면 나루터를 알 것입니다."라고 말하였다. 다시 걸닉에게 물었다. 걸닉은 "그대는 누구인가?" 하고 묻자, "자로입니다."라고 답하였다. 다시 "노나라 공구 선생의 제자인가?" 하고 묻자, "그렇습니다."라고 답하였다. 그러자 걸닉이 말하였다. "도도하게 물이 흘러가듯 천하가 모두 그러하거늘 누가 물의 흐름을 바꾸겠는가? 그리고 특정한 군주가 옳지 않다고 그러한 사람을 피해 다니는 사람을 따라다니기보다는 차라리 세상 자체를 피해 다니는 사람을 따르는 편이 낫지 않겠는가?" 이렇게 말하고 그들은 씨를 흙으로 덮는 일을 멈추지 않았다. 자로가 공자에게 가서 이 일을 말하자, 공자가 근심스러운 표정을 지으며 말하였다. "새나 짐승과 함께 무리 지어 살 수 없으니, 내가 이 세상 사람들과 함께하지 않는다면 누구와 함께하겠는가? 천하에 올바른 도리가 행해지고 있다면 나는 사람들과 함께 세상을 바꾸려고 하지 않을 것이다."

長沮桀溺耦而耕, 孔子過之, 使子路問津焉. 長沮曰, "夫執輿者爲 장저걸닉우이경, 공자과지, 사자로문진언. 장저왈, "부집여자위 誰?" 子路曰, "爲孔丘." 曰, "是魯孔丘與?" 曰, "是也." 曰, "是知津 수?" 자로왈, "위공구." 왈, "시로공구여?" 왈, "시야." 왈, "시지진 矣." 問於桀溺. 桀溺曰, "子爲誰?" 曰, "爲仲由." 曰, "是魯孔丘之徒 의." 문어걸닉. 걸닉왈, "자위수?" 왈, "위중유." 왈, "시로공구지도

與?"對曰, "然."曰, "滔滔者天下皆是也, 而誰以易之? 且而與其從
여?" 대왈, "연." 왈, "도도자천하개시야, 이수이역지? 차이여기종
辟人之士也, 豈若從辟世之士哉?" 耰而不輟. 子路行以告. 夫子憮然
피인지사야, 기약종피세지사재?" 우이불철. 자로행이고. 부자무연
曰, "鳥獸不可與同羣, 吾非斯人之徒與而誰與? 天下有道, 丘不與易也."
왈, "조수불가여동군, 오비사인지도여이수여? 천하유도, 구불여역야."

7. 자로가 공자를 따르다 뒤처졌다. 늙은 은자를 만났는
데, 지팡이에 삼태기를 매고 있었다. 자로가 "노인장께
서는 제 선생님을 보지 못하셨습니까?" 하고 묻자, 늙
은이는 "자기 사지도 부지런히 놀리지 않고 오곡도 분
별하지 못하거늘 누구를 선생님이라고 하는가?"라고
말하고는 지팡이를 땅에 꽂아놓고 김을 매었다. 자로가

공자성적도 중 "자로가 나루터를 물음(子路問津)".

손을 모아 공손한 자세로 서 있자 자로를 머물러 묵게
하고, 닭을 잡고 기장밥을 지어 먹게 한 후 자신의 두 아
들을 자로에게 인사시켰다. 다음 날 자로가 떠나와 공자
에게 이 사실을 알렸다. 공자가 "은자로구나."라고 말하
며 자로에게 돌아가서 그를 뵙도록 하였는데, 원래의 장
소에 도착해보니 그는 이미 떠나고 없었다. 자로가 말하
였다. "나라에 벼슬하지 않는 것은 의로운 일이 아니며,
어른과 아이의 예절도 없앨 수는 없습니다. 그런데 군주
와 신하 사이의 의리를 어떻게 없앨 수 있습니까? 이는
자기 자신을 깨끗이 하고자 군주와 신하 사이의 큰 윤리
를 어지럽히는 것입니다. 군자가 벼슬을 하는 것은 그러
한 의로움을 실천하려는 것이며, 올바른 도리가 행해지
지 않으리라는 것은 이미 알고 있는 것입니다."

子路從而後, 遇丈人, 以杖荷蓧. 子路問曰, "子見夫子乎?" 丈人曰,
자로종이후, 우장인, 이장하조. 자로문왈, "자견부자호?" 장인왈,
"四體不勤, 五穀不分. 孰爲夫子?" 植其杖而芸. 子路拱而立. 止子路
"사체불근, 오곡불분. 숙위부자?" 식기장이운. 자로공이립. 지자로
宿, 殺雞爲黍而食之, 見其二子焉. 明日, 子路行以告. 子曰, "隱者
숙, 살계위서이사지, 견기이자언. 명일, 자로행이고. 자왈, "은자
也." 使子路反見之. 至則行矣. 子路曰, "不仕無義. 長幼之節, 不可
야." 사자로반견지. 지즉행의. 자로왈, "불사무의. 장유지절, 불가

廢也, 君臣之義, 如之何其廢之? 欲絜其身, 而亂大倫. 君子之仕也,

폐야, 군신지의, 여지하기폐지? 욕결기신, 이란대륜. 군자지사야,

行其義也. 道之不行, 已知之矣."

행기의야. 도지불행, 이지지의."

8. 은거하며 지낸 사람으로 백이, 숙제, 우중, 이일, 주장, 유하혜, 소련이 있었다. 공자가 말하였다. "자신의 뜻을 굽히지 않고 자기 몸을 욕되게 하지 않은 사람은 백이와 숙제일 것이다." 또 유하혜와 소련에 대해 이렇게 평가하였다. "자신의 뜻을 굽히고 몸을 욕되게 하였지만, 하는 말이나 행동이 이치와 생각에 들어맞았기에 그들은 이렇게 하였을 뿐이다." 우중과 이일에 대해 이렇게 평가하였다. "은거하면서 멋대로 말을 하였지만, 자신의 몸가짐은 청결하였고 세상을 등진 것도 적절하였다. 그러나 나는 이들과 달라서 꼭 그래야만 되는 것도 없고 꼭 그래서는 안 되는 것도 없다."

逸民, 伯夷, 叔齊, 虞仲, 夷逸, 朱張, 柳下惠, 少連. 子曰, "不降其志,

일민, 백이, 숙제, 우중, 이일, 주장, 유하혜, 소련. 자왈, "불강기지,

不辱其身, 伯夷 叔齊與!" 謂柳下惠少連, "降志辱身矣, 言中倫, 行

불욕기신, 백이, 숙제여!" 위류하혜소련, "강지욕신의, 언중륜, 행

中慮, 其斯而已矣." 謂虞仲夷逸, "隱居放言, 身中淸, 廢中權. 我則

중려, 기사이이의." 위우중이일, "은거방언, 신중청, 폐중권. 아즉
異於是, 無可無不可."

이어시, 무가무불가."

9. 악사의 우두머리인 태사지는 제나라로 갔고, 아반의 역
할을 하던 악사 간은 초나라로 갔으며, 삼반의 역할을
하던 악사 요는 채나라로 갔고, 사반의 역할을 하던 악
사 결은 진나라로 갔다. 북을 치던 방숙은 황하 지역으
로 갔고, 작은 북을 흔들던 무는 한수 지역으로 갔으며,
태사 아래의 소사를 맡던 양과 경쇠를 치던 양은 바닷가
로 갔다.[41]

大師摯適齊, 亞飯干適楚, 三飯繚適蔡, 四飯缺適秦, 鼓方叔入於河,

태사지적제, 아반간적초, 삼반료적채, 사반결적진, 고방숙입어하,

播鼗武入於漢, 少師陽, 擊磬襄, 入於海.

파도무입어한, 소사양, 격경양, 입어해.

10. 주공이 그의 아들인 노공에게 말하였다. "군자는 친척
을 버리지 않고, 대신들로 하여금 써주지 않는다고 원
망하는 일이 없게 만들고, 옛 친구가 큰 잘못을 범하지
않으면 버리지 않고, 한 사람에게 모든 재능이 다 갖추
어져 있기를 바라지 않는다."

周公謂魯公曰, "君子不施其親, 不使大臣怨乎不以. 故舊無大故, 則

주공위로공왈, "군자불시기친, 불사대신원호불이. 고구무대고, 즉

不棄也. 無求備於一人!"

불기야. 무구비어일인!"

11. 주나라에는 여덟 명의 선비가 있었는데, 백달, 백괄,
중돌, 중홀, 숙야, 숙하, 계수, 계와가 그들이다.

周有八士, 伯達, 伯适, 仲突, 仲忽, 叔夜, 叔夏, 季隨, 季騧.

주유팔사, 백달, 백괄, 중돌, 중홀, 숙야, 숙하, 계수, 계와.

제19편 자장(子張)

1. 자장: 선비는 국가의 위태로움을 보면 목숨을 바치고, 이익이 눈앞에 있으면 의리를 생각하며, 제사 지낼 때는 공경스러운 자세를 생각하고, 상을 당하면 슬픔을 생각하는데, 그렇게 해야만 하는 것이다.

   子張曰, "士見危致命, 見得思義, 祭思敬, 喪思哀, 其可已矣."
   자장왈, "사견위치명, 견득사의, 제사경, 상사애, 기가이의."

2. 자장: 덕을 가지고 있지만 넓지 못하고 도를 믿기는 하지만 돈독하지 못하다면, 이런 사람은 있다고 하거나 없다고 하거나 마찬가지일 것이다.

   子張曰, "執德不弘, 信道不篤, 焉能爲有? 焉能爲亡?"

자장왈, "집덕불홍, 신도부독, 언능위유? 언능위무?"

3. 자하의 문인이 자장에게 사람 사귀는 방법에 대해 묻자, 자장이 "자하는 어떻게 말했는가?" 하고 말하였다. "자하 선생님께서는 괜찮은 사람과는 함께하고, 그렇지 못한 사람은 거절하라고 하셨습니다."라고 말하자, 자장이 말하였다. "내가 들은 것과는 다르구나. 군자는 현명한 사람을 존중하지만 대중도 받아들이며, 어떤 일을 잘하는 사람을 훌륭하게 여기지만 그런 능력이 없는 사람도 동정한다. 내가 크게 현명하다면 다른 사람에 대해 받아들이지 못할 것이 무엇이며, 내가 현명하지 않다면 다른 사람들이 나를 거절할 것이니, 어떻게 다른 사람을 거절하겠는가?"

子夏之門人問交於子張. 子張曰, "子夏云何?" 對曰, "子夏曰, '可者
자하지문인문교어자장. 자장왈, "자하운하?" 대왈, "자하왈, '가자
與之, 其不可者拒之.'" 子張曰, "異乎吾所聞, 君子尊賢而容衆, 嘉善
여지, 기불가자거지.'" 자장왈, "이호오소문, 군자존현이용중, 가선
而矜不能. 我之大賢與, 於人何所不容? 我之不賢與, 人將拒我, 如之
이긍불능. 아지대현여, 어인하소불용? 아지불현여, 인장거아, 여지
何其拒人也?"
하기거인야?"

4. 자하: 비록 하찮은 도리라도 반드시 볼 만한 것이 있겠지만, 원대한 일을 행하고자 한다면 자잘한 일에 얽매이게 될까 두려워, 군자는 그러한 일을 배우려 하지 않는다.

子夏曰, "雖小道, 必有可觀者焉, 致遠恐泥, 是以君子不爲也."

자하왈, "수소도, 필유가관자언, 치원공니, 시이군자불위야."

5. 자하: 날이 갈수록 모르던 것을 알게 되고 달이 갈수록 할 수 있는 것을 잊지 않고 계속할 수 있다면, 배우기를 좋아한다고 말할 수 있을 것이다.

子夏曰, "日知其所亡, 月無忘其所能, 可謂好學也已矣."

자하왈, "일지기소무, 월무망기소능, 가위호학야이의."

6. 자하: 널리 배우고 뜻을 돈독하게 하며, 자신에게 절실한 것을 묻고 가까운 일부터 생각한다면, 인은 그 가운데 있게 된다.

子夏曰, "博學而篤志, 切問而近思, 仁在其中矣."

자하왈, "박학이독지, 절문이근사, 인재기중의."

7. 자하: 여러 공인은 자신들의 작업장에 있으면서 모든 일을 완성해나가며, 군자는 배움으로써 자신이 추구하는 도에 이르게 된다.

子夏曰, "百工居肆以成其事, 君子學以致其道."

자하왈, "백공거사이성기사, 군자학이치기도."

8. 자하: 소인은 잘못을 저지르면 반드시 꾸미려고 한다.

子夏曰, "小人之過也必文."

자하왈, "소인지과야필문."

9. 자하: 군자의 모습에는 세 가지 변화가 있다. 멀리서 보면 장엄하게 보이다가, 가까이 다가가면 온화하게 느껴지고, 그의 말을 들어보면 분명하게 느껴진다.

子夏曰, "君子有三變, 望之儼然, 卽之也溫, 聽其言也厲."

자하왈, "군자유삼변, 망지엄연, 즉지야온, 청기언야려."

10. 자하: 군자는 사람들이 믿게 된 후에야 그들에게 일을 시키는데, 믿게 만들지 못하면 백성들은 자신들을 힘들게 한다고 생각한다. 또 윗사람이 믿게 된 후에야 간언을 하는데, 믿게 만들지 못하면 군주는 자신을 헐뜯는다고 생각한다.

子夏曰, "君子信而後勞其民, 未信, 則以爲厲己也. 信而後諫, 未信,

자하왈, "군자신이후로기민, 미신, 즉이위려기야. 신이후간, 미신,

則以爲謗己也."

즉이위방기야."

11. 자하: 큰 덕 즉 큰 범위에서 한도를 넘지 않는다면, 작은
    덕 즉 작은 범위에서 약간의 차이가 나는 것은 괜찮다.

    子夏曰, "大德不踰閑, 小德出入可也."

    자하왈, "대덕불유한, 소덕출입가야."

12. 자유가 말하였다. "자하의 제자들은 물 뿌리며 청소하
    는 일, 손님 접대하는 일, 나아가고 물러나는 등의 사
    소한 몸가짐은 잘하는 편이지만, 그러한 것들은 모두
    말단적인 것이다. 근본적인 것에 대해서는 할 줄 아는
    것이 아무것도 없으니 어찌 하겠는가?" 자하가 이 말
    을 듣고 말하였다. "아, 자유가 잘못이다! 군자의 도리
    에서 어떤 것을 먼저 가르치고 어떤 것을 뒤로 미루어
    게을리 하겠는가? 초목에 비유하자면, 종류에 따라 다
    르게 구별하여 키우는 것과 마찬가지이다. 군자의 도
    에서 어찌 이러한 것들을 속이고 모른 척할 수 있겠는
    가? 시작과 끝을 모두 아는 사람은 오직 성인밖에 없으
    니, 어린 제자들은 쉽고 가까운 것부터 가르쳐야 하는
    것이다.

    子游曰, "子夏之門人小子, 當洒掃應對進退, 則可矣, 抑末也. 本之

자유왈, "자하지문인소자, 당쇄소응대진퇴, 즉가의, 억말야. 본지
則無, 如之何?" 子夏聞之, 曰, "噫! 言游過矣! 君子之道, 孰先傳焉?
즉무, 여지하?" 자하문지, 왈, "희! 언유과의! 군자지도, 숙선전언?
孰後倦焉? 譬諸草木, 區以別矣. 君子之道, 焉可誣也? 有始有卒者,
숙후권언? 비저초목, 구이별의. 군자지도, 언가무야? 유시유졸자,
其唯聖人乎!"
기유성인호!"

13. 자하: 벼슬을 하면서도 남은 힘이 있으면 배우고, 배우
    고도 남은 힘이 있으면 벼슬을 한다.

    子夏曰, "仕而優則學, 學而優則仕."
    자하왈, "사이우즉학, 학이우즉사."

14. 자유: 상을 치르는 데는 슬픔을 다할 뿐이다.

    子游曰, "喪致乎哀而止."
    자유왈, "상치호애이지."

15. 자유: 내 친구 자장은 다른 사람들이 하기 어려워하는
    일을 잘하기는 하지만 인하지는 않다.

    子游曰, "吾友張也爲難能也, 然而未仁."
    자유왈, "오우장야위난능야, 연이미인."

16. 증자: 자장은 외모가 위풍당당하기는 하지만 남과 함께 인을 실천하기는 어렵다.

曾子曰, "堂堂乎張也, 難與並爲仁矣."

증자왈, "당당호장야, 난여병위인의."

17. 증자: 내가 선생님께 들었는데, "사람들이 평소에는 자신의 최선을 다하지 못하는 경우가 있을지라도 부모님의 상에 대해서만은 반드시 마음을 다한다."고 하셨다.

曾子曰, "吾聞諸夫子, 人未有自致者也, 必也親喪乎!"

증자왈, "오문저부자, 인미유자치자야, 필야친상호!"

18. 증자: 내가 선생님께 들었는데, "노나라 대부인 맹장자의 효성스러움에 대해 말한다면 다른 점은 남도 할 수 있지만 그가 선친의 신하와 선친의 정치를 바꾸지 않고 유지한 점은 정말 행하기 어려운 것이다."라고 하셨다.

曾子曰, "吾聞諸夫子, 孟莊子之孝也, 其他可能也, 其不改父之臣與

증자왈, "오문저부자, 맹장자지효야, 기타가능야, 기불개부지신여

父之政, 是難能也."

부지정, 시난능야."

19. 맹씨가 증자의 제자인 양부를 법률 담당자로 임명하

자, 양부가 증자에게 물었다. 증자가 말하기를, "윗사람이 올바른 도리를 잃어버려 백성들의 마음이 떠난 지 오래되었다. 만약 백성들의 실상을 정확히 알게 된다면 그들을 불쌍히 여길 뿐, 그들의 실상을 알았다고 좋아해서는 안 된다."고 하였다.

孟氏使陽膚爲士師, 問於曾子. 曾子曰, "上失其道, 民散久矣. 如得其情, 則哀矜而勿喜."

맹씨사양부위사사, 문어증자. 증자왈, "상실기도, 민산구의. 여득기정, 즉애긍이물희."

20. 자공: 은나라 마지막 왕인 주왕의 나쁜 점은 알려진 것처럼 그렇게 심하지는 않았다. 그러므로 군자는 다른 사람의 비난을 다 받아야 하는 나쁜 부류에 끼는 것을 싫어한다. 왜냐하면 천하의 나쁜 점이 모두 그의 잘못으로 돌아가기 때문이다.

子貢曰, "紂之不善, 不如是之甚也. 是以君子惡居下流, 天下之惡皆歸焉."

자공왈, "주지불선, 불여시지심야. 시이군자오거하류, 천하지악개귀언."

21. 자공: 군자가 잘못을 저지르는 것은 마치 해와 달에 일

식과 월식이 있는 것과 같다. 잘못을 저지르면 사람들이 모두 그것을 보게 되고, 잘못을 고치면 사람들이 모두 그를 우러러본다.

子貢曰, "君子之過也, 如日月之食焉, 過也, 人皆見之, 更也, 人皆仰之."

자공왈, "군자지과야, 여일월지식언, 과야, 인개견지, 경야, 인개앙지."

22. 위나라 대부인 공손조가 자공에게 "공자는 어디에서 배웠는가?" 하고 묻자, 자공이 말하였다. "문왕과 무왕의 도리가 아직 땅에 떨어지지 않고 사람 사이에 남아 있기에, 현명한 사람은 그중 큰 것을 알고 현명하지 못한 사람은 그중 작은 것을 알고 있습니다. 따라서 어느 누구도 문왕과 무왕의 도리를 갖고 있지 않은 사람이 없습니다. 공자 선생님께서 어디서든 배우지 않으셨겠습니까? 그러니 또한 어떻게 일정한 스승이 있으셨겠습니까?

衛公孫朝問於子貢曰, "仲尼焉學?" 子貢曰, "文武之道, 未墜於地,

위공손조문어자공왈, "중니언학?" 자공왈, "문무지도, 미추어지,

在人. 賢者識其大者, 不賢者識其小者. 莫不有文武之道焉. 夫子焉不

재인. 현자식기대자, 불현자식기소자. 막불유문무지도언. 부자언불

學? 而亦何常師之有?"

학? 이역하상사지유?"

23. 노나라 대부인 숙손무숙이 조정에서 대부들에게 "자공이 공자보다 현명하다."고 말하였다. 대부 자복경백이 이 말을 자공에게 알려주자, 자공이 말하였다. "궁궐의 담에 비유하면, 저의 담장은 어깨 높이 정도이기 때문에 담장 밖에서도 집 안의 좋은 것을 엿볼 수 있지만, 공자 선생님의 담장은 몇 길 정도나 되기 때문에 그 문 안으로 들어갈 수 없다면 종묘의 아름다움이나 여러 관직의 풍부함을 살펴볼 수 없습니다. 사실 그 문 안으로 들어갈 수 있는 사람이 적을 것이기 때문에 숙손무숙처럼 이야기하는 것이 당연하지 않겠습니까?"

叔孫武叔語大夫於朝曰, "子貢賢於仲尼." 子服景伯以告子貢. 子貢

숙손무숙어대부어조왈, "자공현어중니." 자복경백이고자공. 자공

曰, "譬之宮牆, 賜之牆也及肩, 闚見室家之好. 夫子之牆數仞, 不得

왈, "비지궁장, 사지장야급견, 규견실가지호. 부자지장수인, 부득

其門而入, 不見宗廟之美, 百官之富. 得其門者或寡矣, 夫子之云, 不

기문이입, 불견종묘지미, 백관지부. 득기문자혹과의, 부자지운, 불

亦宜乎!"

역의호!"

24. 숙손무숙이 공자를 비난하자, 자공이 말하였다. "아무 소용이 없습니다. 공자 선생님은 비방할 수 없는 분입

니다. 다른 사람의 현명함은 기껏 낮은 언덕 같은 것이어서 넘어갈 수 있지만, 선생님의 현명함은 해와 달과 같아서 어느 누구도 그를 넘어설 수 없습니다. 다른 사람이 비록 공자 선생님과 단절하고자 하여 비난하기는 하지만, 그것이 해와 달에게 무슨 해를 입힐 수 있겠습니까? 오히려 그 자신이 분수를 모른다는 점만을 드러낼 뿐입니다.

叔孫武叔毁仲尼. 子貢曰, "無以爲也! 仲尼不可毁也. 他人之賢者, 丘
숙손무숙훼중니. 자공왈, "무이위야! 중니불가훼야. 타인지현자, 구
陵也, 猶可踰也, 仲尼, 日月也, 無得而踰焉. 人雖欲自絶, 其何傷於
릉야, 유가유야, 중니, 일월야, 무득이유언. 인수욕자절, 기하상어
日月乎? 多見其不知量也."
일월호? 다견기부지량야."

25. 진자금이 자공에게 "그대가 당신의 스승에 대해 공손하기 때문이지, 공자가 어떻게 당신보다 현명하시겠습니까?"라고 말하자, 자공이 말하였다. "군자는 한 마디 말로 지혜로운 사람이 되기도 하고 한 마디 말로 지혜롭지 못한 사람이 되기도 하므로, 말이란 신중하지 않으면 안 되는 것입니다. 공자 선생님을 우리가 따라잡을 수 없는 것은 마치 하늘이 사다리를 통해 올라갈

수 없는 것과 같습니다. 선생님께서 나라를 다스릴 수 있다면, 이른바 백성을 세워주면 백성이 서고, 백성을 인도해주면 백성들이 행하며, 백성들을 편하게 해주면 그들이 다가오고, 백성들을 움직이면 그들이 평화로워져서, 결국 살아 계실 때는 영화를 누리시고 돌아가셔서는 애도를 받으실 것입니다. 그러니 어떻게 공자 선생님을 따라잡을 수 있겠습니까?"

陳子禽謂子貢曰, "子爲恭也, 仲尼豈賢於子乎?" 子貢曰, "君子一言
진자금위자공왈, "자위공야, 중니기현어자호?" 자공왈, "군자일언
以爲知, 一言以爲不知, 言不可不愼也. 夫子之不可及也, 猶天之不可
이위지, 일언이위부지, 언불가불신야. 부자지불가급야, 유천지불가
階而升也. 夫子之得邦家者, 所謂立之斯立, 道之斯行, 綏之斯來, 動
계이승야. 부자지득방가자, 소위립지사립, 도지사행, 수지사래, 동
之斯和, 其生也榮, 其死也哀. 如之何其可及也?"
지사화, 기생야영, 기사야애. 여지하기가급야?"

제20편 요왈(堯曰)

1. 요임금이 말하였다. "아, 그대 순이여! 하늘이 정한 제
왕의 순서가 그대 몸에 있으니, 진실로 중용을 잘 지켜
야 한다. 온 세상이 곤궁해지면 하늘이 주신 제왕의 지
위도 영원히 끊어질 것이다." 순임금도 이와 같은 말로
우임금에게 명하여 제왕의 자리를 넘겨주었다. 탕임금
이 말하였다. "어린 제가 감히 검은 소를 제물로 올리
며, 감히 위대하신 상제께 분명하게 아뢰옵니다. 죄가
있는 사람을 제 마음대로 용서하지 않았으며 상제께서
보내신 현명한 신하를 덮어두지 않고 썼으니 이러한 선
택은 모두 상제의 마음에 따른 것입니다. 제 몸에 죄가
있다면 이는 백성들과 관계없는 것이며, 백성들에게 죄

가 있다면 그 죄는 제 자신에게 있습니다." 주나라 무왕이 은나라를 이기고 천하에 큰 은혜를 베풀어 착한 사람들을 부유하게 만들었다. 그리고 말하였다. "비록 지극히 가까운 친척이 있어도 인한 사람보다 못하며, 백성들에게 잘못이 있다면 그 책임은 나 한 사람에게 있다." 또한 도량형과 법도를 신중하게 잘 살피고 없어진 관직을 정비하니 나라의 정치가 올바르게 행해졌다. 멸망한 나라를 일으켜주고 끊어진 집안의 대를 이어주며 은거하는 사람들을 등용하니 천하의 백성들이 그에게 마음을 주었다. 중시한 것은 백성들의 양식과 상례와 제례였다. 백성들에게 너그러워 대중의 지지를 얻게 되었고, 신의가 있어 백성들이 믿고 맡겼으며, 민첩하여 공을 이룰 수 있었고, 공정하여 모든 사람이 기뻐하였다.

堯曰, "咨! 爾舜! 天之麻數在爾躬, 允執其中. 四海困窮, 天祿永終."
요왈, "자! 이순! 천지력수재이궁, 윤집기중. 사해곤궁, 천록영종."
舜亦以命禹. 曰, "予小子履敢用玄牡, 敢昭告于皇皇后帝, 有罪不敢
순역이명우. 왈, "여소자리감용현모, 감소고우황황후제, 유죄불감
赦. 帝臣不蔽, 簡在帝心. 朕躬有罪, 無以萬方, 萬方有罪, 罪在朕躬."
사. 제신불폐, 간재제심. 짐궁유죄, 무이만방, 만방유죄, 죄재짐궁."
周有大賚, 善人是富. "雖有周親, 不如仁人. 百姓有過, 在予一人."
주유대뢰, 선인시부. "수유주친, 불여인인. 백성유과, 재여일인."

謹權量, 審法度, 脩廢官, 四方之政行焉. 興滅國, 繼絶世, 擧逸民, 天

근권량, 심법도, 수폐관, 사방지정행언. 흥멸국, 계절세, 거일민, 천

下之民歸心焉. 所重, 民食喪祭. 寬則得衆, 信則民任焉, 敏則有功,

하지민귀심언. 소중, 민식상제. 관즉득중, 신즉민임언, 민즉유공,

公則說.

공즉열.

2. 자장이 공자에게 "어떻게 해야 정치를 할 수 있습니
   까?" 하고 묻자, 공자가 말하였다. "다섯 가지 아름다움
   을 존중하고 네 가지 악함을 물리치면 정치를 할 수 있
   다." 자장이 "무엇을 다섯 가지 아름다움이라고 합니
   까?" 하고 묻자, 공자가 말하였다. "군자는 은혜를 베풀
   되 쓸데없이 낭비하지 않고, 백성을 수고하도록 부리되
   원망을 살 정도로 하지 않으며, 하고자 바라는 것이 있
   지만 탐욕스럽지 않고, 태연하게 행동하되 교만하지 않
   으며, 위엄을 갖추되 사납지 않은 것이다." 자장이 다시
   "은혜를 베풀되 쓸데없이 낭비하지 않는다는 것은 어떤
   것입니까?" 하고 묻자, 공자가 말하였다. "백성들이 이
   롭다고 생각하는 것을 기준으로 그들을 이롭게 해준다
   면, 이것이 은혜를 베풀되 쓸데없이 낭비하지 않는 것이
   다. 수고롭게 일을 시켜도 될 만한 상황을 잘 가려서 백

성을 수고롭게 만든다면 또 누가 원망하겠는가? 인하고자 하여 인할 수 있다면 또 무엇을 탐하겠는가? 군자가 대하는 사람이 많건 적건 혹은 하는 일이 큰일이건 작은 일이건 감히 태만하게 하지 않는다면, 이것이 태연하게 행동하되 교만하지는 않는 것이 아니겠는가? 군자가 자신의 의관을 바로 하고 시선을 존엄하게 한다면 위엄이 있어서 사람들이 바라보면서 두려워하게 되는데, 이것이 위엄을 갖추되 사납지 않는 것이 아니겠는가?" 자장이 또 "무엇을 네 가지 악함이라고 합니까?" 하고 묻자, 공자가 말하였다. "가르치지도 않고서 죄를 지었다고 죽이는 것을 잔학하다고 하며, 미리 알려주지도 않고 성과만을 따지는 것을 포악하다고 하며, 명령은 늦게 내리고서 기일만 재촉하는 것을 해치는 것이라고 하며, 어차피 남에게 주어야 할 것인데도 물건을 내줄 때 인색하게 하는 것을 창고지기와 같다고 말한다."

子張問於孔子曰, "何如斯可以從政矣?" 子曰, "尊五美, 屛四惡, 斯
자장문어공자왈, "하여사가이종정의?" 자왈, "존오미, 병사악, 사

可以從政矣." 子張曰, "何謂五美?" 子曰, "君子惠而不費, 勞而不怨,
가이종정의." 자장왈, "하위오미?" 자왈, "군자혜이불비, 노이불원,

欲而不貪, 泰而不驕, 威而不猛." 子張曰, "何謂惠而不費?" 子曰,
욕이불탐, 태이불교, 위이불맹." 자장왈, "하위혜이불비?" 자왈,

"因民之所利而利之, 斯不亦惠而不費乎? 擇可勞而勞之, 又誰怨? 欲

"인민지소리이리지, 사불역혜이불비호? 택가로이로지, 우수원? 욕

仁而得仁, 又焉貪? 君子無衆寡, 無小大, 無敢慢, 斯不亦泰而不驕乎?

인이득인, 우언탐? 군자무중과, 무소대, 무감만, 사불역태이불교호?

君子正其衣冠, 尊其瞻視, 儼然人望而畏之, 斯不亦威而不猛乎?" 子

군자정기의관, 존기첨시, 엄연인망이외지, 사불역위이불맹호?" 자

張曰, "何謂四惡?" 子曰, "不敎而殺謂之虐, 不戒視成謂之暴, 慢令

장왈, "하위사악?" 자왈, "불교이살위지학, 불계시성위지포, 만령

致期謂之賊, 猶之與人也, 出納之吝謂之有司."

치기위지적, 유지여인야, 출납지린위지유사."

3. 공자: 천명을 모르면 군자가 될 수 없다. 예를 모르면 제
   대로 어떤 행동도 할 수 없고, 말을 알지 못하면 다른 사
   람을 이해할 수 없다.

   孔子曰, "不知命, 無以爲君子也, 不知禮, 無以立也, 不知言, 無以知

   공자왈, "부지명, 무이위군자야, 부지례, 무이립야, 부지언, 무이지

   人也."

   인야."

3부

관련서 및 연보　論語

전통적으로 우리나라에서는 주희(朱熹)의 『논어집주(論語集注)』에 근거하여 『논어』를 읽어왔다. 조선시대 성리학이 굳건하게 자리를 잡은 이후에는 『논어』나 유가 경전을 주희와 달리 해석하면 크게 비판을 받거나 심지어는 목숨을 잃을 지경에까지 이르기도 하였다. 그럼에도 『논어』의 각 구절에 대해 대단히 많은 해설 방식이 남아 있는데, 그 각각의 해설에는 그 해설만의 독특한 장점과 공자에 대한 이해 방식이 개입되어 있다. 따라서 현대사회에서는 일방적인 『논어』 해석이 아니라 좀 더 다양한 주석서에 입각한 『논어』의 이해가 필요하다고 할 수 있다.

『논어』 주석서 및 해설서

중국에서 간행된 『논어』 주석서

공자는 기원전 551년 노나라에서 태어나 기원전 479년 73세에 세상을 떠난 공구(孔丘)라는 이름의 역사적 실존 인물이다. 그러나 그를 이해하는 방식에 따라 수많은 공자가 등장하며, 그 다양한 모습의 공자는 『논어』에 대한 해석에도 그대로 영향을 미치게 된다. 이 때문에 『논어』에 대한 주석서가 한권 등장하면 새로운 모습의 공자가 또 한 사람 등장한다고 할정도로 『논어』를 통한 공자의 모습은 다양하게 나타난다. 사실 『논어』 전 구절을 통해 이설이 없는 구절은 거의 없다고 말할 수 있다.

전통적으로 우리나라에서는 주희(朱熹)의 『논어집주(論語集注)』에 근거하여 『논어』를 읽어왔다. 조선시대 성리학이 굳건하게 자리를 잡은 이후에는 『논어』나 유가 경전을 해석할 때 주희와 다른 이해의 틀에서 이루어지면 크게 비판을 받고, 심지어는 목숨을 잃을 지경에까지 이르기도 하였다. 그럼에도 『논어』의 각 구절에 대해 대단히 많은 해설 방식이 남아 있는데, 그 각각의 해설에는 그 해설만의 독특한 장점과 공자에 대한 이해 방식이 개입되어 있다. 따라서 현대사회에서는 일방적인 『논어』 해석이 아니라 좀 더 다양한 주석서에 입각한 『논어』의 이해가 필요하다고 할 수 있다.

전통 시기에 중국에서 간행된 『논어』에 대한 주석서를 말할 때 대표적으로 다음의 4대 주소를 언급한다. 하안(何晏)의 『논어집해(論語集解)』, 황간(皇侃)의 『논어의소(論語義疏)』, 형병(邢昺)의 『논어주소(論語注疏)』, 주희(朱熹)의 『논어집주(論語集注)』가 그것이다. 이 밖에 청나라 때 유보남(劉寶楠)의 『논어정의(論語正義)』, 정수덕(程樹德)의 『논어집석(論語集釋)』 역시 중국에서 간행된 대표적인 『논어』 주석서로 꼽힌다. 이제 이들에 대한 간략한 소개를 하고자 한다.

『논어집해(論語集解)』

오늘날까지 전체의 내용이 완전하게 전해지는 책 중에서 가장 오래된 것이다. 편찬자 하안(?~249)은 위(魏)나라 사람으로, 왕필과 함께 위진현학(魏晉玄學)의 개창자로도 알려진 인물이다. 이전 시기의 여러 『논어』에 대한 주를 모아 10권으로 이 책을 편찬하였다. 이 책은 후한 때의 공안국(孔安國)·포함(包咸)·마융(馬融)·정현(鄭玄)과 위나라 때의 왕숙(王肅)·진군(陳群)·주생열(周生烈) 등의 견해를 인용하고 있고, 하안 자신의 견해를 직접 기록한 것도 적지 않다. 공안국의 주를 가장 많이 인용하고 있으며, 후대에 출간된 황간의 『논어의소』나 형병의 『논어주소』는 모두 이 책을 위주로 그에 대한 설명을 덧붙여 만들어진 것이다. 국내에서는 필자에 의해 번역되어 『중국어문논역총간(中國語文論譯叢刊)』에 연재 중인데, 2006년 1월에 모든 번역의 연재가 완료될 예정이다.

『논어의소(論語義疏)』

앞서 살펴본 『논어집해』에 대한 해설서로, 양(梁)나라의 황간(488~545)에 의해 이루어진 책이다. 이 책은 자구에 대한 설명이나 주석보다는 문장 전체의 뜻을 풀이하는 데 중점을 두고 있으며 도가나 불교적인 색채도 적지 않게 포함하고 있어, 일정한 체계가 없다는 평가를 받고 있다. 송나라 때 형병의 『논어주소』와 주희의 『논어집주』가 통행되면서 중국에서는 자취를 감추었던 책이다. 청나라 때 일본을 통해 역수입되어 다시 중국의 학자들에게 알려지게 되었다. 중국에는 『지부족재본(知不足齋本)』과 고경해휘함본

『(古經解彙函本)』등이, 일본에는 『회덕당총서본(懷德堂叢書本)』등이 전해지고 있다.

『논어주소(論語注疏)』

송나라 때 형병(932~1010)이 진종(眞宗)의 칙명에 따라 『논어집해』에 대한 소(疏)로서 편찬한 책이다. 『논어정의(論語正義)』혹은 간단하게 『정의(正義)』라고 불리기도 한다. 이는 형병의 소가 "정의왈(正義曰)"로 시작되기 때문에 붙여진 이름이다. 형병은 『논어』외에도 『효경』『이아』등에 대한 소를 지은 것으로도 유명하다. 이책은 황간의 『논어의소』에서 문제가 된 부분을 수정하고 명물이나제도 등에 대해 보충했으며 장구에 대해서도 자세하게 설명되어있다. 보통 훈고 위주의 한학(漢學)에서 의리 위주의 송학(宋學)으로 변하는 중간 위치에 있는 책으로 평가된다. 또한 이 책이 등장함으로써 황간의 책이 사라지게 되었다는 이야기도 회자되고 있다.

『논어집주(論語集注)』

송(宋)나라 때 주희(1130~1200)가 편찬한 『사서집주(四書集注)』중하나로, 그의 사상이 잘 드러나 있는 책이다. 사상적 측면뿐만 아니라 문자나 훈고에 대한 사실과 고증도 제시되어 있다. 이 책이 갖는가장 두드러진 특징은 과거의 훈고 위주에서 내용 위주로의 변화라고 할 수 있다. 또한 주희의 『사서집주』이후 오경 중심의 유가 경전이 사서 중심으로 재편되기 시작했고, 특히 『논어』가 가장 중시되는 계기가 되었다. 경문은 형병의 『논어주소』의 것을 거의 그대로 채용했지만 장절의 구분에는 차이가 있다. 우리나라에서도 고려 말기에 처음 소개된 이후 『논어』의 주석서 가운데 가장 중시되고 있으며, 현대의 번역서도 대부분 주희의 견해에 중심을 두고 이루어지고 있다.

『논어정의(論語正義)』

청나라 때 유보남(1791~1855)이 편찬한 책으로 알려져 있는데, 사실 그는 이 책의 완성을 보지 못하고 죽은 뒤 그의 아들 유공면(劉恭冕)이 동치(同治) 4년(1865년)에 완성했다. 이 책은 하안의 『논어집해』에 대해 소를 더한 것으로, 이전 학자들의 연구 성과를 넓게 수용하면서 때로는 수정을 가하기도 했다. 황간이나 형병의 견해보다는 한(漢)나라 때 정현(鄭玄, 127~200)의 견해를 많이 따르고자 했다. 한학(漢學)과 송학(宋學) 어디에도 치우치지 않은 것으로 평가되기도 하지만, 대체로 건륭(乾隆)·가경(嘉慶) 시기에 흥성했던 고증학의 방법론을 수용하여 문자와 훈고를 중시하고, 역사적 사실과 문물제도에 대한 고증을 충실히 했다. 물론 이러한 고증의 충실함이 때로는 너무나 번잡하게 느껴지기도 하고 때로는 견강부회라는 인상을 주기도 하지만, 『논어』를 연구하는 데 매우 중요한 자료라고 할 수 있다.

『논어집석(論語集釋)』

청나라 말기 정수덕이(1876~?) 편찬한 책으로, 모두 40권으로 이루어졌다. 책 제목에서 알 수 있듯이 다양한 해석을 모아놓은 책이다. 첫 부분에 "고이(考異)" 항목을 두고 『논어』의 다양한 판본상의 차이에 대한 자세한 설명으로 시작하며, 여기에 대한 자신의 고증 부분이 추가되어 있다. 다음으로 하안의 『논어집해』를 수록하면서 때에 따라 황간 등 당(唐)나라 이전의 고주를 밝히고 또 형병의 『논어주소』나 주희의 주도 수록하고 있다. 청나라 때의 주석도 상당수 수록하고 있고, 곳곳에 각 주석에 대한 자신의 견해도 아울러 추가하고 있다. 이 책에 인용한 서적만도 600여 종에 이를 정도로 방대한 분량이며, 마지막 40권에 참고 서목이 정리되어 있어 『논어』에 대한 역대의 주석서를 찾아보기에도 유용하다. 아직 많은 연구가 이루어지지는 않았고 일반 독자들이 보기에도 어려움이 많기는 하지만, 『논어』의 종합적 연구를 위한 매우 훌륭한 자료라고 평가할 수 있다.

국내에서 간행된 『논어』 관련서

이상 위에서 소개한 서적 외에 전통 시기 국내에서 간행된 『논어』에 대해서도 살펴보고자 한다. 『논어』에 대한 조선 시기 학자들의 저작은 성균관대학교 대동문화연구소에서 간행한『한국경학자료집성』에 모아져 있다. 이 중에 참고할 만한 서적으로 이익(李瀷)의 『논어질서(論語疾書)』와 정약용(丁若鏞)의 『논어고금주(論語古今註)』를 들 수 있다. 조선시대 간행된 서적은 대부분 주희의 견해를 기반으로 하여 저작된 것이기 때문에 성리학의 세밀한 부분에 대한 차이는 있지만 일반 독자들이 보기에 큰 차이를 발견하기는 쉽지 않다. 다만 위의 두 서적은, 주희의 관점과 완전히 다른지에 대해서는 논란이 있기는 하지만 실학의 영향을 받아 주희와는 다른 방법론적 접근을 하고 있는 점이 분명하므로 참고할 만한 가치가 충분하다.

『논어질서』

이익(1681~1763)은 비판적이고 실증적으로 학문을 해야 한다고 주장한 대표적인 실학자로서 조선 시대 사상계에 많은 영향을 끼친 대학자이다. 호는 성호(星湖)이다. 이 저서는 경적을 간추려 만든 『성호질서(星湖疾書)』 중 논어 부분이다. 주희의 『논어집주』를 참고했지만 집주를 넘어 자신의 견해에 따라 공자의 가르침을 설명하고자 했다. 국내에서는 1998년 한림대학교 태동고전연구소에서 『국역 성호질서』라는 이름으로 대학과 중용 부분과 함께 번역되어 출판된 바 있다.

『논어고금주』

정약용(1762~1836)은 조선의 대표적인 실학자로서 박세당(朴世堂), 이익으로 이어지는 조선 실학의 맥을 계승한 학자로 알려져 있다. 호는 다산(茶山)이다. 그의 경학 관련 저술은 '다산학(茶山學)'이라는 분야가 형성될 정도로 독특하고 방대하다. 이 책은 그 중의 하나로서 모두 40권으로 구성되어 있는데, 하안의 『논어집해』, 황간의 『논어의소』, 형병의 『논어주소』, 주희의 『논어집주』 등은 물론이고 당시까지의 중국 고증학 및 일본 경학 연구 성과까지 수용하여 저술되었다. 또 각 견해에 대한 반론과 다산 자신의 생각을 보충함으로써 『논어』 전편에 대한 그의 사상을 엿볼 수 있게 해준다. 특히 책 앞부분에 「본의총괄(本義總括)」이라는 부분을 별도로 작성하여 자신의 견해를 특별히 부각시키고자 한 구절에 대해 결론만을 간략하게 제시하고 있다. 국내에서는 1989년 여강출판사에서 「국역 여유당전서」 중 일부로 완역된 바 있다.

그 밖에 참고 서적

그 밖에 현대에 간행된 관련서 중에 『논어』를 더 자세하게 읽고자 할 때 참고할 만한 서적 몇몇을 소개하고자 한다.

『주주금석 논어(朱註今釋 論語)』(김도련 역주, 현음사, 1990)

현재 출판된 책 중에서 주희의 주가 가장 잘 번역되어 있으며, 각
구절에 대한 현대적 풀이도 탁월하다. 조선 시대 정약용만의 독특
한 견해가 곳곳에 상세하게 소개되어 있어 참고할 만하다. 아울러
주희의 주에 근거한 『논어』 원문을 잘 이해할 수 있도록 구성되어
있다.

『논어(論語)』(김학주, 서울대학교출판부, 1985)

일반인을 대상으로 『논어』에 대한 해제와 함께 『논어』 각 구절의
번역 및 간략한 해설을 더한 책이다. 전반부의 해제에서 『논어』에
대한 해제로서의 대부분 내용을 자세하게 잘 다룬 것으로 잘 알려
져 있고, 각 구절에 대한 풀이 역시 역자만의 언어로 풀어내고자 하
는 노력이 돋보이는 책이다.

『논어의 문법적 이해』(류종목, 문학과지성사, 2000)

『논어』 원문을 한문 문법의 측면에서 접근하여 분석한 책으로, 문
법을 위주로 한 『논어』의 이해라는 목적 때문에 다양한 해석학적
가능성을 배제한 채 작성되어 있다. 『논어』의 각 구절을 해석하는
과정에서 왜 이 구절을 이렇게 해석할 수 있는가에 대한 문법적 분
석을 했다는 점, 그리고 해석상에서 발생할 수 있는 문법적인 오류
의 가능성을 없애주는 장점이 있다.

『논어역주(論語譯註)』(楊伯峻 역주, 北京, 中華書局, 1980)

현대 중국에서 가장 보편적으로 많이 읽히고 또 권위를 인정받고 있는 『논어』에 대한 현대 중국어 번역서이다. 저자는 『논어』에 대한 언어적인 분석과 아울러 내용상의 이해를 병행하여 각 구절에 대해 엄격하게 번역하고 해설을 더하고 있는데, 간략한 해설 속에 포함되어 있는 언어적인 분석이 이 책의 장점이다. 국내에서는 이장우·이종연 번역으로 1997년 중문출판사에서 출판된 바 있다.

공자 연보

B.C. 551년

　노(魯)나라 창평향(昌平鄉) 추읍(陬邑)에서 태어남.

B.C. 549년(3세)

　부친 숙량흘(叔梁紇)이 세상을 떠남.

B.C. 533년(19세)

　송(宋)나라 출신 계관씨(丌官氏)와 결혼함.

B.C. 532년(20세)

　아들 공리(孔鯉)가 태어남.

B.C. 531년(21세)

　소와 양 등 희생으로 쓰이는 가축을 관리하는 말단 벼슬인
　인 승전(乘田)이 됨.

B.C. 528년(24세)

모친 안징재(顏徵在)가 세상을 떠남.

B.C. 525년(27세)

담자(郯子)에게서 고대의 관직 제도를 배움.

B.C. 522년(30세)

제(齊)나라 경공(景公)을 처음 만남.

B.C. 518년(34세)

주(周)나라의 수도 낙읍에 가서 노자(老子)에게 예를 묻고,
장홍(萇弘)에게 음악에 대해 물음.

B.C. 517년(35세)

노나라에 내란이 발생하자 노나라를 떠나 제나라로 감.

B.C. 515년(37세)

다시 노나라로 돌아옴. 이후 제자들을 가르치며 지냄.

B.C. 501년(51세)

중도(中都)의 책임자가 됨.

B.C. 500년(52세)

노나라의 사구(司寇)가 됨. 노나라와 제나라의 협곡(夾谷)
회담에 참가함.

B.C. 497년(55세)

노나라를 떠나 위(衛)나라로 감. 이후 14년간의 유랑 생활을
함. 처음 위나라에서 10개월여를 머물다가 진(晉)나라로 떠

나는데, 이때 광(匡) 지방에서 큰 어려움을 겪음.

B.C. 496년(56세)

다시 위나라로 돌아와 위나라 군주 영공(靈公)을 만남.

B.C. 495년(57세)

노나라 정공(定公)이 죽고 애공(哀公)이 즉위한 뒤, 잠시 노나라로 돌아와 머묾.

B.C. 493년(59세)

다시 노나라를 떠나 위나라로 가서 머물다가, 조(趙)나라를 거쳐 송나라로 감.

B.C. 492년(60세)

송나라로 가는 도중 사마환퇴(司馬桓魋)에 의해 곤란을 겪음. 송나라를 떠나 정(鄭)나라를 거쳐 진(陳)나라로 감.

B.C. 491년(61세)

노나라의 계환자(季桓子)가 죽고 계강자(季康子)가 대를 이음. 공자는 진나라를 떠나 채(蔡)나라로 감.

B.C. 490년(62세)

채나라를 떠나 섭(葉) 지방에 가서 섭공과 만남. 섭 지방을 떠나 채나라로 돌아오는 도중에 장저(長沮), 걸닉(桀溺), 하조장인(荷篠丈人) 등 은자들을 만남. 필힐(佛肹)이 중모(中牟) 지방을 거점으로 반란을 일으켜 공자를 불렀으나, 공자는 가지 않음.

B.C. 489년(63세)

초(楚)나라로 가는 도중에 진(陳)나라와 채나라 사이에서 식량이 떨어져 고생함. 초나라에서 위나라로 돌아옴.

B.C. 488년(64세)

위나라에서 제자 자로와 '정명(正名)'에 대한 대화가 이루어짐. 이후 67세까지 위나라에 계속 머묾.

B.C. 484년(68세)

제자 염유가 계씨의 가신이 되어 공을 세우고, 이것이 계기가 되어 공자가 노나라로 귀국하게 됨.

B.C. 483년(69세)

음악을 바로잡음. 아들 공리가 50세의 나이로 사망.

B.C. 482년(70세)

제자 안회가 죽음. 『서경』의 차례를 잡음. 이후 제자들을 가르치는 데 주력함.

B.C. 481년(71세)

서쪽에서 기린을 잡았다는 소식을 듣고 『춘추』를 지음.

B.C. 480년(72세)

제자 자로 사망.

B.C. 479년(73세)

애공 16년 여름에 사망.

1) 본서의 "공자의 생애"를 집필하는 데 다음 자료들을 직접적으로 많이 참고했음을 밝힌다.

『史記·孔子世家』와 『孔子家語』

鍾肇鵬, 「孔子繫年」(『孔子研究』, 北京 中國社會科學出版社, 1990)

梁濤, 「孔子行年考」(1~3), (中國儒學網, http://www.confuchina.com 자료)

2) 孔子嘗爲委吏矣, 曰, "會計當而已矣." 嘗爲乘田矣, 曰, "牛羊茁壯長而已矣."

3) 공자가 노나라를 떠난 정확한 시기에 대해 몇 가지 견해가 있는데, 여기서는 청(淸)나라 때 학자인 강영(江永)의 견해를 따른 것이다.

4) 공자가 남자를 만난 것을 언급한 이 구절에 대해, 후인이 첨가한 내용으로 역사적 사실일 수 없다는 견해도 적지 않다.

5) 여기서 "집 잃은 개"는 "喪家之狗"를 옮긴 것인데, "집 잃은 개"를 의미하기도 하지만 유가 집단이 제사를 주관하던 것에서 연유하여 "상갓집 개"라고 번역하기도 한다. 또한 이 때문에 정나라에서 있었던 일의 사실 여부에 대해 의심하는 경우도 적지 않다.

6) 孔子哭子路於中庭, 有人弔者, 而夫子拜之, 旣哭, 進使者而問故. 使者曰, "醢之矣." 遂命覆醢.

7) 본서 중 「논어의 명칭과 전래」 부분을 집필하는 데 다음 자료들에서 도움받은 바가 크다.

淸 崔述, 『洙泗考信錄』(『崔東壁遺書』, 臺灣 世界書局 배인본, 1963)

淸 崔述, 『論語餘說』(『崔東壁遺書』, 臺灣 世界書局 배인본, 1963)

周何, 田博元 主編, 『國學導讀叢編(上)』(臺灣, 康橋出版事業公司, 1978)

胡志奎 著,「論語編撰源流考徵」(『論語辨證』, 臺灣, 聯經出版事業公司, 1978)

8) 왕손가의 질문 요지는, 임금에게 충성을 다하는 것보다 차라리 권력을 갖고 있는 신하에게 아부하는 편이 낫기 때문에 위나라의 권력자인 자신에게 잘 보이라는 말이다.

9) 밤나무를 뜻하는 '栗'(율) 자가 '두려워하다'라는 '戰慄'(전율)의 발음과 유사하고 또 실제 주나라의 사직에서 범죄자를 처형한 일이 있어 재아가 이렇게 말한 것이지만, 공자는 옛일에 대해 부정적으로만 해석한 신중치 못한 제자의 태도를 꾸짖은 것이다.

10) "빈천은 모든……." 이 구절은 싫어하는 것을 버리지 않는다는 것 때문에 해석상 논란이 많이 되어온 구절이다. 여기서는 자세한 논의를 생략한다.

11) 이 구절은 「학이」 11장 중 일부 내용이 거듭 나온 것이다.

12) 이 구절은 자천이 노나라의 군자들을 가까이하여 자신의 덕을 쌓았음을 칭찬한 것이다.

13) 이 구절은 아래 2장과 함께 한 장으로 합쳐진 판본이 많다.

14) 이 구절은, 중궁의 아버지는 문제가 많지만 중궁은 재능이 뛰어나서 잘 쓰일 것이라는 말이다.

15) 문수(汶水)는 지금의 산동(山東) 지방에 있는 대문하(大汶河)로, 당시 제나라에 속해 있었다.

16) 남자(南子)는 위(衛)나라 군주 영공(靈公)의 부인인데, 당시 음란한 행위를 많이 한 것으로 알려져 있었다. 이 구절은 후인들에 의해 삽입된 구절일 것이라는 의심을 많이 받아왔다.

17) 이곳의 우리말 해석은 '昜'을 '亦'으로 바꾸어 풀이한 것이다.

18) 공자가 천하를 돌아다닐 때 송(宋)나라에서 환퇴가 공자를 해치려고 한 적이 있다. 그 당시 공자가 이 말을 했다고 한다.

19) 고대에 동성끼리는 결혼할 수 없었다. 그런데 오나라에서 같은 '희(姬)' 성의 여인을 부인으로 취했으므로 원칙적으로 "오희"라고 불러야 한다. 그러나 이 경우 동성임이 드러나므로 "오맹자"라고 불러 마치 동성이 아닌 것처럼 한 것이다. 공자는 이를 알았지만 자기 나라 군주의 잘못을 직접 말할 수 없어서 위와 같이 대응한 것이다.

20) 이 구절은 "文莫"의 해석 때문에 역대로 논란이 많다. 여기서는 독음을 '문모'로 읽고, '열심히 노력하다'라는 의미로 해석했다.

21) 이 구절에 대해서는 과거 공자가 그런 기도가 필요하다고 생각했다는 해석과, 평소 하늘의 뜻에 따라 행동하므로 특별히 기도할 필요가 없다는 해석이 있다.

22) 태백은 주(周)나라 태왕(太王)의 맏아들이다. 태왕이 셋째 아들 계력(季歷)에게 왕위를 물려주고자 하는 뜻이 있음을 알고, 부친의 뜻이 이루어지기를 바라는 마음에서 다른 이유를 만들어 남방으로 떠나버렸다고 전해진다.

23) 이 구절에 대해서는 공자가 인을 적게 말한 것이 아니기 때문에 역대로 논란이 많이 되어 왔다.

24) 달항 마을 사람의 칭찬에 대해 공자가 겸손함을 표하는 동시에 군자는 어느 한 가지로 규정할 수 없음을 말한 것이다.

25) 「학이」 8장 구절 중 후반부만이 다시 나온 것이다.

26) 역대로 이 구절의 해석은 논란이 많이 되어 왔다. 일반적으로 각 편의 끝 구절은 후인들이 첨가하거나 다른 구절과 뒤섞인 것일 수 있다는 의심을 받는 경우가 많다. 이 구절 역시 다른 장의 구절과 잘못 뒤섞인 것이 아닌가 생각된다.

27) 「팔일」 15장에 있는 구절의 일부만이 다시 나왔다.

28) 형병의 『논어주소』에서는 "공자가 때마침"(경문의 "曰") 이하에서 장을 나누었는데, 여기서는 주희의 『논어집주』를 따라 한 장으로 했다. 이 구절에 대해서는 역대로 많은 논란이 있어 왔지만, 여전히 정확한 의미를 파악하기 어렵다. 앞뒤에 빠진 구절이 있는 것이 아닌지 의심스럽다.

29) 「옹야」에도 애공의 물음에 대한 대답 형식으로 이 구절이 모두 나온 바 있다.

30) 공자가 자로에게 제명에 죽지 못할 것이라고 말한 구절은 그 진위가 의심스럽다.

31) 『集注』에는 뒤의 "공자는 또한(경문의 子曰)" 이하를 별도의 장으로 나누었다. 이 구절에 대해서는 역대로 다양한 견해가 제시되어 왔는데, 여기서는 『集解』의 견해를 따랐다.

32) 마지막 시경을 인용한 부분은 이곳에 있는 것이 적절치 않아 잘못 놓인 것이라는 견해가 많다.

33) 「옹야」에도 있는 구절이 여기에 다시 나온 것이다.

34) 마지막 공자의 말에 대해서는 여러 가지 견해가 제시되어 왔는데, 그 의미가 명확하지 않다.

35) 앞 구절은 「태백」에도 나온다.

36) 주희의 『논어집주』에는 1장과 2장 두 장이 한 장으로 합해져 있다.

37) 이 구절은 맨 앞에 "子曰" 혹은 "孔子曰"도 없고, 또 마지막 구절이 어색하다는 점 때문에 이곳에 있어야 할 구절이 아니라는 등의 논란이 있었다.

38) 판본에 따라서는 뒤의 "子曰" 이하에서 장을 나누기도 한다.

39) 「학이」 3장의 글이 거듭 나온 것이다.

40) 이곳의 유비는 노나라 사람으로, 아마도 당시에 큰 잘못을 저질렀기에 공자가 그것을 깨우쳐주려고 한 듯하다.

41) 이 구절은 누가 어떤 맥락에서 한 말인지 명확하지 않다. 다만 노나라가 혼란스러워진 후 음악을 담당하던 사람들이 곳곳으로 뿔뿔이 흩어진 사실을 기록한 것으로 추측된다.

논어 개인윤리와 사회윤리의 조화

| 펴낸날 | 초판 1쇄 2006년 1월 10일 |
| | 초판 8쇄 2018년 6월 29일 |

지은이	**이강재**
펴낸이	**심만수**
펴낸곳	**(주)살림출판사**
출판등록	1989년 11월 1일 제9-210호

주소	**경기도 파주시 광인사길 30**
전화	**031-955-1350** 팩스 **031-624-1356**
홈페이지	http://www.sallimbooks.com
이메일	book@sallimbooks.com

| ISBN | 978-89-522-0463-9 04080 |
| | 978-89-522-0314-4 04080 (세트) |